HISTOIRE
DE
SAINT-POINT

Par L. LEX

ARCHIVISTE DU DÉPARTEMENT DE SAÔNE-ET-LOIRE
BIBLIOTHÉCAIRE DE LA VILLE DE MÂCON
OFFICIER DE L'INSTRUCTION PUBLIQUE
LAURÉAT DE L'INSTITUT

A MÂCON

Chez les principaux Libraires.

1898

HISTOIRE DE SAINT-POINT

PUBLICATION DU MÊME AUTEUR

CONCERNANT LAMARTINE

Lamartine, Souvenirs et documents, Mâcon, Protat frères, imprimeurs, 1890, in-4°, 22 p., 13 pl.

MONOGRAPHIES COMMUNALES

DU MÊME AUTEUR

Notice historique sur Lugny et ses hameaux, Mâcon, Belhomme, libraire-éditeur, 1892, in-8°, 79 p., 2 pl.

Notice historique sur la ville de Givry et ses hameaux d'après les archives antérieures à 1790, Chalon-sur-Saône, L. Adam, libraire-éditeur, 1892, in-8°, 88 p., 1 fig.

A Monsieur P. SIRAUD,

CHEF DE DIVISION A LA PRÉFECTURE,
MEMBRE DE L'ACADÉMIE DE MACON,
OFFICIER DE L'INSTRUCTION PUBLIQUE.

Mâcon, 20 décembre 1897.

Mon cher Confrère et Ami,

C'est pour vous et à votre secret désir que j'ai entrepris de rappeler le passé de votre village. Les infinies jouissances que je puise dans l'étude désintéressée de notre histoire locale m'ont, d'ailleurs, aidé à poursuivre et à mener jusqu'au bout une tâche parfois ardue. J'espère que ces pages, rédigées avec conscience par celui à qui est dévolu le soin pieux de garder les reliques manuscrites de ce grand et beau département de Saône-et-Loire, intéresseront tous les admirateurs de notre grand Lamartine et ses compatriotes.

Affectueusement à vous,

L. LEX.

ADDITIONS ET CORRECTIONS

Page 20. — Dans le parler local, *Setiot*, *Setiat*, signifie « Château ».

Page 70. — Sur les La Tour de Saint-Vidal, sur les Rochefort d'Ally, et sur les seigneuries de ces deux familles dans le Velay, le Gévaudan et l'Auvergne, on peut consulter, à la bibliothèque de Mâcon, un ouvrage intitulé *La Baronnie de Saint-Vidal*, p. Truchard du Molin (Le Puy, impr. R. Marchessou, 1897, in-8°).

Page 79. — D'après les auteurs, Claire de La Tour de Saint-Vidal aurait épousé Claude de Rochefort d'Ally le 1er août 1582. Or le rapport de l'archiviste du Puy-de-Dôme sur son service pendant l'exercice 1896-1897, mentionne le don fait par M. Longnon, membre de l'Institut, au dépôt de ce département, d'un contrat dudit mariage daté du 2 mars 1583.

Page 88. — « Le dixiesme novambre 1688 mourent dame Anne de Lucinge, douërière de Saint-Point, âgée d'environ soixante et dix ans... Chauvet, curé. » (Archives de Saint-Point, GG. 1).

Page 91. — Le mariage de Jean-Amédée de Rochefort d'Ally et de Jeanne-Marie de La Roche eut lieu le 25 juillet 1690. (Archives de Saône-et-Loire, supplément à la série E, commune de Saint-Point).

Page 94. — Les archives de Saône-et-Loire ont récemment acquis une lettre (7 décembre 1763) du célèbre médecin Tronchin, qui fut l'ami de Voltaire, Diderot, Rousseau, par laquelle on apprend que le chevalier de Saint-Point était *arthritique* et qu'il y avait à lui recommander de *vivre sobrement et chastement*. (Archives de Saône-et-Loire, F. 409).

Page 106. — Jean-Baptiste-François de Montherot est le père de Jean-Charles de Montherot, et par suite le grand-père de M. Pierre-Jean-Charles de Montherot.

Page 171. — Une minute du 6 novembre 1680 conservée en l'étude de Me Gautheron, notaire à Mâcon (n° 5520), nous fait connaître que Mre Pierre Dauphin, ancien curé de Saint-Point, testa le 27 mai 1676, et qu'il légua à Me Etienne Dauphin, avocat en Parlement, son neveu, le domaine du Prost.

HISTOIRE DE SAINT-POINT[1]

I

Description générale de la Commune.

Saint-Point est situé à 20 kilomètres du chef-lieu du département et de l'arrondissement (Mâcon), à 60 kilomètres du chef-lieu judiciaire (Chalon), à 4 kilomètres du chef-lieu de canton (Tramayes), et à 6 kilomètres de la station du chemin de fer de Sainte-Cécile-la-Valouze (lignes de Mâcon à Moulins et de

---

1. Nous tenons à remercier, avant d'entrer en matière, toutes les personnes qui nous ont aidé à rédiger cette histoire et que nous n'avons pas nommées dans les pages qu'on va lire : M. Chevalier, conseiller à la Cour d'appel de Dijon, qui a bien voulu nous aire connaître les documents des archives de la Côte-d'Or; Mgr Rameau, membre de l'Académie de Mâcon, qui a mis à notre disposition son trésor de notes historiques; MM. Gautheron et Tarlet, notaires à Mâcon et à Clermain, qui nous ont permis d'explorer leurs riches minutiers; M. l'abbé Buttet, curé de Saint-Point, et M. Manon, instituteur de cette commune, de qui, pour maints renseignements, nous avons dû mettre l'obligeance à contribution; M. Pierre, le dessinateur de talent, et M. Mignot, l'habile photographe, qui ont illustré le présent volume; enfin MM. Perraud et Prud'homme, employés aux archives, qui pour les recherches et pour les dépouillements ont été nos collaborateurs de tous les instants.

Chalon à Roanne). Il aura une gare sur la future ligne d'intérêt local à voie étroite qui doit relier Sainte-Cécile-la-Valouze à Tramayes et au réseau du Rhône.

Le territoire de Saint-Point est à l'extrémité occidentale du canton. Il est confiné par celui des communes de Bourgvilain au nord, de Pierreclos et de Serrières à l'est, de Tramayes au sud, de Brandon (canton de Matour) et de Clermain à l'ouest.

Sa superficie est de 1,424 hectares qui, d'après l'évaluation du revenu foncier des propriétés non bâties faite en 1880, se répartissaient ainsi :

Sol des propriétés bâties et jardins, 7 hectares ;
Terres labourables, 721 hectares ;
Prairies, 325 hectares ;
Vignes, 25 hectares ;
Bois, 263 hectares ;
Pâtures, friches, broussailles et murgers, 40 hectares ;
Routes et chemins, 43 hectares.

Le nombre des maisons recensées lors de l'évaluation du revenu des propriétés bâties faite en 1888 était de 265 ; celui des usines ou moulins était de 4[1].

Le cadastre de la commune comprend environ 6,000 parcelles. Il y avait, en 1884, 2 propriétaires de plus de 50 hectares, 4 propriétaires de 20 à 50 hectares, 17 propriétaires de 10 à 20 hectares, etc. 63 contribuables seulement ne sont pas cotés à l'impôt foncier dans la commune[2].

Ce territoire offre l'aspect d'une vallée étroite, fermée au sud du côté de Tramayes, enserrée à l'ouest et à l'est par des chaînes de montagnes dont la plus grande altitude dépasse 700 mètres, ouverte au

---

1. Trois moulins et une huilerie. L'un des moulins a été démoli en 1895.
2. Renseignements dus à l'obligeance de M. Bardenet, contrôleur principal des contributions directes à Mâcon.

Vue générale de Saint-Point.   H. Minot, phot. 1897.

nord vers Cluny, et arrosée dans toute son étendue par le Valouzin qui prend sa source à Tramayes, traverse Saint-Point et Bourgvilain, et se jette dans la Grosne au hameau de La Valouze (commune de Sainte-Cécile). La Valouzière, appelée aujourd'hui *Riat* ou *Ruisseau de Joux*, du nom du hameau d'où elle descend, grossit de ses eaux le Valouzin, rive droite, au hameau de La Roche. Les principales sources sont la fontaine à Carabin et la fontaine à Canot au bourg, la fontaine du Gros-Claude à La Roche, la fontaine Martin et la fontaine du Plain ou du Plein au-dessus de Blanchizet, les fontaines qui sont au-dessus de La Chanalle, la fontaine de Froidefont au-dessous de Tramayes, la fontaine à Bressan à Chagny, la fontaine Verdine au-dessus dudit Chagny, et la fontaine de Gorze au hameau de ce nom[1].

Le lieu habité le plus élevé est l'écart de La Roche-Claye.

Le sous-sol, entre Tramayes et Bourgvilain, dans un rectangle parallèle à la Saône, de 8 kilomètres de long et 1,200 mètres de large, présente une remarquable succession de couches différentes superposées, les plus récentes étant à la partie inférieure. En effet, en partant à mi-côte du massif composé de tufs orthophyriques et porphyritiques qui ferme la vallée à l'ouest et en descendant vers le bourg, on traverse sur ces 1,200 mètres : les grès bigarrés, les calcaires magnésiens et les marnes irisées du trias ; le rhétien, le calcaire à gryphées arquées, le calcaire à bélemnites et les marnes du lias ; le calcaire à entroques, le fuller's earth, la grande oolithe et la dalle nacrée du jurassique inférieur ; le callovien, l'oxfordien et le corallien du jurassique supérieur. Ces quatorze formations

---

[1]. Dans des reconnaissances du xviiie siècle (voir § IV) on trouve mentionnées, en outre, la fontaine de Joux, la fontaine de Gorze et la fontaine de Rossay.

distinctes se trouvent en place si l'on consulte le terrain à une certaine profondeur, mais si l'on n'examine que la terre arable, par suite de la culture et de la pente tout est mélangé sans qu'on puisse assigner de limite précise aux lignes d'affleurement. Quant au massif de l'est, qui enterre ce rectangle, il est formé par le granitique pur[1].

Le bourg est bâti à droite et à gauche du Valouzin, au pied d'un coteau que couronnent l'église et le château.

La place principale, le *plâtre* (*piâtre* en patois), est devant la mairie.

Saint-Point est traversé du sud au nord par le chemin de grande communication n° 22 de Cluny a Beaujeu qui le relie à Tramayes d'une part et à la station de Sainte-Cécile-la-Valouze d'autre part.

Services de voitures de Tramayes à la station de Sainte-Cécile-la-Valouze, aller et retour, deux fois par jour (matin et soir). Correspondant à Saint-Point : M. Perrin, hôtel du Nord.

---

[1]. Détails tirés d'une gracieuse communication de M. A. Bernard, directeur du laboratoire agronomique du département, à Cluny.

II

Noms[1] du Bourg, des Hameaux, Ecarts, Lieuxdits et Cours d'eau.

Les **hameaux** de Saint-Point sont au nombre de 12 : Blanchizet, Bourgogne, Chagny, La Chanalle, Gorze, Joux, Merloux, Le Mont, Le Prost, La Roche, Le Rocher, Vers-Ville.

Il y a 13 **écarts** : Bernachon, La Bruyère d'Avant[2], En Butiau, Champ-Philippe, Codaine, Comblanchet, Les Cordaules, En Grison, Jarandon, La Roche-Claye, En Rogne, Sur-Agaux, En Venne.

Le nom de **Saint-Point** (*Sanctus Poncius*[3], *Sanctus Pontius*[4]) indique une origine chrétienne. C'est la forme populaire diphthonguée des variantes Saint-Ponce, Saint-Pons et Saint-Pont.

Saint-Point a dû se juxtaposer à l'époque franque à la *villa* de **Tisy** (*Tisiacus, Tusiacus*[5]) dans le nom de laquelle le suffixe *iacus* est accolé à un gentilice[6] romain. Les propriétaires du sol donnaient alors leurs noms à leurs domaines : Blanzy

---

1. Nous avons adopté l'orthographe du *Dictionnaire des lieux habités du département de Saône-et-Loire*, p. P. Siraud, 1892, in-8°.
2. Prononcer « La Brire d'Avant » et « La Brise d'Avant ».
3. *Recueil des chartes de l'abbaye de Cluny*, p. A. Bernard et A. Bruel, n° 505.
4. Id., n° 2952.
5. Voir § III.
6. Nom d'homme.

rappelle ainsi un *Blandius*, Cluny un *Clunius*, Donzy un *Domitius*, etc [1].

Joux (*Villa Jocis* [2], *Villa Jovis* [3], *Jox* [4]) a également une origine romaine; son nom semble dû au culte de Jupiter.

Vers-Ville (*Verville* [5], *Béville* [6], *Ville* et *En Ville* [7]) peut remonter à la même époque, car il représente le thème latin *Versus Villam*.

Bourgogne (*Burgundia* [8], *Borgundia* [9], *Burgundus* [10], *Bergona* [11], *Bergonhe* [12] *Bourgonne* [13]) lui encore, date de la même époque. Le nom de ce hameau indique qu'il y avait là des gens d'origine burgonde ou franque au milieu de la population gallo-romaine de l'*ager* de Tisy [14].

Blanchizet (*Blanchesedus* [15], *Blanchizay* [16]), est un nom d'aspect germanique.

La Roche (*Roca* [17]) nous révèle l'emplacement d'une ancienne forteresse [18].

Le Rocher et **Le Mont** s'expliquent par des accidents du sol.

---

1. Nous formons de même aujourd'hui des noms de lieux avec des noms de familles et les suffixes *ière* ou *erie* : La Bertrandière, La Rigauderie, etc.
2. *Recueil* cité, n° 1190.
3. Id., n° 1621.
4. Id., n° 2124.
5. *Annuaire du département de Saône-et-Loire pour 1859*, p. 382.
6. Archives de Saint-Point, GG. 2, année 1707, *passim*.
7. Id., GG. 5, 25 novembre 1790 et 10 novembre 1791.
8. *Recueil* cité, n° 209.
9. Id., n° 880.
10. Id., n° 617.
11. Id., n° 183.
12. Archives de Saint-Point, GG. 1, 1ᵉʳ février 1670.
13. Archives de Saône-et-Loire, C. 562, 3.
14. Voir § III.
15. *Recueil* cité, n° 2654.
16. Archives de Saône-et-Loire, C. 562, 3.
17. *Recueil* cité, n° 443.
18. A rapprocher de ce nom les Rochefort (*Rocca fortis*), les Rocheneuve (*Rocca nova*), etc.

La Chanalle (*La Chanal*[1], *La Chanaux*[2]) et **Sur-Agaux** (*Agaux*[3], *Suragaux*[4]) sont dus à la présence de ruisseaux dont le cours avoisine ces hameaux.

Chagny (*Chany*[5]) doit son nom à l'essence d'arbres qui domine dans la contrée, au chêne (*casnus*). Il a été formé sur le thème *Casnidus* comme *Buxidus* (de *buxus*, buis) a donné *Buxy*.

Dans **Le Prost** (*Le Praux*[6], *Les Prost*[7]) et dans **Bernachon** (*Le Vernachon*[8], *Les Bernachons*[9]) il faut voir des noms d'hommes; dans **La Bruyère d'Avant**, **En Butiau** (*En Beuthiau*[10]), **Champ-Philippe** (*Les Champs-Philippe*[11]), **Codaine**, **Comblanchet** (*Combe-Blanchet*[12]), **Les Cordaules**, **En Grison**, **Jarandon** (*En Jarrandon*[13]), **La Roche-Claye**, **En Rogne** et **En Venne**, des noms de lieuxdits.

Les noms de **lieuxdits** remontent à toutes les époques. Ils sont tirés le plus souvent de la situation des terres, de leur exposition et de leurs dimensions, de l'aspect ou configuration du terrain, de la nature du sol, de son degré de fertilité, de sa culture, de sa végétation, de l'écoulement des eaux, de la présence de certains animaux. Quelques-uns

---

1. Archives de Saône-et-Loire, C. 562, 3.
2. Reconnaissance de Cl. Chevillard. Voir § IV.
3. Carte de Cassini (1763).
4. *Annuaire du département de Saône-et-Loire pour 1859*, p. 382. — Dans le parler du pays, *agaux* signifie *ruisseaux*. Il y a le lieudit d'*Ès Agaux* ou *Les Agaux*.
5. Archives de Saône-et-Loire, C. 562, 3.
6. Carte de Cassini (1763).
7. *Annuaire* de 1859.
8. En 1682 (Archives de Saône-et-Loire, B. 1284, 118).
9. *Annuaire* de 1859.
10. Archives de la direction des contributions directes. État de sections.
11. Id.
12. Archives de Saône-et-Loire, P. Plan cadastral.
13. Archives de la direction des contributions directes. État de sections.

rappellent d'anciens propriétaires ou des constructions aujourd'hui disparues.

Les voici tels qu'on les trouve orthographiés dans le plan cadastral et dans l'état de sections.

Aux Abrets, Les Abreuvoirs, L'Aclou[1], Les Agots[2], A l'Asole, Les Augères, autrement Le Petit Butiau, Les Avoineries.

Au Barby[3], En Beauregard, En Bêche, A la Belouse, Les Belouses, En Berland, En Bernon, Vers Bief, Au Bief Curtil, En Blesseny, Les Bletons, Bois Berthault[4], Bois Dauphin, Bois de Foucheron, Bois Gravier, Bois Marchand, Bois des Martins, Bois du Mont, Bois de Namery, Bois du Paloux, Bois de la Pesse, Bois de Pierre de Fay[5], Bois Reboux[6], Bois de la Roche, Bois de la Rue, Bois Tisserand, Bois Vaujon, Bois des Vernes, Bois de la Vèvre, A la Boise, En Boulie, Au Boura, Les Bourbats, La Bourbe, Aux Brossats, Les Brossats Chétifs, A la Brosse, La Brosse Nobet, La Brosse des Pierres, Sous les Brosses, Les Brosses de la Chanalle, Les Brosses de Gorze, Au Brosset, Aux Brossillons, La Bruyère, Le Buisson à Chétif, Le Buisson Matheux, Le Buisson Syrot[7].

Au Caillou, Sur le Carge, Le Carillon, Au Caron[8], Les Cathelins, Champ Barbier, Champ Barraut, Champ Berlier, Champ de Brand, Champ Brenat, Champ Bressan, Champ Buzon, Champ Château, Champ du Colombier, Champ Dessus, Champ Failloux, Champ Fou, Champ Fournier, Champ

---

1. *Alias* La Cloux.
2. Lire *Les Agaux*. Voir plus haut.
3. On dit aussi *Les Barbis*.
4. *Alias* En Berthaud.
5. *Alias* de Faix. — Dans le pays on dit « Bois de la Pierre de la Fâ » (la Pierre de la Fée ?).
6. Lieu habité d'après le plan cadastral.
7. Probablement *Siraud*.
8. *Alias* Carron.

Genillon, Champ Genty, Champ de la Grange, Champ de Grille[1], Champ Laberthe, Champ Lombard, Champ Michel, Champ des Murgers, Champ Para, Champ Pendu, Champ Perrin, Champ des Prix, Champ Putin, Champ Savin, Champ Serin, Champ Syrot[2], Champ Taillis, Champ Tailloux, Champ Tapon, Champ Thomas, Champ de Veysel, Champs Froids, Champs Guynes[3], En Champmeutre[4], Chantacorne, Chantelard, En Chantemerle, Les Charbonnières, La Charme, En Charmoy, La Charnaise, La Châtaigneraie, Au Châtaignier Feuillé, Au Château d'Alogny, Au Château Gaillard[5], La Chaux, La Chénevière d'En-Haut, Aux Chénevières, Les Chénevières du Bief, En Chevangis, La Claie, Aux Clouzées, La Collure[6], En Combarat[7], La Combe, Combe d'En-Bas, Combe de la Lie, Combe Laine[8], Combe Laurence, Combe Magnien, Combe Noire, Les Combes, Les Combottes, Les Condemines, Au Cornachot, Aux Crets, Le Creux de Fin, Le Creux des Mouillères, Le Creux du Paloux, Le Creux Rajat[9], Sous la Croix, A la Croix Dutruge, Au Crot, Le Curtillot.

En Daguin, En Doux Bief.

L'Enclos, L'Essard, Les Essards.

Au Faix, La Fontaine Martin, La Fontaine Verdine[10], Les Fontaines, Les Forats, En Forchy, La

---

1. Vraisemblablement *Chantegrille*, c'est-à-dire « où chante le grillon ». A rapprocher d'*En Chantemerle*.
2. Probablement *Siraud*.
3. *Alias* Guyne et Guine.
4. *Alias* Chameutre.
5. Lieu habité d'après le plan cadastral.
6. Id.
7. Alias *Combarot*. C'était probablement *Combe Barrat*. De même *Combe Blanchet* a donné *Comblanchet*.
8. *Alias* Combelaine.
9. *Alias* Rojat.
10. Lieu habité d'après le plan cadastral.

Forêt, La Forêt Tête, Aux Fortunés, Les Fossés, En Foucheron, A la Fouillouse, La Française, La Frisequeue, En Froid de Fonds[1], En Fujus.

La Garenne, Le Gargouillon, Au Gely, Les Glands, Au Gouillat, Le Grand Bois, Le Grand Butiau, Le Grand Pâquier, Le Grand Passe, Le Grand Pré, Le Grand Rompey, En Grand Vent, La Grande Fontaine, La Grande Terre, Aux Grandes Mouilles, Aux Grands Champs, Les Grands Genêts, A la Gravière, La Grêle[2], Les Grès, Le Gros Bois, La Grosse Pierre[3], Les Grosses Ronces, Aux Groseliers.

Les Inversons.

La Jaye, Les Jonchères, Le Jonchet.

La Lienne, La Louve, La Luze.

Les Maisons Blanches[4], Le Marchat, Aux Margeries, En Marin, aux Mases, Aux Méchaudes, Au Menay, Aux Mépliers[5], Aux Meranches[6], Le Miotta, Au Molard de Gorze, Les Molards, A la Montagne[7], Aux Mottes[8], La Mouille, La Mouille de Roule, La Mouille Vaujon, En Mouilletancul, Au Moulin de la Roche, Sur le Moulin, A la Mure, Les Mures, Sur les Murs[9].

Au Noyer Juillien, Aux Nuzillons[10].

---

1. Vraisemblablement *Froidefont*. Voir § I.
2. Lire *L'Aguerle*, *L'Agrele*, nom local du houx (*agrifolium* en latin).
3. Rappelle un monument mégalithique ou une ancienne borne.
4. Emplacement probable de constructions disparues.
5. Néfliers.
6. *Alias* Meranchers.
7. Lieu habité d'après le plan cadastral et d'après les archives de Saint-Point, GG. 5 (2 janvier 1792).
8. *Alias* Aux Mortes.
9. Probablement *Mures*.
10. *Nuzillier* signifie *noisetier*. Dans le parler local on appelle les noisetiers, des « alogniers », et les noisettes, des « alognes ». C'est à rapprocher du lieudit « Au Château d'Alogny ».

Au Paloux, Le Pâquier, Au Pâquier d'Arpaix [1], Le Pâquier Baron, Le Pâquier des Bœufs, Le Pâquier Bonne-Foire, Le Pâquier du Champ Dessus, Le Pâquier du Crot du Vernay, Le Pâquier de la Joyette [2], Les Pâquiers, En Paradis, Le Passe, En Patousan, Sur les Peloux, La Pendaine, Aux Pendaines, Au Pendant, La Perrière, Les Perroses, Le Pertu [3] Contin, Le Petit Champ Dessus, Le Petit Pâquier, Le Petit Pré, La Petite Terre, La Petite Verchère, La Pichotte, Le Piéçat [4], La Pièce Dargaud, La Pièce au Maton, La Place Prôle, Les Plantes, Les Pommiers Crus, Les Praillons, Au Prat, La Praye, Le Pré Barrat, Le Pré de la Barrière, Le Pré du Bas, Le Pré du Bief, Le Pré du Bois Vaujon, Le Pré du Bonzy [5], Le Pré du Breuil, Le Pré de la Butte Fine, Le Pré Caillot, Le Pré du Carge, Le Pré Chapelle, Le Pré Charnet, Le Pré de la Chèvre, Le Pré Chevrot, Le Pré Cloux, Le Pré Coquis, Le Pré des Coupes, Le Pré de la Croix, Le Pré Croze, Le Pré des Cuittes, Le Pré Deschizeaux, Le Pré Devant, Le Pré de l'Essard, Le Pré de la Fà [6], Le Pré de la Fontaine, Le Pré de la Fontaine Verdine, Le Pré des Fontaines, Le Pré Frateux, Le Pré de la Grange, Le Pré Grillet, Le Pré de Grison, Le Pré du Haut, Le Pré des Joncs, Le Pré de Jus [7], Le Pré Laberthe, Le Pré Laborrier, Le Pré Lafarge [8], Le Pré Lapalus, Le Pré Lebas [9], Le Pré Long, Le Pré Magnien, Le Pré de la Maison, Le Pré de la

---

1. Probablement *Darpaix*, nom de famille.
2. Peut rappeler la veuve de *Jehan Joyet* qui vivait en 1478. Voir § XI.
3. Lire *Pertuis*.
4. *Alias* Le Piéçà.
5. Lire *de Bonzy*, nom de famille qui a disparu au XVIIe siècle.
6. *Alias* de la Fas (la Fée?).
7. Lire *de Joux*.
8. *Alias* de la Farge.
9. *Alias* Lebos.

Marchande[1], Le Pré de la Montagne, Le Pré du Moulin, Le Pré de la Pesse, Le Pré de la Pointe, Le Pré Ray, Le Pré Reboux, Le Pré des Resses, Le Pré de la Roche, Le Pré de Roju, Le Pré Rousset, Le Pré Siraud, Le Pré du Sorbier, Le Pré Thoinon, Le Pré Toutant, Le Pré de Trois, Le Pré des Vaux, Le Pré de la Vêvre, Les Prés sous les Brosses, Les Prés de la Combe, Les Prés de Vers le Haut, Les Prés Neufs, Les Prés des Sagnes, Au Priat.

A Rapinat, Le Rappel, A la Rappenne, En Renardin, Le Replat de Rogne, Aux Replats, Aux Resses, Les Rigaudes[2], Au Rochat, Au Rochat du Bief, Sur les Rochats, A la Rochette, Les Rompays, Au Rompey, Le Rompey Bouilloux, Le Rompey à Claude, Le Rompey des Vernes, Le Rompoix, Le Rompoix Roussillon, La Ronde, Au Rosier, Les Rosiers, En Rosse, Aux Rossignottes, Les Ruées[3], En Ruys.

La Sagne, Aux Sagnes, Le Saignet[4], Le Samson, Les Sartis, La Seigne, Le Seigné[5], Aux Seignes, Le Sepay, En Setiat[6], La Sordaine.

En Telle, La Tempête, La Teppe du Bief, Les Teppes, La Terre Antoine, La Terre à Claudon, La Terre Clusse, La Terre de la Gravière, La Terre à Liron, La Terre du Maréchal, La Terre à Maty, La Terre des Molards, La Terre à Monsieur, La Terre de la Pointe, La Terre à Vaujon, La Terre des Vernes, La Terre de la Vigne, La Terre de la Violette, Les Terres des Bois, Les Terres de Clermain, Les Terres Derrière, Les Terres Reboux, Les Terres Thevenet, Les Tessonnières, La Tête, La

---

1. A rapprocher du *Bois Marchand*.
2. *Alias* Les Regaudes.
3. *Les Nuées* (?) d'après le plan cadastral.
4. Ce mot est, dans le parler local, synonime de *verchère* (petit pré attenant à la maison).
5. *Alias* Le Seigner.
6. *Alias* En Setiot.

Tête à Béca[1], La Tête Dessus, La Tête d'En-Bas, La Tête d'En-Haut, La Tête au Maréchal[2], La Tête à Paul, En Tisy[3], Le Trèfle, La Tuilerie.

La Varenne, La Verchère, La Verchère Audin, La Verchère Chapelle, La Verchère Martin, Les Verchères de Jarrandon, En Verdant, La Vernaise, Le Vernat Prin, Le Vernay, Le Vernay Loron[4], Au Vernayau, Les Vernes, En Verrière, La Vêvre, Le Vezy, La Vieille, La Vigne, La Vigne à Saudat, Sur les Vignes, Les Vignes de Vers le Bief, Le Vigneau, En Vouge.

Les terriers, où nous pourrions rencontrer des formes anciennes de ces noms dont l'orthographe a été défigurée surtout par la prononciation locale, ne nous sont malheureusement pas parvenus. Nous n'avons trouvé que six reconnaissances passées par des sujets de la seigneurie en 1737 et 1738. Les principaux lieuxdits qui y figurent et dont l'énumération suit sont intéressants parfois à rapprocher de ceux que mentionnent le plan cadastral et l'état de sections. Mais combien d'entre eux ont disparu !

Es Agaux.

En Barland[5], Vers Barnon[6], En la Belouze, En la Beluze, En Bief, En Blessonnier[7], En Bochet, Le Bois Berruyer, Sous le Bois de la Fay, Es Bois de Joux, En Bolier[8], Au Bouchet, En la Brosse, Les Brosses de La Chanaux[9], Les Brosses de la Croix du Truge.

---

1. Lire *Bécal*, nom de famille qui a disparu à la fin du XVIIᵉ siècle.
2. Anciennement *A la Tête des Mareschaux*. Voir § IV.
3. Voir § III.
4. *Alias* Laron.
5. A rapprocher d'*En Berland*.
6. Id. d'*En Bernon*.
7. Id. d'*En Blesseny*.
8. Id. d'*En Boulic*.
9. Id. de *Les Brosses de la Chanalle*.

En la Chambarde, Le Champ Gentil, Vers le Champ Guynet[1], Au Champ Guyonnet, Es Champs Dessus, Au Champt Dessus, Au Champt du Fournier[2], En Champaret[3], En Champutin, En Charmon, En Charnay, En Chastel, En la Chénevière Golain, Es Chénevières Perrin, En Chevrier, En la Combe sous Blanchizay, En Combellane[4], autrement En Ruit[5], En la Condemine, La Condemine de Jallogny, La Couleure[6], La Creuse de Champutin, A la Croix de Foucheron, Au Crot, anciennement Au Carruge[7], Le Crot de la Faz, En la Croze, autrement La Terre de la Pierre, Es Curlets.

Es Déserts, autrement Es Vignes, En la Despendaine[8], Es Deux Biefs[9].

Sur l'Eschaillier de Ville, Aux Essards.

En la Faz, Dessus la Fontaine de Gorze, Dessus la Fontaine de Joux, Es Fontaines, En la Forest, Vers la Forest, autrement Vers les Prés de Joux, Sur Fornier, En Foucheron, En la Fougère, A la Fouilleuse, La Françoise.

Vers Géraudan[10], En Gerbe, La Grande Condemine, En la Gravière, Vers le Gros Buisson, Sur les Grosses Ronzes, En la Gruatte, En Guignet[11].

En l'Hault du Chastel, autrement En la Vieille.

Es Margeries, En Marin, En Migemontoux, autrement Es Taillis, En Môle, Sous le Molert[12] de

---

1. A rapprocher de *Champs Guynes*.
2. Id. de *Champ Fournier*.
3. Id. de *Champ Para*. C'est le *Ad Campum Arecium* de l'an 1002 (voir § III).
4. A rapprocher de *Combe Laine*.
5. Id. d'*En Ruys*.
6. Id. de *La Collure*.
7. Id. de *Sur le Carge*.
8. Id. de *La Pendaine*.
9. Id. d'*En Doux Bief*.
10. Id. de *Jarandon*.
11. Id. de *Vers le Champ Guynet*.
12. Lire *Molard*.

la Roche, En Molle, Dernier[1] la Montagne du Chastel, A la Montaigne, La Morette, Es Mouilles de Tancu[2].

Es Peloux, Au Perray, Au Perret, En la Perrière, Au Perrin, Au Pertuis du Mesplier, La Petite Condemine, La Petite Mure, En Petozan[3], A la Pierre d'Agaux, En Plassin, Au Plat des Agaux, Dernier Pommier Croux, Le Pré de la Faz, Le Pré Maignin, Le Pré de la Moille, Le Pré de Praillot, Le Pré Reboud, Es Prés de la Forest, Sous les Prés de Gorze, Les Prés Malfaut.

Es Raisses[4], En Renardin, autrement En Rore, En Roignet, Vers Rore, autrement La Terre de la Pierre, En Rossay, En Ruit[5].

Es Seignes, En la Souche Noire.

La Terre de la Noyeratte, La Terre du Seigneur, Es Terres Dernier, Es Terres Reboud, En la Teste des Bois de Joux, En la Teste de Champ Blanchard, Sur Thizy, En Tizy.

En la Varenne de Gorze, En la Varenne sur les Prés, En la Verchère, En la Verchère Moreau, En la Verchère Oddin[6], Es Verchères, Es Verchères de Barnon, Es Verchères de La Chanaux, Au Vernay des Bruyères, autrement A la Grosse Pierre, Au Vernay Laron, Au Verneau[7], Au Vigneau, autrement En Môle, Au Vigneau de Joux, Sous les Vignes, Es Vignes de Gorze.

La rivière qui traverse Saint-Point, le **Valouzin**, devrait s'appeler la **Valouze**, car son nom latin est

---

1. *Dernier* dans le parler local signifie *derrière*.
2. *Alias* Es Mouilles Tancul. A rapprocher d'*En Mouilletancul*.
3. A rapprocher d'*En Patousan*.
4. Id. d'*Aux Raisses*.
5. Id. d'*En Ruys*.
6. Id. de *La Verchère Audin*.
7. Id. d'*Au Vernayau*.

Aqua Avalosa en 987 ou 988[1] et de 1049 à 1109[2], *Fluvius Avalo* vers 1022[3]. Le thème *Valouzin*, *Valouzain*, *Valouzan*[4], a été formé à l'imitation des dérivés de la déclinaison faible germanique *a, anæ*[5].

La **Valouzière**, qu'on appelle aujourd'hui le **Riat de Joux**, est dénommée *Gutta Vallis Urseriæ* en 965 ou 966[6], *Gutta Valusseria* ou *Valuseria* en 986[7].

Quant aux nombreux ruisseaux ou biefs qui arrosent le territoire de la commune, ils prennent en général les noms des lieuxdits d'où ils viennent ou qu'ils traversent. Les reconnaissances de 1737 et 1738, dont nous avons parlé, mentionnent ainsi le Bief de Barland[8], le Bief de Barnon[9], le Bief de la Belouze, le Bief de Champutin, le Bief de la Faz, le Bief de la Gravière, le Bief de la Grosse Pierre, le Bief de Rore, le bief du Rossay, le Bief de Ruit[10], autrement de Combellane[11].

Disons encore, pour être complet, que, sous la Révolution, Saint-Point a pris le nom de **Mont-Brillant**[12], et que les habitants de la commune sont appelés dans le pays **Saint-Poignards**[13].

---

1. *Recueil* cité, n° 1742.
2. Id., n° 3279.
3. Id., n° 2769.
4. Voir Chavot, *Le Mâconnais, géographie historique*, 1884, in-12, art. *Valouze (La)*.
5. De même pour le Mesvrin (*Magavera, anæ*).
6. *Recueil* cité, n° 1190.
7. Id., n° 1723.
8. Aujourd'hui *Berland*.
9. Aujourd'hui *Bernon*.
10. Aujourd'hui *Ruys*.
11. Aujourd'hui *Combe Laine*.
12. Voir § X.
13. On prononce *Sanpognards*.

III

Les Origines.
Droits et Biens de l'Abbaye de Cluny.

Il n'est pas venu à notre connaissance qu'on ait trouvé sur le territoire de Saint-Point ni silex taillés, ni haches de bronze.

De l'époque romaine on a découvert, au hameau du Prost, « un aqueduc, des médailles fort anciennes » et, au mois d'octobre 1835, « une médaille grecque de Philippe, parfaitement conservée. Cette pièce a été achetée par M. Ochier, docteur en médecine à Cluny [1] ».

De l'époque franque on a mis à jour des sépultures sous dalles, malheureusement sans mobilier ; elles se trouvaient, les unes au hameau de Gorze, les autres près du bourg (lieuxdits *La Praye, Au Rochat*, alias *Sur les Rochats*).

Ces derniers cimetières étaient peut-être ceux des habitants d'un village nommé **Tisy**, qui existait dès le haut moyen âge, mais qui disparut d'assez bonne heure, car les dernières mentions qu'on en trouve sont du XIe siècle.

L'emplacement même de Tisy aurait peine à se reconnaître aujourd'hui si son nom n'avait été conservé par un lieudit. Ce village était situé près

---

1. *Statistique du département de Saône-et-Loire*, p. C. Ragut, t. II, 1838, in-4°, p. 282.

du hameau de La Roche, qu'il englobait[1], sur un chemin (*via publica*[2]), entre un bois (*silva*) et la Valouse (*gutta currens*[3], *aqua volvens*[4], *rius currens*[5], *aqua Avalosa*[6]). On trouve son nom orthographié *Tisiacus*[7], *Ticiacus*[8], *Tusiagus*[9], *Tissiacus*[10], *Tusiacus*[11], *Tiziacus*[12], *Typsiacus*[13], *Tysiacus*[14] et *Tisyacus*[15].

Il était le chef-lieu d'une contrée, dite l'*ager Tisiacensis*, dans laquelle étaient compris, outre *Tisy*, les villages de Saint-Point[16], La Roche[17], Bourgogne[18], Les Purlanges[19], Montillet[20], Corcelles[21] et La Fâ[22].

Les cartulaires de Cluny nous apprennent comment, dès le x⁰ siècle, l'abbaye devint propriétaire dans ce village : entre 910 et 927, don par *Hugo*, d'une petite pièce de champ lieudit *In Frumentali*[23] ; entre 910 et 927 encore, don par *Rotgerius*, d'un champ appelé *Meldoesc*[24] ; en 952, don par *Girbertus*

---

1. *Recueil des chartes de l'abbaye de Cluny*, p. A. Bernard et A. Bruel, n⁰ˢ 443 et 2911.
2. Id., 170.
3. Id., 1181.
4. Id., 1318.
5. Id., 1491.
6. Id., 1742.
7. Id., 170.
8. Id., 209.
9. Id., 505.
10. Id., 542.
11. Id., 680.
12. Id., 1162.
13. Id., 1881.
14. Id., 1983.
15. Id., 2087.
16. Id., 505.
17. Id., 443.
18. Id., 209.
19. Commune de Sainte-Cécile. — Id., 394.
20. Commune de Tramayes. — Id., 1162.
21. Commune de Bourgvilain. — Id., 1652.
22. Anciennement La Faze (Cassini). Commune de Bourgvilain. — Id., 680.
23. Id., 170.
24. Id., 174.

et sa femme *Alexandra*, de différents biens[1] ; en 976, don par *Wichardus* ou *Vuichardus* et *Berardus* ou *Bernardus*, de leurs meix, avec les vignes, les champs, les prés, les bois, les eaux, les pâturages, les fruits et les revenus, les cultures et les friches, plus un serf nommé *Ascherius* ou *Anscherius* et sa femme *Isenberga*[2] ; en 976 ou 977, don par *Warnerius*, prêtre, de tous ses biens, moins la partie réservée à ses fils[3] ; en 980, don par *Wido*, ou *Vuido*, ou *Witdo*, de la moitié de tous ses biens[4] ; en 985, don par *Girbertus* et sa femme *Blismodis*, de la moitié d'une terre et de tous ses serfs, de l'un ou de l'autre sexe, avec leurs enfants[5] ; en 987 ou 988, don, sous réserve d'usufruit, par *Edoenus*, et par son fils *Maingaudus*, de la moitié du curtil[6] où habite le nommé *Domerus*, de la moitié d'un champ près de la fontaine, de la moitié d'un pré vers la Valouse, et, pour l'investiture[7], de deux setiers de vin tous les ans[8] ; en 987 ou 988 encore, don, sous même réserve, par *Bernierius* et son fils *Dominicus* dit *Ansoara*, d'un curtil[9] ; en 991, don d'un pré par *Stephanus*, du consentement de ses sœurs *Rotrudis* et *Eufemia*[10] ; en 991 encore, don par *Raculfus* et sa femme *Aremburgis*, de la moitié d'un curtil avec la vigne en dépendant[11] ; en 991 ou 992, abandon par *Gotefredus* et sa femme *Alexandra*, d'un curtil, que les religieux prétendaient leur avoir été donné

---

1. Recueil cité, 824.
2. Id., 1418.
3. Id., 1435.
4. Id., 1538.
5. Id., 1717.
6. Habitation avec son enclos.
7. Puisque les donateurs restaient *investis* leur vie durant desdits biens.
8. Recueil, 1742.
9. Id., 1746.
10. Id., 1881.
11. Id., 1872.

par *Vuandalmodus* et son fils *Raculfus*[1] ; avant 993 probablement, don par *Aymo de Vinzella*[2], d'une terre qui, à sa mort, entre 993 et 1048, fut concédée en précaire [3] à *Hugo*, chevalier (*miles*), et à *Berardus*, son fils[4] ; vers l'an 1000, don par *Eufemia*, d'un pré [5] ; en 1002 ou 1003, abandon par *Gotdefredus* ou *Godefredus* et sa femme *Alexandra*, d'un meix[6] avec ses dépendances, que les religieux disaient leur avoir été légué par *Bernardus*, ledit abandon consenti moyennant six muids de pain et de vin et un tapis ou une tapisserie valant dix sous[7] ; enfin, entre 1049 et 1109, don par *Eufemia*, femme de *Rotdulfus* ou *Rodulfus*, de sa part d'un pré appelé *Ad Pratum Perrono*[8].

Et parmi les actes passés entre particuliers, don en 979, par *Hossanna* ou *Hosana* à son fils *Idoenus*, du curtil où est *Vuinerius*, du champ appelé *Fromentales*, du pré dit *A la Planca*, et d'une femme serve nommée *Anna* avec ses enfants[9].

Sur le bourg de **Saint-Point** les cartulaires de Cluny nous renseignent également : entre 927 et 942, don par *Rotbertus* et *Johannes*, frères, d'une terre au sujet de laquelle ils sont en contestation [10] ; entre 993 et 1048, don d'une vigne par *Rainardus*, du consentement de ses frères *Stephanus*, *Rotgerius* et *Vuillelmus*[11] ; entre 993 et 1048 encore, don par *Bernardus*, sa femme *Anastasia* et son fils *Rainardus*,

---

1. *Recueil* cité, 1893.
2. Vinzelles, canton de Mâcon sud.
3. *Précaire*, bail viager, par opposition au *bénéfice*, bail perpétuel.
4. *Recueil*, 2087.
5. Id., 2516.
6. Domaine rural.
7. *Recueil*, 2567.
8. Id., 3240.
9. Id., 1491.
10. Id., 344.
11. Id., 2051.

prêtre, d'un pré, et, sous réserve d'usufruit, d'un curtil et d'une terre pouvant se labourer à deux charrues en un jour[1] ; vers 1022, don par *Bernardus* et ses frères, pour le repos de leurs âmes et de celles de leurs parents, d'un bois, d'un champ et d'un pré, l'usufruit réservé[2] ; vers 1022 encore, don par *Bernardus*, pour le repos de son âme et de celles de son père, de sa mère, et de tous ses parents, de bois, de champs, de prés, et en général de tout ce qu'avaient possédé à Saint-Point *Bonusfilius* et *Vualdeardis*[3] ; en 1040 ou 1041, abandon par *Bladinus*, pour le repos de son âme et de celles de son père *Alo* et de sa mère *Blismodis*, du droit que sadite mère prétendait avoir dans l'obédience de Saint-Point[4] ; entre 1049 et 1109, don par *Hugo*, chevalier, d'une rase[5] de vigne dans le clos de Saint-Point[6] ; entre 1049 et 1109 encore, don d'un pré par *Girbertus* et sa femme *Ingilildis*, pour le repos de leur âme et de celles de leurs parents, et du consentement de leurs fils *Arlebaldus*, *Bernardus*, *Girbertus*, *Gislardus*, *Bernardus*, *Tedbertus* et *Sigbaldus*[7] ; en 1232, don par *Hugo Discalciatus* ou *Discaltus*, ou *Discalci*, seigneur de La Bussière[8], de ce qu'il a perçu par droit de garde[9] ou autrement sur les terres ou les hommes de l'abbaye[10] ; en 1243, vente par *Guichardus* dit *Discalciatus* (*Le Deschaux*, *Le Déchaussé*), de Montagny[11], chevalier, de tous

---

1. *Recueil* cité, 2061.
2. Id., 2769.
3. Id., 2770.
4. Id., 2952.
5. Mesure de superficie spéciale aux vignes.
6. *Recueil*, 3011.
7. Id., 3279.
8. Commune de Saint-Léger-sous-la-Bussière.
9. Voir plus loin.
10. *Recueil*, 4617.
11. Montagny-sur-Grosne.

ses droits et ses biens, moyennant 65 livres de monnaie clunisoise[1].

Et parmi les actes passés entre particuliers, don en 939 ou 940 par *Beratdus* ou *Berardus* et sa femme *Teoza*, à leur fille *Vualtru* ou *Vualtrudis*, des deux curtils où résident les nommés *Gotevertus* et *Benedictus*, de toutes les dépendances desdits curtils, et des serfs qui y habitent, savoir *Gotebertus*, sa femme et ses enfants, *Benedictus*, sa femme et ses enfants[2].

Bourgogne est un des hameaux de Saint-Point où l'abbaye de Cluny fut également possessionnée de bonne heure : entre 910 et 927, don par *Stephanus*, pour le repos de l'âme de ses parents et pour sa sépulture, d'un curtil, d'un champ et d'une vigne[3]; entre 942 et 954, don par *Arnulfus*, pour le repos de son âme et de celles de ses trois frères, *Rotlandus*, *Ostroldus* et *Adalardus*, d'un curtil et de ses dépendances avec la famille qui l'habite, savoir *Stephanus*, sa femme *Petronilla*, ses deux fils *Stephanus* et *Girbertus*[4]; entre 942 et 954 encore, don par *Tetbertus*, d'un curtil et de tout ce qu'il a dans le village, à charge de payer 2 deniers par an pour l'usufruit qu'il se réserve[5]; en 946, don par le comte de Mâcon *Leutoldus*, *Letaldus*, *Leutaldus*, ou *Leotaldus*, et sa femme *Berta*, d'un meix et de ses dépendances[6]; en 950, don par *Teotbertus* ou *Teutbert*, de différents biens, à charge de payer 4 deniers par an pour l'usufruit qu'il se réserve[7]; en 954, échange par *Adalardus*, sa femme *Beliarda*, ses fils *Salaco* et *Adalardus*,

---

1. *Recueil* cité, 4793.
2. Id., 505.
3. Id., 183.
4. Id., 581.
5. Id., 617.
6. Id., 680.
7. Id., 770.

de plusieurs meix contre d'autres biens[1] ; en 957, vente par *Robertus* et son fils du même nom, de leur portion d'une verchère[2] et d'un meix, moyennant 2 sous, 5 deniers[3] ; en 972, don par *Waltrudis* et son fils *Aydoardus*, pour la sépulture de *Hugo*, autre fils de ladite *Waltrudis*, d'un curtil avec une vigne et du quart d'un champ situé lieudit *Ad duos Sorbarios*[4] ; en 980, don par *Wido*, *Vuido* ou *Witdo*, de la moitié de ses biens, à charge de payer annuellement, pour l'usufruit qu'il se réserve, une légère redevance en vin[5] ; en 1002, don par *Constantinus*, d'une terre de 25 perches de long sur 5 de large[6] ; en 1002 encore, don par *Leotardus*, d'un champ de 23 perches de long sur 6 de large[7] ; en 1002 toujours, don par *Teudbertus* ou *Tedbertus* et *Eraldus*, pour le repos de l'âme de *Gyso*, du quart d'un champ appelé *Ad Campum Arecium*[8] ; entre 1049 et 1109, don par *Artaldus*, *Girardus* et *Hugo*, frères, pour ledit *Girardus* qui s'est fait religieux à l'abbaye, du meix que tient *Achardus*[9].

Et parmi les actes passés entre particuliers, en 917, vente par *Sirannus* ou *Siranus* à *Arnulfus* d'un curtil avec ses dépendances, moyennant 10 sous[10].

La Roche figure aussi dans les cartulaires de Cluny dès le Xe siècle : en 936, don par *Aydoardus*, d'un curtil avec ses dépendances, l'usufruit réservé[11] ; entre 942 et 954, don, l'usufruit réservé

---

1. *Recueil* cité, 880.
2. Verger attenant à la maison.
3. *Recueil*, 1031.
4. *Aux deux Sorbiers*. — Id., 1318.
5. Id., 1538.
6. Id., 2549.
7. Id., 2550.
8. *Champ Para*. — Id., 2551.
9. Id., 3100.
10. Id., 209.
11. Id., 443.

également, par *Gauzfredus* et sa femme *Eva*, de la moitié d'un meix, c'est-à-dire d'une vigne, de champs, de prés et de bois[1] ; vers 1036, ou peut-être plus tôt[2], don par *Æva*, femme de *Gausfredus*, et ses fils, *Wichardus*, *Hugo* et *Jazerannus* ou *Jozerannus*, des deux tiers d'un meix[3].

De **Joux** deux mentions : en 965 ou 966, don par une nommée *Teudrada*, et ses amis, *Johannes*, *Vualterius*, *Vuichardus*, *Eyricus*, *Anscherius* et *Arlulfus*, pour l'âme d'*Evrardus*, pour la sienne et pour celle de ses fils, de ce qu'elle a depuis le lieudit *Fosatus Ratgonis* (Le Fossé de *Ratgo*) jusqu'au *Cambonem Arloeni* (Le Chambon d'*Arloenus*), de ce chambon jusqu'à la Valouzière et de la Valouzière jusqu'à Joux et au pertuis (*pertusum*) qui est au-dessus, d'un serf nommé *Arbaldus*, de sa femme *Dominica* et de ses trois enfants[4] ; en 982, don de ses biens par *Permincus*, pour la rémission d' « énormes péchés », pour le repos de l'âme de sa femme *Algardis*, et à la demande de son fils *Constantinus*[5].

Enfin pour **Blanchizet** : en 1007 ou en 1008, don d'une vigne par *Aymo*, sa femme *Beliardis*, et leur fils *Asalardus*, pour le repos de l'âme d'*Adalardus*, prêtre[6].

Dès le milieu du Xe siècle Saint-Point était le chef-lieu d'une viguerie(*vicaria*)[7], c'est-à-dire que le comte de Mâcon y avait un viguier (*vicarius*) qui administrait en son nom la circonscription au point de vue

---

1. *Recueil* cité, 554.
2. Car ce pourrait être la même *Eve* que celle de 942-954. Les éditeurs du *Recueil* ont d'ailleurs fait suivre la date de 1036 d'un point d'interrogation.
3. *Recueil*, 2911.
4. Id., 1190.
5. Id., 1621.
6. Id., 2654.
7. Id., 581

civil et militaire. Moins de cent ans après, vers 1040, l'abbé de Cluny en avait fait de son côté, à raison de l'importance de ses propriétés, le siège d'une obédience (*obedientia*)[1], qu'il donna en fief à Hugues dit *Deschaux*[2], chevalier (*Hugo cognomento Discalciatus, miles*), puis à sa veuve et à son fils, *Vuandalmodis* ou *Wandalmodis* et *Lambertus*. Mais ceux-ci créèrent tant de difficultés à l'abbé et lui occasionnèrent tant de dépenses qu'en 1064 il leur offrit 160 sous, plus un meix et un mulet valant 100 sous, pour les faire renoncer à leur fief et aux serfs qui étaient un des sujets de contestation, savoir *Teodericus de Rufiaco*[3] et ses fils, la femme d'*Acardus Sartor* et leurs enfants[4]. Vers la même époque, entre 993 et 1048, il amena aussi un nommé *Hildinus* à abandonner les taxes qu'il avait établies injustement, et contre tous les droits de l'abbaye, à Joux et lieux circonvoisins[5].

A la fin du XIe siècle, le désir d'échapper à l'avidité des seigneurs, jaloux de la richesse et de l'influence des moines, le détermina à confier la garde de son obédience au doyen de Jalogny[6]. Celui-ci décida, en 1094, Guillaume de Saint-Point, chevalier (*Willelmus, miles de Sancto Pontio*) et ses frères, *Petrus*, clerc, *Stephanus* et *Pontius*, chevaliers, à restituer les biens qu'ils avaient usurpés ; ils y ajoutèrent même, pour le repos de l'âme de leur frère *Leotaldus* et de celles de leurs parents, trois andains de pré et une terre située au-dessus de la maison de *Guntaldus Rusticus*[7].

---

1. *Recueil* cité, 2952.
2. C'est-à-dire *Déchaussé*.
3. Thierry de Ruffey. — Ruffey, commune de Cluny.
4. *Recueil*, 3400.
5. Id., 2124.
6. Id., 3677.
7. Id.

En 1140, Hugues de Berzé (*Hugo de Berziaco*)[1], fils de *Rolandus Breisent* et de *Faletrudis*, s'engagea, moyennant une indemnité pécuniaire, à ne plus exiger aucune redevance sur les meix de l'abbaye[2].

En 1207, Guy Bestial (*Guido Bestialis*), pour réparer les « forfaits » dont il était l'auteur et les dommages qu'il avait causés, fit amende honorable et abandonna à l'abbé ses droits de garde ou autres sur quatre hommes de Saint-Point, savoir *Bernardus* et *Petrus de Chinet* ou *de Chiniet*[3], *B. de Moncel* ou *de Muncel*, et *Martinus Molel* ou *Morel*[4].

Mais la famille des *Deschaux* surtout, inconsolable de son amoindrissement de 1064, chercha sans relâche à regagner les avantages perdus. Nous voyons en effet Hugues Deschaux (*Hugo Discalciatus*), mis en demeure, en 1173, de ne plus lever à Saint-Point que les coutumes de droit ou d'ancienneté[5]. En 1180 ou 1181, c'est Guy (*Guido*), fils de Hugues, que les évêques d'Autun et de Mâcon excommunient et dont ils mettent les terres en interdit pour l'obliger, moyennant 300 sous d'indemnité, à renoncer à toute coutume à Saint-Point, à n'y point installer de prévôt (*præpositus*), et à se contenter de ce que son grand-père, Guigue Deschaux (*Guigo Discalciatus*), y percevait en qualité de seigneur de La Bussière, savoir sur chaque meix une mesure d'avoine, un pain ou un denier à Noël et une poule le dimanche de carême-entrant, et de la justice qu'il y exerçait sur les voleurs et les adultères, le tout à charge de garde du village et de ses habitants et avec subordination

---

1. Berzé-le-Châtel.
2. *Recueil*, 4069.
3. Probablement *de Chagny*.
4. *Recueil*, 4437.
5. Id., 4244.

au doyen de Jalogny[1]. Enfin en 1243 c'est Renand Deschaux (*Raynaldus Discalciatus*), seigneur de La Bussière, qui reçoit 25 livres clunisois, pour reconnaître qu'il tient en fief de l'abbaye tous ses droits et pour faire hommage à l'abbé, en présence de Séguin (*Seguinus*), évêque de Mâcon, de l'avoine, des poules et des pains de la garde de Saint-Point[2].

Les rapports entre l'abbé de Cluny et le seigneur de Saint-Point restèrent dans les temps modernes ce qu'ils avaient été au moyen âge. Nous trouvons en effet dans l'inventaire général des archives de l'abbaye, l'analyse d'un acte intéressant, dont malheureusement le texte est perdu, une « sentence de fournissement de complaintes et restablissement pour l'abbé contre le sieur de Saint-Point, au sujet d'une biche que les hommes dudit sieur de Saint-Point avoient chassé sur les terres du doyenné de Jalogny, combien que ledit sieur de Saint-Point soustînt qu'elle avoit esté chassée sur ses terres et puis poussée sur celles dudit sieur abbé, laditte sentence en datte du 29 octobre 1520, signé *Dumesnil*, avec l'exécution y attachée en datte du 29 décembre dudit an 1520, signé *Paillier* et *Pelois*[3] ».

En 1600 l'abbé Claude de Guise voulant « avoir solution et payement de la somme de 5,000 escuz, restant de plus grande, en laquelle dame Claire de Sainct-Poinct, dame de Sainct-Vidal et vicontesse de Beaufort, femme de noble Marcelin de Haultvillert, seigneur dudict lieu, luy estoit tenue et obligée[4], fict faire commandement à icelle de payer ladicte somme, et, à son reffuz », obtint du bailliage de Mâcon, le 5 juin 1600, de « faire saisir tant

---

1. *Recueil* cité, 4280.
2. Id., 4788.
3. *Archives de l'Abbaye de Cluny. Inventaire général*, publié p. A. Bénet et J. L. Bazin, 1884, in-8°, art. 703, p. 96.
4. Peut-être à raison de l'échange dont nous parlons au § IV.

entre les mains d'honorable Vallentain Ciraudin, bourgeois et marchant de Mascon, qualité de fermier de la terre et seigneurie de Sainct-Poinct, que de M⁰ Nicolas Daulphin, négociateur et entremetteur des biens d'icelle seigneurie, tous les fruictz, droictz et revenuz d'icelle[1] ».

Enfin, par le plumitif des audiences du bailliage de 1787, nous voyons que depuis 1785 au moins l'abbé Dominique de La Rochefoucauld, cardinal-archevêque de Rouen, était en procès avec Mre Esprit-François-Henri, marquis de Castellane et de Saint-Point. L'appointement du lieutenant général de Namps, en date du 16 juin 1787, qui prononce que les parties produiront leurs terriers, indique que la contestation portait sur des droits seigneuriaux[2].

Car au moment où la Révolution éclata, l'abbaye de Cluny ne possédait plus guère à Saint-Point que quelques droits d'origine féodale.

Les biens nombreux qu'elle y avait acquis au Xe siècle et au XIe, elle les avait affermés au moyen âge à titre soit de bénéfices, soit de précaires. Or, d'assez bonne heure « les précaires subirent la même destinée que les bénéfices : l'hérédité finit par les atteindre et les consolider entre les mains des détenteurs[3] ».

Quant aux serfs, ils s'affranchirent peu à peu. Lorsque le moyen âge prit fin, c'est-à-dire au XVe siècle, il n'y en avait plus, depuis longtemps déjà, dans le Mâconnais.

---

1. Registres du bailliage de Mâcon. Archives de Saône-et-Loire, B. 935 et 936; audiences des 5 juin et 7 octobre 1600.
2. Id. Id., B. 1260, 2 ; audience du 16 juin 1787.
3. Th. Chavot, *Préface du Cartulaire de Saint-Vincent de Mâcon* publié p. M.-C. Ragut, 1864, in-4°, p. LXXXVI.

IV

La Seigneurie.

A part la mention du *clos* dans lequel Hugues de Saint-Point, chevalier, avait une rase de vigne, qu'il donna entre 1049 et 1109 à l'abbaye de Cluny[1], nous n'avons aucune indication de détail sur la seigneurie de Saint-Point au moyen âge.

Il nous faut arriver à la seconde moitié du XVIIe siècle pour connaître la nature des droits et l'importance des biens dont elle se composait.

Elle fut, à l'occasion du mariage contracté en 1660 par Marie-Françoise de Rochefort d'Ally, fille de feu Claude de Rochefort d'Ally, comte de Saint-Point, avec Pierre de Laurencin, baron de La Bussière, l'objet d'un **démembrement** dont les conditions ont été réglées par contrat en date du 21 février 1664.

Par cet acte, passé au château de La Bussière, par-devant Me Guillet, notaire royal, Anne de Lucinge, veuve de Claude de Rochefort d'Ally, tant pour elle qu'au nom de Jean-Baptiste de Rochefort d'Ally, comte de Saint-Point, son fils, cédait à Pierre de Laurencin[2] et à Marie-Françoise de Rochefort d'Ally, son gendre et sa fille, en diminution des 15.000 livres qu'elle leur avait

---

1. Voir plus loin, § V.
2. Dans cet acte il est dit *vicomte* de La Bussière, Chanzé et Cruix. Voir plus loin, § V.

promises à leur contrât de mariage du 19 octobre 1660, « touttes et chascunes les rantes seigneurialles, dixmes[1] et autres cens et servis[2], laoudz, millaoudz[3], hommes levans et couchans[4], justiciables, et toutte la justice haulte, moyenne et basse, mère, mixte et inpère[5], et génerallement tous droictz seigneuriaux quy peulvent estre deubs à cause de la seigneurie de Sainct-Poinct et deppandances d'icelle » aux villages du Perret (Tramayes), Neuilly (Tramayes), Nogent (Saint-Léger-sous-la-Bussière), Montillet (Tramayes), Les Cours (Brandon), Purlanges (Sainte-Cécile), La Garde (Saint-Léger-sous-la-Bussière), et aux paroisses de Saint-Léger-sous-la-Bussière, Dompierre-les-Ormes, Jalogny, Brandon et Trambly, « conformément aux tiltres et terriers dudict feu seigneur de Sainct-Poinct, et quy reviennent quant aux rantes seigneurialles à l'universelle somme de 31 livres, 13 solz, 6 deniers, 13 quarterons, 3/4, 1/6 et 1/32 d'autre de froment, 27 quarterons, 1/8 et 1/48 d'autre de seigle, 14 quarterons, 1/3 et 1/72 d'autre d'avaine comble, le tout mesure de La Bussière, 95 quarterons d'avoyne comble, mesure de Sainct-Poinct, 21 gelines et 1/12 d'autre, le tout suivant et à la forme des recognoissances des particulliers et habitans des villages et parroisses susdénommés, ainsy qu'il est apparu par la supputation quy en a esté cy-devant faicte par commissaire sur les terriers tant dudict Sainct-Poinct, Tramaye, Jallogny, que Poisolle[6],

---

1. Dîmes.
2. Redevances de différentes natures.
3. Los et demi-los, droits dus à l'occasion des mutations de biens.
4. Habitants attachés à la terre.
5. Formule incorrecte, mais très fréquente, qui devrait être libellée « juridiction haute, moienne et basse, avecques mère et mixte empère (*merum et mixtum imperium*) » (voir Du Cange, *Glossarium*, art. *Imperium*) et qui signifie « justice à tous les degrés ».
6. Poizolles (Dompierre-les-Ormes).

provenans dudict feu seigneur de Sainct-Poinct ». Elle leur abandonnait, en outre, « touttes et chascunes les rantes quy luy sont deubes en un champt appellé *Les Terres du Petit Chantelard*, enclos dans les Bois et Rompay Descombes, et finallement une terre despandant du domeyne de Chaigny[1] estant de la seigneurie de Sainct-Point, despuis peu asservisé à Jean Faillant ; item touttes les rantes quy luy sont deubes en un champs de terres appellé *Pré Mary*, *Les Pierres Blanches* et *Les Genesvres*, et de mesme les servis deubz au village de La Garde sur [divers] fondz, revenantz à 13 solz, 1 denier tournoiz, froment 1 quarteron 1/2, avoyne comble 5 quarterons, 3 coppons[2] 1/12, le tout mesure de Cluny et Sainct-Poinct, 2 gelines, 1/2 et 1/6 d'autre ; de mesme les dixmes des Rompay du Bois Descombes, suivant qu'il a de coustume d'estre levé et perceu de dix la unziesme gerbe, vallant à présent 100 quarterons de bledz de revenu par chascun an ; samblablement le dixme des champtz du Pré Mary et des Pierres Blanches, se levant ainsy que de coustume de unze la douziesme gerbe, et peult valloir chascun an une asnée de bledz seigle, non comprins une septiesme portion dudict dixme acoustumé estre levé par le sieur de Bullion[3].

« Touttes lesquelles rantes et dixmes revenant au sommaire universel de 32 livres, 6 solz, 7 deniers, froment 13 quarterons, 3/4, 1/6 et 1/32 d'autre, seigle 27 quarterons, 1/8 et 1/48, avoyne comble 14 quarterons, 1/3 et 1/72 d'autre, le tout mesure de La Bussière, plus froment 1 quarteron 1/2, avoyne comble 100 quarterons, 3 coppons et 1/12 d'autre, le tout mesure de Sainct-Poinct, et pour

---

1. Chagny.
2. *Coupon*, mesure de capacité pour les grains, moindre que la *coupe*.
3. Seigneur de Tramayes.

lesdictes deux dixmes, seigle 116 quarterons, gelines 23 et 3/4, [avaient] estées aprésiées entre les parties et [s'étaient] treuvées monter et revenir à la somme de 282 livres, 19 solz, 7 deniers par année, fesant au denier cinquante la somme principalle de 14,147 livres ; de laquelle somme les seigneur et dame de La Bussière [tenaient] quittes tant la dame ceddante que le seigneur son filz, sans préjudice du restant de la somme de 15,000 livres, quy est la somme de 853 livres tournoiz.

« Pour la levée et perception desquelles susdictes rantes ladicte dame et son filz [seraient] tenus fournir et deslivrer extraictz des terriers et recognoissances, ayant desjàt remis ladicte dame ceddante les terriers concernant Poizolle, Dompierre et Trambly à cause de la chappelle Saincte-Catherine[1], et celluy de Jallogny et Purlange, ensemble de Montillet, Les Cours et Nojan, avec tous les asservizages du Bois Descombes et autres ».

Il était finalement convenu que « pour facillitter le payement de la somme de 853 livres restante appayer ausdictz seigneur et dame de La Bussière, il leur [serait] remis des rantes mouvantes dudict Sainct-Poinct, autres que les susdictes, dez le chemin festral tendant de Tramaye au bois de Sainct-Poinct du costé de soir, ensemble une portion de terre despandant du domeyne de Chagny estant entre ledict chemin festral et le Bois Descombes ». En revanche « lesdictz seigneur et dame de La Busssière [s'engageaient à] remettre audict seigneur de Sainct-Poinct touttes les rantes quy leurs [seraient] deubes deans les terres et seigneurie de Sainct-Poinct aussy dez ledict chemin festral comme eau verse du costé de matin[2] ».

---

1. Voir plus loin, §-VII.
2. Archives de Saône-et-Loire, E. 310, 1.

Tous ces droits, détachés de la seigneurie de Saint-Point, étaient joints désormais à ceux de la seigneurie de La Bussière. Ils y restèrent incorporés depuis 1664 jusqu'à la Révolution [1].

Mais le démembrement n'avait porté que sur une faible portion du fief, comme on va pouvoir en juger par les deux intéressants **dénombrements** qui sont parvenus jusqu'à nous.

Le premier a été donné le 14 novembre 1682 à MM. de la chambre des comptes de Bourgogne et Bresse par Marie-Catherine Brûlart de Sillery, veuve et héritière testamentaire de Jean-Baptiste de Rochefort d'Ally, comte de Saint-Point. Le voici [2] :

« Premièrement possedde ladicte dame le chasteau et maison forte de Sainct-Poinct, avect ses cours, escuries, granges, bassecours, jardin et pourpris, dans la parroisse dudict Sainct-Poinct.

« Item possedde ladicte dame en toutte justice, haulte, moyenne et basse, mère, mixte et impère, jurisdiction de l'exercice d'iceux, permission de créer les officiers nécessaires dans l'estendue de sa seigneurye, avect le droict des langues des bœufz et vaches tuez pour vandre en destail, et aussy les droictz de laoudz, mylaoudz, vendz et remuages [3], droictz d'amandes et autres droictz quy s'adjugent, quant le cas y eschet, contre les malfacteurs, desquelz droictz ne peult tirer un revenu certain, mais estime que par an ilz peuvent valloir......... 10 livres.

---

1. Les biens sur lesquels étaient assis ces droits sont tous figurés dans deux atlas conservés en l'étude du notaire de Dompierre-les-Ormes, et intitulés, l'un *Cartes adaptées des différents terriers dépendant de la seigneurie de La Bussière de 1500 et de 1660* (XVIIIe siècle), l'autre *Plans géométraux des héritages mouvant des rentes de la baronnie de La Bussière levés en 1774, 1775 et 1776*.

2. Archives de la Côte-d'Or, B. 10858.

3. Ventes et remuages, droits dus pour les mutations des biens.

« Item a droict de lever dans ladicte parroisse de Sainct-Poinct, quy conciste en dix petitz ameaux, sçavoir celluy de Sainct-Poinct, Chaignye, Le Mont, Le Praux, Gorze, Lachanal, Bourgongne, Blanchizay, Joux et La Roche, dans lesquelz villages et lieux circonvoizins ladicte dame et ses enfans [peuvent] prandre rante fixe en argent.............
.... 34 l. 12 solz 2 deniers.

« Item prand de froment fixe 437 quarterons, quy à cauze du charrois qu'il fault faire à trois lieues sur la rivière de Saolne pour le desbiter, ne peult valloir par communes années, ledict charroys desduict, plus de 10 solz le quarteron, partant se monte [à].. 218 l.

« Item seigle fixe lève par an 142 quarterons, quy à cauze du charrois, comme est dict, de trois lieues qu'il fault faire pour le porter sur la rivière de Saolne, ne peult valloir par communes années que 8 solz le quarteron, quy monte à... 56 l. 16 s.

« Item en avoyne fixe prand par an 475 quarterons, quy à cauze du charrois, comme dict est cydessus, ne peult valloir que 3 solz le quarteron, quy se monte à......................... 71 l. 5 s.

« Item ladicte dame prand dans lesdicts villages 196 poulles, quy ne peulvent valloir plus hault de 4 solz chascune, qui se montent [à]..... 39 l. 2 s.

« Item sont tenus les emphitéotes de ladicte seigneurye de Sainct-Poinct au guet et garde du chasteau dudict Sainct-Poinct, à faire audict chasteau les réparations pour la sûreté de ladicte maison, et les charroys nécessaires au seigneur et dame dudict lieu, moyennant quoy le seigneur est tenu à les desfrayer et nourrir, eux et leurs besteaux, ce quy monte à grandz frais, et partant n'en tire aulcungs proffictz dans ses revenus............... [Néant].

« Item porte deux moulins, un desquelz est despuis peu construict, tous deux donnez en rante, exposez à estre sans eau les trois quartz de l'année, présantement amazagez à............... 110 l.

« Item trois mettéries concistantz en plusieurs prez, terres, vignes et bois, d'un grand travail, subjectes à la nielle, présantement arrantées, quoyque elles ne puissent estre maintenues sur ce mesme piedz, à.................................... 1,020 l.[1]

« Item porte en rante cazuelle les dixmes inféaudez[2] dans les villages de Sainct-Poinct, Chaignye, Bourgongne, Lachanal, Blanchizay, Joux, La Roche et Rochefort[3], dans lesquelz à cauze de la nielle, quy gaste souvent les bledz dans ceste parroisse, quy est scituée dans des bois, ce quy faict que les bledz n'ont q'une poussière noire au lieu de grain, et que le revenu en est fort incertain, cependant estime que lesdicts dixmes peuvent aller par communes années en froment, quy faict les deux tiers de la quantité des grains qu'on recuille, à 250 quarterons, quy se trouvantz d'une qualitté moins bonne que le froment fixe cy-dessus, et partant ne peult tant valloir, et, par les raisons du charroys cy-devant desduictes, ne peult estre estimé plus hault de 9 solz le quarteron, quy se montent à... 113 l. 7 s.

« Item en seigle cazuel du dixme, prand par an 38 quarterons, quy par les raizons cy-devant dictes ne peult valloir que 7 solz le quarteron, quy se montent [à]......................... 13 l. 16 s.

« Item en orge cazuel prand ladicte dame par an 38 quarterons, quy par les raisons cy-devant dictes

---

1. Les deux domaines du bourg étaient affermés 800 livres en 1685. (Archives de Saône-et-Loire, C. 562, 3).

2. Dîmes inféodées, c'est-à-dire aliénées par l'Eglise et possédées en fief par des laïques. — D'après une délibération de la municipalité de Saint-Point, du 22 août 1790, elles auraient été données par l'abbé de Cluny à Claire de Saint-Point en échange des granges de Touzaine à Jalogny et des moulins de Rochefort près Cluny. (Archives de Saint-Point, D. 1).

3. Ce nom doit avoir été mal lu par le scribe, à moins qu'il ne s'agisse de Rochefort près Cluny.

ne peulvent valloir par an que 5 solz, quy se montent [à].................................. 9 l. 10 s.

« Item en avoyne cazuelle prand ladicte dame par an 38 quarterons, quy ne peuvent valloir que 3 solz le quarteron, quy se montent à......... 6 l. 14 s

« Item prand ladicte dame à cauze de ladicte seigneurye de Sainct-Poinct les dixmes des febves ou autres grains quy par communes années, par les raisons susdictes, peuvent estre estimez à 40 quarterons, quy vallent au plus 6 solz le quarteron, quy se montent [à].. 12 l.

« Item prand ladicte dame le dixme du champvre, quy par communes années peult estre estimé à 2 quintaux, qui peult valloir 2 solz la livre, quy se montent [à].. 20 l.

« Item prand ladicte dame les dixmes des agneaux, quy par an peult valloir 5 agneaux, et des cochons, quy vallent communément 12 solz pièce, quy se montent à.................................... 3 l.

« Item une tuillerie et fourneau, quy ne sert à autre choze que pour l'entretien des bastimantz, et ne s'arrante poinct ; au contraire, il fault nourrir et payer ceux quy la travaillent, et de conséquent elle sera tirée au présant estat et desnombrement pour.. Néant.

Ce dénombrement nous renseigne assez exactement sur les droits de la seigneurie de Saint-Point. Celui qui a été donné le 9 juin 1723 à MM. de la chambre des comptes de Bourgogne et Bresse par Jean-Amédée de Rochefort d'Ally, comte de Saint-Point, donne plus de détails sur les biens. Ils se complètent l'un l'autre et on lira le second[1] avec autant d'intérêt que le premier.

« Appartient audict seigneur audit (*sic*) Sainct-Point un château et maison forte flanquez de quatre tours,

---

1. Archives de la Côte-d'Or, B. 10967.

au milieu duquel chasteau est un corps de logis, une cour, escuries et autres bâtiments, ledit château clos de murailles à créneaux, un jardin et verger avec un colombier du côté de matin dudit château.

« Item appartient audit seigneur audit Sainct-Point trois domaines.

« Le premier, appellé *Le Domaine du Chasteau*, de dix asnées de semance, cultivées par huict bestes arables, pour la nourriture desquelz y a par commune année environ trante charrées de foin.

« Le second domaine, appellé *Le Domaine de Chaignye*, d'environ dix asnées de semance, cultivées par huict à dix bestes arables, pour la nourriture desquelz il y a prez d'environ quinze charrées de foin.

« Le troisième domaine est appellé *Le Domaine du Bourg*, d'environ quinze asnées de semance, et d'environ vingt charrées de foin par commune année, pour la nourriture de huict à dix bestes arables pour la culture dudit domaine.

« Item appartient au seigneur comte dudit Saint-Poinct, en laditte parroisse, deux moulins à eaux sur la rivière qui passe audit lieu, avec leurs escluses, un dessioir[1] et autres engins joinctz ausdits moulins.

« Item apartient audit seigneur une forests audit Saint-Point, appellée *La Forest de Sainct-Poinct*, autrement *Le Grand Bois*, de contenue à environ quatre centz coupées, ledit [bois en] chesne et fayard ou hêtre.

« Item appartient de même audit seigneur une autre forest appellée *La Petite Forest* et *Le Bois des Vernes*, d'environ cinquante coupées de bois chesne.

« Item apartient audit seigneur le disme des bledz et agneaux de ladite parroisse de Saint-Point, qui se

---

1. Lire *descioir*, autrement *scierie*. Dans le parler local on dit *descier* pour *scier*.

disment à raison de dix la onze, ledit disme pouvant estre de cinquante asnées ou environ par commune année.

« Item appartient audit seigneur un terrier dans ladite parroisse et lieux circonvoisins, portant rentes, cens et servis, emportant laods, milaods, vendz, remuages et autres droitz seigneuriaux appartenans à directe seigneurie.

« Finallement appartient audit seigneur, suivant ledit terrier, et de temps immémorial, et suivant plusieurs tiltres, la justice hautte, moyenne et basse, dans toutte l'estendue de ladite parroisse, dans laquelle justice ledit seigneur a droit de nommer des officiers pour l'exercice d'icelle ».

Nous avons peu de chose à ajouter aux indications si précises de ces dénombrements sur les **droits** de la seigneurie.

La *justice* était exercée par des officiers dont nous avons retrouvé quelques noms. Juges ou lieutenants : en 1689, Jacques Dumont, sieur de Burserat [1]; en 1709, Me Claude Guillet, notaire royal aux Sardys (Bourgvilain) [2]; en 1743, Me Jacques Guillet [3]; en 1786, Me Jean Bonnetain, avocat à Mâcon [4]. Procureurs fiscaux : en 1659, Humbert Paisseaud [5]; en 1666, Jean Dumolin [6]; de 1703 à 1738, Benoît

---

1. Commune de Cenves (Rhône). — Minutes des Mes Guillet, en l'étude de Me Tarlet, notaire à Clermain (22 août 1689).

2. Archives de Saône-et-Loire, B. 1297, 57.

3. Archives de Saint-Point, GG. 3, 25 décembre 1743. — Les Guillet, notaires aux Sardys de pères en fils, ont dû être de pères en fils aussi « juges des terres de Saint-Point ».

4. *Almanach du pays et comté de Mâconnois, Dictionnaire*, p. 118.

5. Minutes des Mes Guillet, en l'étude de Me Tarlet, notaire à Clermain (25 août 1659).

6. Id., *ibid.* (17 novembre 1666).

Crozet[1] ; en 1739, M. Verset, chirurgien[2] ; en 1789, Mᵉ Ramboz, avocat à Château-Thiers (Matour)[3]. Greffiers : de 1738 à 1751, Pierre Durossay, laboureur[4]. Huissiers : en 1708, Mᵉ Claude Alaberthe, demeurant au Mont[5] ; en 1783, Benoît Sibilet[6]. Sergents : en 1665, François Perrin[7] ; en 1682, Jean Corsin[8].

Les papiers de la justice ont dû être perdus ou détruits depuis 1792[9], de sorte que nous ne savons rien de son fonctionnement.

Entre autres regrets nos lecteurs auront avec nous celui de ne pouvoir connaître le crime dont s'étaient rendus coupables Philibert Martinot et Françoise Faillant, condamnés le 2 juillet 1665 par le juge de Saint-Point, lui, à être roué vif, elle, à être pendue. Le 14 du même mois ils furent livrés par Claude Delaflert, concierge des prisons du château de Saint-Point, à des gens de Mâcon, notamment un Claude Louvel, cordonnier, et un Henri Renoud, tanneur, avec qui le procureur d'office, Jean Dumolin, avait

---

1. Archives de Saint-Point, GG. 2 et 3. Le 13 février et le 24 avril 1703 il est dit aussi « gouverneur du château de Saint-Point » ; le 1ᵉʳ mars 1705, « fermier général de M. le comte de Saint-Point » ; le 30 septembre 1708, « économe du château de Saint-Point » ; le 19 octobre 1718, « fermier du château ». Il est mort au bourg de Saint-Point, le 19 février 1738, âgé d'environ 70 ans (Archives de Saint-Point, GG. 3, 20 février 1738).
2. Archives de Saint-Point, GG. 3, 3 mai 1739. — Un autre chirurgien, Mathieu Richard, originaire de La Tour-de-Salvagny, près Lyon, exerça à Saint-Point. Il y habitait même depuis trois ans en 1718 lorsqu'il eut un fils de Barbe Delaye, « sa feuture épouse, du lieu de Bourgogne » (Id., GG. 2, 12 mai 1718).
3. Archives de Saône-et-Loire, B. 1717, 54.
4. Archives de Saint-Point, GG. 3, 15 novembre 1738, 29 mai 1748 et 6 juillet 1751.
5. Id., GG. 2, 5 mai 1708.
6. Id., GG. 5, 23 novembre 1783.
7. Voir la note 1 de la page suivante.
8. Archives de Saint-Point, GG. 1, 22 juillet 1682.
9. Ils étaient restés déposés jusque là à Matour, au domicile de Mᵉ Bonnetain, greffier de la justice. Voir Archives de Saint-Point, D. 1, fᵒˢ 97 et 110.

fait marché pour les conduire, moyennant 180 livres, en la conciergerie du Palais à Paris où ils étaient appelants[1].

Nous aurions aimé retrouver aussi les procès-verbaux dressés à l'occasion des décès de Benoît Corsin, tué en 1652 « d'un coupt de fusiers par un fandeus de bois[2] », de Pierre Tarlet, du bourg, « brullé par une horrible incendie » en 1731[3], de Claude Delaye, de Saint-Point, âgé d'environ 12 ans, foudroyé en 1739 « au haut de la montagne, au lieu apellé *A la Tête des Mareschaux*[4] », de Philibert Bleton, de Gorze, âgé de 24 ans, « mort d'une chûte de prunier » en 1779[5], de Sébastien Bénat, de La Chanalle, âgé d'environ 32 ans, « mort par accident » en 1788[6], etc.

Il y avait eu des notaires à Saint-Point dès le XVIe siècle, notamment Jean Pichot, clerc, de 1571 à 1575[7], puis Jean Demontangerand de 1612 à 1629[8], et Antoine Corsin de 1629 à 1645[9]. Pendant la seconde moitié du XVIIe siècle et au XVIIIe les actes des seigneurs et des habitants de Saint-Point furent passés en général par-devant les Guillet, notaires de pères en fils aux Sardys (Bourgvilain), dont les minutes sont aujourd'hui en l'étude de Me Tarlet, à Clermain.

---

1. Minutes des Mes Guillet, en l'étude de Me Tarlet (14 juillet 1665).
2. « Ce douziesme aust 1652 a esté enterré Benoist Corssin qui fust tué d'un coupt de fusiers par un fandeus de bois à Saint-Point ». (Archives de Saint-Point, GG. 1).
3. Inhumé le 21 février 1731. (Id., GG. 3).
4. Mort le 2 mai 1739, inhumé le 3. (Id., *ibid.*)
5. Mort le 15 août 1779, inhumé le 16. (Id., GG. 4).
6. Mort le 21 novembre 1788, inhumé le 22. (Id., GG. 5).
7. Archives de Saône-et-Loire, B. 1324, fos 153 et 580.
8. Archives de Saint-Point, GG. 1, 26 février 1612 et Archives de Saône-et-Loire, B. 1089, f° 232.
9. Archives de Saône-et-Loire, *ibid.*, et Archives de Saint-Point, GG. 1, 10 janvier 1645.

Charles-Louis Testu de Balincourt, marquis de Saint-Point, obtint le 12 septembre 1770, des lettres royaux portant établissement, « pour le bien publique et l'intérêt de ses vassaux » (ou plutôt celui du Trésor), d'un office de notaire au marquisat de Saint-Point, avec faculté pour ledit seigneur d'en jouir et d'y commettre titulaires, mais aussi à charge par lui d'en payer « la finance[1] » aux revenus casuels du Roi[2]. En vertu de ces lettres, Me Jean-Baptiste Moreau, commissaire aux droits seigneuriaux, fut pourvu du nouvel office pour une durée de neuf ans le 13 mars 1771[3].

Les terriers auraient pu nous renseigner sur les autres droits dus aux seigneurs. Malheureusement aucun des deux pour qui des lettres de confection ou de renouvellement furent obtenues par Claire de Saint-Point, le 4 mars 1617[4], et par Claude-Gabriel-Amédée de Rochefort d'Ally, le 16 décembre 1770[5], n'a échappé au brûlement de 1789. Il ne nous est parvenu que six reconnaissances, passées par-devant Me Guillet en 1737 et 1738, et qui nous donnent d'intéressantes indications sur les *cens et servis* dont étaient affectées les terres des sujets de la seigneurie. Nous ne citerons que deux exemples[6].

François Paisseaud, de Saint-Point, payait de cens et servis annuels : pour « une maison haute, cellier dessous, grange, four, cour, jardin, terre et pré de soir », formant le tiers et le douzième d'un ancien domaine divisé entre ledit Paisseaud, Claude Bleton pour un tiers, Jacques Ducloux pour un sixième et Pierre Ducloux pour un douzième,

---

1. Droit dit *de marc d'or*.
2. Archives de Saône-et-Loire, B. 1256, 4.
3. Id., *ibid*.
4. Id., B. 1037, f° 54 v°.
5. Id., B. 1256, 4.
6. Archives de Saône-et-Loire, supplément à la série E, famille De Castellane.

11 deniers clunisois, les 3/4 et le 1/29 d'un autre, 2 quarterons de froment, le 1/9 et la moitié du 1/144 d'un autre, les 2/3 d'un quarteron comble d'avoine, le tout mesure de Cluny[1], plus la moitié et le 1/8 d'une geline ; pour la moitié d'une terre, divisée entre ledit Paisseaud et Catherine Sève, contenant à la part de chacun la semence d'un paneau[2] et demi de blé, 1/2 picte[3] clunisois ; pour une autre terre, contenant la semence de quatre quarterons et demi de blé, la moitié et le 1/36 d'un denier clunisois, le 1/3 et le 1/12 d'un denier tournois, le 1/3 et le 1/24 d'un quarteron comble d'avoine, mesure de Cluny, plus le 1/72 et la moitié du 1/144 d'une geline ; etc.

Me Claude Chevillard, notaire royal à Pierreclos, qui était possessionné à Saint-Point, payait également de cens et servis annuel : pour une terre contenant la semence de quatre paneaux deux quarterons et demi de blé, — et qui devait le droit de tâche sur quatre paneaux un quarteron, ledit droit de tâche[4] affranchi en faveur de Mre Pierre Dauphin, prêtre, par Mre Jean-Baptiste de Rochefort d'Ally, seigneur de Saint-Point, le 17 octobre 1670, — 6 deniers et une picte clunisois, le 1/4, le 1/36 et le 1/144 d'un quarteron de froment, le 1/12 d'un quarteron de seigle, le 1/8 d'un quarteron d'avoine comble, mesure de Cluny, et pour l'affranchissement de la tâche, un quarteron et le 1/4 d'un autre, mesure

---

1. Ces reconnaissances nous apprennent qu'il y avait à Saint-Point trois mesures différentes en usage pour les grains, celle de Mâcon, celle de Cluny et celle de Saint-Point. — D'après une déclaration de la municipalité, du 24 octobre 1790, les grains ne se vendaient qu'à la mesure ou coupe de Mâcon, « mais on se servait au château de deux autres mesures pour l'amas des cens et servis, dont l'une est appelée *quarteron ou mesure de Saint-Point*, et l'autre *mesure de Cluny* » (Archives de Saint-Point, D. 1).
2. Mesure de capacité pour les grains.
3. Monnaie valant le quart du denier.
4. Prestation.

dudit Saint-Point ; pour « une maison haute en ruine, cellier dessous, plastre [1] du costé de vent », formant le tiers et le douzième d'un ancien domaine divisé entre ledit Chevillard et Jean Dumolin pour le surplus, le 1/16, le 1/3 et le 1/24 du 1/144 d'une picte clunisois, le 1/72, le 1/6 et le 1/48 du 1/144 d'un quarteron de froment, le 1/24, les 3/4 et le 1/8 du 1/144 d'une coupe de seigle, mesure de Cluny, le 1/16, le 1/144, la moitié et le 1/8 du 1/144 d'une geline ; pour une terre contenant la semence de douze quarterons de blé, 3 deniers clunisois, 1/2, 1/8 et 1/2 du 1/144 d'un autre, le 1/9 d'un coupon d'avoine comble, mesure de Cluny, le 1/48, le 1/18 du 1/144 et le 1/96 d'un autre 1/144 d'une livre de cire ; etc.

Le droit de *los* se payait, suivant les cantons où se trouvaient les biens, 15, 7 et 2 sous par livre [2].

Le subdélégué de Mâcon estimait en 1784 que les droits utiles de la seigneurie (cens, servis, etc.) compris dans le bail d'icelle, pouvaient rapporter annuellement 600 livres [3].

Les *dîmes* de Saint-Point se levaient sur les grains, le chanvre, le vin, les agneaux et les nourrins [4]. Elles appartenaient par tiers au seigneur, au curé de la paroisse et au chapitre de Saint-Vincent de Mâcon. Celles du seigneur et du curé se percevaient à raison du 1/11, celle du chapitre à raison du 1/12 [5]. Elles étaient estimées valoir annuellement dans leur ensemble, 40 à 45 ânées en 1666 [6], 50 à 55 ânées en 1685 [7].

---

1. Place.
2. Archives de Saône-et-Loire, C. 562, 3.
3. Id., C. 318, 74.
4. Cochons de lait.
5. C'est-à-dire que le seigneur, le curé, le chapitre, prélevaient qui la 11ᵉ, qui la 12ᵉ partie des fruits dîmables dans l'étendue de la dîmerie ou paroisse. Aujourd'hui encore on appelle les limites de la commune de Saint-Point *La Dimerie*.
6. Archives de la Côte-d'Or, C. 2874 et 2889.
7. Archives de Saône-et-Loire, C. 562, 3.

La part du seigneur était amodiée en 1685, moyennant par an 78 paneaux de blé (les deux tiers froment, l'autre tiers seigle, orge et avoine par tiers), pour Bourgogne et La Chanalle, 66 paneaux pour Chagny et le bourg, 85 paneaux pour Joux, La Roche et Blanchizet, en 1689, moyennant 550 livres par an, et en 1694, moyennant 700 livres[1]. En 1784, elle était comprise dans le bail de la terre, mais on l'évaluait séparément à 2,000 livres [2]. En 1790, on estimait que son produit moyen était de 3,500 livres par an [3].

En vertu d'un accord passé entre le seigneur et les habitants, les 13 et 14 août 1678, « les dixmes des faives, poix, voisses, bled noir, millet et autres grains appellés *dixmes vertes* » devaient se lever désormais « à raison de la dix-huictiesme partye ». Un nouveau traité, du 22 août 1689, confirma le précédent en ce qui était des fèves et du blé noir, mais, à raison des difficultés de perception de la dîme des « poix, voisses, gisses, millets, panets et champvre malle », le seigneur en abandonnait la récolte entière aux habitants « à condition néant-moingts de n'en semer tropt grande quantitté ny n'en meshuzer [4] ».

Toutes ces redevances étaient qualifiées en 1685 de « fort rudes [5] ».

Les **biens** de la seigneurie sont suffisamment détaillés dans les dénombrements de 1682 et 1723. Ajoutons que d'après un inventaire des biens de feu Mathurin Bullion, élu pour le Roi en Mâconnais

---

1. Minutes des M" Guillet en l'étude de M° Tarlet (1ᵉʳ avril 1685, 4 mai et 3 juin 1694).
2. Archives de Saône-et-Loire, C. 318, 74.
3. Archives de Saint-Point, D. 1.
4. Minutes des M" Guillet, en l'étude de M° Tarlet (13 et 14 août 1678, 22 août 1689).
5. Archives de Saône-et-Loire, C. 562, 3.

et seigneur de Tramayes, le seigneur de Saint-Point possédait en 1605 « la plasse et aysances des hasles » de ce bourg[1].

La terre de Saint-Point dont les seigneurs se qualifiaient *comtes* dès 1660[2] et *marquis* dès 1727[3], mais pour laquelle il n'existe dans les archives aucune lettre d'érection[4], mouvait en plein fief et en toute justice du Roi à cause de son comté de Mâconnais et de son duché de Bourgogne. Elle faisait partie de la châtellenie de Prissé.

D'après la reconnaissance de Guillaume de Saint-Point, elle rapportait, droits et biens compris, 281 livres tournois en 1560[5]. A l'audience du bailliage de Mâcon du 5 juin 1600, Valentin Siraudin, bourgeois et marchand de cette ville, déclara qu'elle lui était amodiée à raison de 700 écus par an[6]. L'état des communautés de la généralité de Dijon, dressé par ordre de l'intendant de la province en 1666, évalue son produit à 800 écus, dont deux tiers par les droits et un tiers par les biens[7]. Dans le dénombrement de 1723 son revenu est estimé 2,400 livres. En 1774 elle fut affermée pour neuf ans à Jacques Delorme, Jean et Claude Thomas frères, marchands, moyennant 6,000 livres par an et plus de 50 livres d'étrennes[8]. En 1784 elle rapportait au seigneur 8,000 livres[9]. Enfin M. de Castellane la loua à Jean Charvet le 2 novembre 1792, — c'était alors « un domaine, les bâtiments de maître et jardin

---

1. Archives de Saône-et-Loire, B. 1696, 28, f° 67 v°.
2. Id., B. 1361, f° 86.
3. Archives de Saint-Point, GG. 2, 30 mai 1727.
4. L'état des communautés dressé en 1666 et dont nous parlons plus loin dit qu'elle avait le titre de « simple seigneurie ».
5. L. Lex, *Les Fiefs du Mâconnais*, 1897, in-8°, p. 44.
6. Archives de Saône-et-Loire, B. 935.
7. Archives de la Côte-d'Or, C. 2889.
8. Minutes des M** Guillet (12 mars 1775).
9. Archives de Saône-et-Loire, C. 318, 74.

situés en la paroisse de Saint-Point, sans se rien réserver si ce n'est les appartements qu'occupoit feu le sieur de Saint-Point, ainsi que le cabinet des archives », — moyennant par an 3,000 livres, 12 poulets, 12 livres de beurre, plus à charge de loger dans lesdits bâtiments de maître Félicité Martin, une ancienne « femme d'honneur de Madame de Saint-Point[1] », et de lui payer 40 livres de pension[2].

Dans le pouvoir que Marie-Catherine Brûlart de Sillery, veuve de Jean-Baptiste de Rochefort d'Ally, comte de Saint-Point, donna le 3 novembre 1682 à Me Edme Lamy, procureur en la chambre des comptes de Dijon, pour reprendre de fief en son nom, elle déclarait sa « terre, membres et dépendances d'icelle, en valleur de 43,500 livres, se soumettant ladicte dame à la peyne du quatruple au cas qu'il soit justiffié du contraire[3] ». La requête en prestation de « foi, hommage et serment de fidélité » au Roi, présentée par Jean-Amédée de Rochefort d'Ally, le 14 avril 1723, portait cette « valleur en principal » à 60,000 livres[4]. Cinquante ans après, le 29 avril 1776, M. Testu de Balincourt vendait la seigneurie à M. de Castellane, moyennant 180,000 livres « pour le tout, compris les parties de roture mouvant de différentes directes et seigneuries[5] ». Le fils de M. de Castellane revendit la terre en 1800, avec la ferme du Plâtre, qui avait fait partie de l'ancien domaine de La Bussière[6], à raison de

---

1. Archives de Saint-Point, GG. 4, 11 février 1770.
2. Archives de Saône-et-Loire, supplément à la série E, famille De Castellane.
3. Archives de la Côte-d'Or, B. 10858.
4. Id., B. 10967.
5. Id., B. 11101.
6. Ce domaine, ou plutôt cette seigneurie, avait été acquise en 1765, au prix de 184,000 livres, par M. de Castellane, de Marie-Louise-Alexandrine de Foudras, veuve de M. de Lezay de Lusignan, et de Henriette de Foudras, sa sœur, propriétaires toutes deux par moitié. Voir la note suivante.

60,000 francs payables en or à l'exclusion de tout papier. Mais à la requête d'un créancier, on procéda à une adjudication publique qui fut, le 10 février 1801, tranchée au tribunal de Mâcon, en faveur de Pierre de Lamartine, sur l'enchère de 80,050 francs. Lorsque, à la mort du poète, Saint-Point, qui dans son contrat de mariage (25 mai 1820) avait été compté pour 100,000 francs, fut vendu judiciairement (24 août 1870), le parc avait une contenance de 4 hectares, et les terres situées tant sur Saint-Point que sur Bourgvilain, étaient évaluées à 62 hectares environ[1].

---

1. Pour les détails qui précèdent, voir L. Lex, *Lamartine, souvenirs et documents*, 1890, in-4°, p. 16.

V

Les Seigneurs.

Hugues de Saint-Point, chevalier, donna à l'abbaye de Cluny, à une date qu'on peut fixer entre 1049 et 1109, le quart de l'église de Trambly, un domaine, une condemine ou terre, un breuil ou pré, et deux femmes avec leurs deux fils, au même village, deux serfs nommés Alard (*Adalardus*) et Robert (*Rotbertus*), la vigne *de Rocein*, la rase[1] de vigne qu'il avait dans le clos de Saint-Point, une vigne et un champ à Jullié[2], et tous les droits d'usage des hommes de l'abbaye sur ses terres de manière que ceux-ci fussent affranchis à l'avenir des coutumes et servis qu'il avait perçus d'eux injustement et par voie d'exaction[3].

Hugues de Saint-Point fut témoin, le 19 janvier 1062, de la donation de Berzé-la-Ville par Robert (*Rotbertus*) et Hugues (*Wigo*), frères, à l'abbaye de Cluny[4].

Guillaume de Saint-Point, chevalier, et ses frères, Pierre, clerc, Etienne et Point, chevaliers, restituèrent à l'abbaye de Cluny, en 1094, ses biens situés autour de Saint-Point qu'ils avaient usurpés, et ils y ajoutèrent même, pour le repos de l'âme de

---

1. Mesure de superficie spéciale aux vignes.
2. Rhône.
3. *Recueil des chartes de l'abbaye de Cluny,* n° 3011.
4. Id., n° 3380.

leur frère défunt, Liétaud, et de celles de leurs parents, un pré et une terre[1]. Un Robert de Saint-Point, et Girard, son frère, figurent, en outre, comme témoins dans cet acte.

Suivant la tradition, un Etienne de Saint-Point accompagna, en 1109, Bérard de Châtillon, évêque de Mâcon, dans son pèlerinage en Palestine[2]. Cet Etienne est probablement le frère de Guillaume.

Jacques de Saint-Point, chevalier, et son fils, **Renaud de Saint-Point,** épousèrent, à la fin du XIIIe siècle, Jeannette et Jacquette, filles d'Alard de Montbellet. Au mois de janvier 1300 (1299 vieux style), l'abbé de Tournus leur reprit les biens qu'ils tenaient de lui et du chef de leurs femmes à *Mornay*, paroisses de Sennecey-le-Grand et de Saint-Cyr, et les donna en arrière-fief à Guillaume de Sennecey[3].

Jacques de Saint-Point, écuyer, fut un des négociateurs de la trêve signée à Pont-de-Veyle, le 19 décembre 1421, qui mit fin aux hostilités entre le Mâconnais d'une part, le Bourbonnais, le Beaujolais et le Forez d'autre part[4].

Quelques années après, ayant « prins de fait Messire Liébault de Lugnie[5], chevalier, en sa maison de Lessart[6], ou païs de Monseigneur le duc de Bourgoingne, et translaté ou païs de Lyonnoiz, hors de l'obéissance de mondit seigneur », il fut cité par le procureur du duc à comparaître devant son bailli de Mâcon, fit trois fois défaut, les 5 octobre et 6 novembre 1428, 7 mars 1429, et, en conséquence, fut condamné d'abord à 1,000 livres d'amende, puis à

---

1. *Recueil* cité, n° 3677.
2. *Histoire des évêques de Mâcon*, p. M. de La Rochette, t. II, 1867, in-8°, p. 103.
3. Archives de Saône-et-Loire, H. 194, 7.
4. Archives de Mâcon, EE. 43, 38.
5. Lugny.
6. Lessard-en-Bresse.

2,000, enfin au bannissement du comté de Mâcon et à la confiscation de ses biens [1].

Obtint-il ensuite des lettres de rémission ? C'est certain, car nous le retrouvons en 1423 fait chevalier et arbitre choisi pour trancher une difficulté, entre Jean et André de Lugny, frères, et Isabeau, fille dudit André [2].

Dans l'accord, qui fut passé le 21 juillet de cette année, figurent un Lancelot de Saint-Point, damoiseau, et un Lancelot, bâtard de Saint-Point.

Lancelot de Saint-Point possédait vraisemblablement la terre de La Salle, car il fonda dans l'église de cette paroisse une chapelle dite de Saint-Blaise et Sainte-Catherine, dont les titulaires étaient à la présentation du seigneur de La Salle [3].

Jean de Saint-Point, chevalier, seigneur dudit lieu, comparut à une montre ou revue générale passée par Mre Jacques de Vienne, capitaine des guerres au pays de Bourgogne, à Avallon le 9 janvier 1458, et aux montres particulières des hommes d'armes de la compagnie de Mre Claude de Toulongeon, seigneur de La Bâtie, chevalier banneret, faites à Pommard le 24 juin 1472 et à Mâcon et Tournus les 1er et 4 septembre 1492 [4].

Avec Claude de Saint-Point, seigneur de La Salle [5], il prêta serment de fidélité à Louis XI,

---

1. Archives de la Côte-d'Or, B. 5079, f° 21. — Dans ce document *Jacques* est appelé *Jacquet*.
2. Archives de Saône-et-Loire, E. 353, 4.
3. *Pouillé du diocèse de Mâcon* de 1513, en tête du *Cartulaire de Saint-Vincent*, p. M.-C. Ragut, 1864, in-4°, p. CCLXXXIX.
4. Archives de la Côte-d'Or, B. 12019, p. 495, et B. 12021, p. 931 et 930.
5. Saint-Julien de Balleurre (*Des Antiquitez de Mascon*, 1580, in-f°, p. 316) donne à croire que La Salle est entré dans la famille de Saint-Point par suite de l'alliance de Jacques et de Renaud de Saint-Point avec Jeannette et Jacquette de Montbellet. Mais nous trouvons une reprise de fief de cette seigneurie faite par Girard de Vers le 5 mai 1368 (*Les Fiefs du Mâconnais*, p. L. Lex, 1897, in-8°, p. 4).

après la réunion de la Bourgogne à la France en 1478[1].

Jean de Saint-Point possédait à Lugny des dîmes, plus quelques cens, rentes et servis, avec la portion de justice haute, moyenne et basse, y afférente. Le territoire de cette paroisse comprenait, à la fin du XVe siècle, deux dîmages appartenant, l'un au curé, qui était alors Pierre Michel, chanoine de l'église collégiale Saint-Paul de Lyon, l'autre, pour 5/8 à Liébaud de Lugny, chevalier, seigneur dudit lieu, et pour 3/8 à Jean de Saint-Point, écuyer, seigneur dudit lieu, réservé le peu revenant au cellérier de l'abbaye de Tournus, au chapelain de Sainte-Catherine de l'église de Lugny et au recteur de l'hôpital Saint-Jacques de Mâcon. A la suite d'une contestation survenue, en 1493, entre les trois codécimateurs principaux, touchant les novales qu'avaient levées les seigneurs, et que revendiquait le curé, celui-ci renonça (4 juin) non-seulement aux novales de question, mais encore à l'indemnité qu'il réclamait, soit 10 livres tournois par an depuis 1477, date de sa nomination[2].

Jean de Saint-Point possédait aussi dans le voisinage de Beaulieu, près Mâcon, des biens qu'il vendit à Philippe Margot, conseiller du Roi et maître des comptes à Dijon, et dont Isabeau Fustaillier, veuve dudit Margot, disposa par testament en date du 28 février 1529 vieux style[3].

Claude de Saint-Point, écuyer, fut en 1486 le sujet d'une information judiciaire de la part de Jean de La Roche, seigneur de Chabannes et bailli de Mâcon, à raison des « usurpations faittes par [lui] sur les droits du Roi en sa seigneurie de Charbon-

---

1. *Les Fiefs du Mâconnais*, p. 30 et 31.
2. Archives de Saône-et-Loire, E. 349, 3. — *Notice historique sur Lugny et ses hameaux*, p. L. Lex, 1892, in-8°, p. 23.
3. Archives de Saône-et-Loire, H. 373, 2.

nière en Mâconnois et spécialement sur la rue franche dudit lieu [1] ». Il était, croyons-nous, frère de Jean, épousa Perrenette, fille de Pierre de Vergié, seigneur de Dulphey et de Flacé, et de Claude d'Andelot. Il n'eut pas d'enfants [2], ce qui expliquerait comment nous trouvons sa seigneurie de La Salle aux mains de Philibert de Saint-Point, dont la notice suit, et qui était vraisemblablement fils de Jean, par conséquent neveu de Claude.

Philibert de Saint-Point, écuyer, seigneur dudit lieu et de La Salle, épousa, en vertu d'un contrat de mariage en date du 16 mai 1518, Ancelis de Chandieu, fille de Guillaume de Chandieu.

Ladite Ancelis ayant reçu de son père, « en déduction de ses deniers dotaux », la somme de 250 écus au soleil, valant 530 livres tournois, imputée sur un pré appelé *le Pré de La Val*, sis à Lugny près le chemin du bourg à Bissy-la-Mâconnaise, et contenant 20 charrées de foin ou environ, vendit, le 8 décembre 1551, par-devant Me Louis Large, notaire royal à Mâcon, à Jean de Lugny, chevalier, seigneur dudit lieu, et à Françoise de Polignac, sa femme, le droit d'assignal qu'elle avait sur ledit pré, moyennant 250 livres tournois, monnaie du Roi [3].

Philibert de Saint-Point et Ancelis de Chandieu laissèrent un fils, Guillaume de Saint-Point [4], dont la

---

1. « Il y est dit qu'il y avoit quatre seigneurs en la paroisse de Charbonnière, sçavoir en quelques lieux l'abbé de Clugny, le chapitre de Mâcon, M. de La Gelière et Mr du Parc, et qu'en tout le reste le Roy estoit seigneur de ladilte paroisse ». (Archives de la Côte-d'Or, B. 12021, p. 53).
2. Saint-Julien de Balleurre, p. 319.
3. Archives de Saône-et-Loire, B. 1323, f° 446.
4. Nous ne savons où le citoyen Puthod a pris l'extraordinaire racontar qu'après la mort de son « exécrable » fils, « Ancelis de Chandieu *déclara en jugement, pour descharger sa conscience*, qu'il avait pour père, non ce Philibert, son mari, mais un prêtre; et tout en avouant sa faiblesse, elle avouait le nom de ce prêtre ». (*Géographie de nos villages ou Dictionnaire Mâconnais*, an VIII, in-12, art. *Saint-Point*).

notice suit, et deux filles, Marie et Philiberte, qui eurent la seigneurie de La Salle en partage. Marie épousa Aimé ou Aimard de Seyssel, seigneur de Bourdeau[1] et de Saint-Cassin[2]. Philiberte épousa, le 18 juin 1544, Jean-Louis de La Balme, seigneur de Verfey[3].

Marie de Saint-Point était veuve dès 1560[4]. En 1577, elle maria sa fille, Claude ou Claudine de Seyssel, avec Pierre Dormy, écuyer, sieur et baron de Beauchamp, fils de feu François Dormy, président au parlement de Paris, et de Claude de Serre.

Dans le contrat, passé le 29 avril, au château de La Salle, par-devant M⁰ François Duperron, notaire royal à Mâcon, il est arrêté que le futur prendra dorénavant le nom et les armes de la terre et baronnie de Beauchamp au bailliage d'Autun, et qu'il sera tenu d'acheter la moitié de la seigneurie de La Salle, « qu'est la part et portion advenue à feu damoyselle Philiberte de Sainct-Poinct, jadis seur de ladicte dame Marye de Sainct-Poinct, à présent ténementée par le seigneur de Verfray[5], lorsque icelle moitié de seignorie sera exposée en vente ; et sy elle n'estoit en vente, acheptera ledict sieur espoux, au profit de luy et de ladicte damoizelle son espouze, aultres biens jusques à la valleur et concurrence d'icelle moitié, laquelle moitié ou bien acquis sera et demeurera en propre à ladicte damoizelle de Saissel espouze, au cas qu'il décède sans enfans procréés en loyal mariage et avant ladicte damoizelle son espouze.

« Plus ledict sieur espoux donne par donnation de survye et douhaire à ladicte damoizelle son

---

1. Savoie.
2. Id.
3. Commune de Saint-Paul-de-Varax (Ain).
4. *Les Fiefs du Mâconnais*, p. 40.
5. Lire *Verfey*.

espouze la somme de 500 livres tournoys de rente et revenu annuel, avec une maison meublée selon l'estat et qualité de ladicte damoizelle.

« Item sera tenu ledict sieur espoux enjouailler ladicte damoizelle son espouze de bons et suffizantz joyaulx jusques à la somme de 600 escuz sol.

« Item et lequel sieur espoux de sa libéralle volonté et pour amityé qu'il porte à ladicte damoizelle luy donne deux robbes, l'une de velloux cramoisy, l'aultre satin blanc, avec deux cottes assortissantes ».

De son côté, Marie de Saint-Point donne à sa fille « sa maison, terre et seignorie de La Salle, avec les apartenances et deppendances, sauf et réservé l'usuffruict sa vye durant ».

Et « où ladicte damoizelle Claude, sa fille, iroyt de vye à trespas sans hoirs procréés en loyal mariage, en ce cas veult et entend ladicte donnatrix que ladicte terre et seignorie de La Salle susdonnée, retourne et advienne de plain droict à damoizelle Jehanne de Saissel, sa fille et seur de ladicte damoizelle Claude [1] ».

Ces robes de velours cramoisi et de satin blanc brouillèrent bientôt gendre et belle-mère, car nous voyons qu'à l'audience du bailliage, du 12 avril 1578, un honorable marchand de Mâcon, André Gratier, fit assigner Marie de Saint-Point et Claude de Seyssel, sa fille, mineure de 25 ans, « pour dire cause pourquoy elles ne payoient audict Gratier la somme de 63 escus sol et 1/3 qu'elles luy doibvent pour marchandise de draps de soye et aultres prinse en sa bothicque pour les accoustremens de ladicte damoyselle de Seyssel, despuys mariée au seigneur de Vinzelles et de Beauchamp, lequel payement ledict Gratier leur auroyt infiniment demandé, et en

---

1. Archives de Saône-et-Loire, B. 1325, f° 9.

a plusieurs missives qu'il produict. Après avoyr longuement patienté à leur prière et requeste, ladicte damoyselle de Seyssel et son mary dient que ce sont accoustremens nuptiaulx que ladicte dame mère doibt payer, laquelle au contraire, dict que c'est ladicte de Seysel sa fille, car le mary de ladicte de Saissel auroit promis par son traicté de mariage l'abiller[1] ».

Et la brouille s'accentua tant et si bien que quatre ans après, le 13 août 1582, par-devant Me Philibert Barjot, lieutenant général civil et criminel au bailliage de Mâcon, Marie de Saint-Point, « pour les causes d'ingratitude receues de Pierre Dormy », révoqua purement et simplement la donation universelle de ses biens tant meubles qu'immeubles qu'elle avait fait comprendre, sous réserve d'usufruit seulement, dans le contrat de mariage du 29 avril 1577[2].

La moitié de la seigneurie de La Salle échue à Philiberte de Saint-Point fut, malgré le contrat de 1577, acquise par Jean de Miolans[3], seigneur de Chevrières[4], du Parc et de Senozan.

L'autre moitié, qui avait été la part de Marie de Saint-Point, devint, malgré la révocation de 1582, la propriété des Dormy.

En 1560 chacune de ces moitiés était estimée produire 50 livres tournois de revenu annuel[5].

---

1. Archives de Saône-et-Loire, B. 857, audience du 12 avril 1578.

2. Id., B. 1330, f° 32 v°.

3. Saint-Julien de Balleurre (p. 316) dit à tort par *Jacques de Miolans*. C'est Jean de Miolans qui par son mariage avec Françoise, fille unique de Jacques Mareschal, devint seigneur du Parc et de Senozan. Voir Arcelin, *Indicateur héraldique et généalogique du Mâconnais*, 1866, in-8°, art. *De Mareschal*, et Révérend du Mesnil, *Armorial historique de Bresse, Bugey, Dombes*, etc., 1872, in-4°, art. *Mille*.

4. Loire.

5. *Les Fiefs du Mâconnais*, p. 40 et 43.

Guillaume de Saint-Point, chevalier, seigneur dudit lieu, l'était, en outre, du chef de sa femme, Antoinette de La Forêt, dudit *La Forests*[1], de *Chanvant*[2] et *Clermatin*[3]. Il déclara en 1560 que sa

Guillaume de Saint-Point [4].

terre de Saint-Point lui rapportait annuellement 281 livres tournois[5].

En 1557 il fut capitaine élu du ban et arrière-ban de la noblesse du bailliage[6], et en 1558 député nommé par la noblesse aux Etats du Mâconnais[7].

Le rôle qu'il joua dans les événements militaires dont notre pays fut le théâtre en 1562 est assez considérable.

Au mois de juillet de cette année-là, « ses gens, qui se préparoient à faire le siège de Belleville, et dont une partie bordoit la Saône pour empêcher qu'il ne vînt aucun secours de Lyon et Mâcon, ayant surpris les bateaux qui portoient environ la valeur de

---

1. La Forêt, commune d'Orléat (Puy-de-Dôme).
2. Peut-être Chez-Vaure, même commune.
3. Clairmatin, id.
4. Archives de Mâcon, EE. 26, 33 *bis*.
5. *Les Fiefs du Mâconnais*, p. 44.
6. Archives de Saône-et-Loire, E. 389, 19. Archives de Mâcon, EE. 26, 8.
7. Archives de Saône-et-Loire, C. 464, 1.

40,000 livres en argenterie[1], s'en emparèrent pour en soudoyer les troupes, se saisirent des conducteurs de bateaux et les envoyèrent prisonniers à Dijon.

« Ce butin anima M. de Saint-Point pour s'en saisir d'un autre. Etant sorti de Belleville pour aller ailleurs, deux compagnies de calvinistes, l'ayant appris, sortirent de Mâcon et se jettèrent à coup dans la place, dont ils se saisirent. M. de Saint-Point apprenant cette nouvelle, vint avec 200 chevaux, 700 hommes de pieds et quelques fusiliers des communes voisines, pour la reprendre ; mais il fut repoussé vigoureusement avec perte des siens : ses gens convertirent leur vengeance sur les bêtes à corne qu'ils trouvèrent dans les lieux circonvoisins[2] ».

---

1. « Les soldats de Montbrun, qui avoient volé et enlevé l'argenterie et les reliquaires de la cathédrale de Saint-Vincent de Chalon-sur-Saône, descendirent en ce tems-là la rivière pour vendre à Lyon leur butin. Les gens de M. de Maugiron, lieutenant du Roi en Dauphiné, qui pour lors étoient en garnison à Cuisery, ayant appris la descente du bateau, se rendirent en diligence à deux lieues au-dessous de Mâcon, et l'ayant arrêté, ils enlevèrent le butin et se rendirent à Tournus pour le convertir en lingots ; mais n'ayant pas trouvé à l'y vendre, ainsi qu'à Cuisery, ni à Mâcon, ils les portèrent enfin à l'hôtel de la Monnoye de Lyon pour convertir le tout en espèce ». (*Histoire des Révolutions de Mâcon sur le fait de la Religion*, p. M. D., 1760, in-12, p. 59).

2. *Histoire des Révolutions de Mâcon*, p. 62. — Voici ce que, dans ses *Mémoires*, Gaspard de Saulx-Tavannes dit de l'affaire : « Sainct-Poinct, un des capitaines de Tavannes, qui menoit ses coureurs, prit un batteau chargé de reliques du pillage de Mascon, que les Huguenots envoyoient à Lyon, qui furent employées au payement des Catholiques, contre la fausse calomnie d'aucuns Cordeliers, qui ont escrit que ces reliques n'estoient point conduites par les Huguenots à Lyon, ains par des Catholiques pour les cacher et sauver, et qu'elles furent séparées entre le gouverneur et capitaines ; ce qui est faux ». (*Nouvelle Collection des Mémoires pour servir à l'histoire de France*, p. Michaud et Poujoulat, t. VIII, 1838, in-8°, p. 254).

Le mois suivant, « M. de Tavanes averti par des catholiques de Mâcon que cette ville étoit sans défense et destituée de soldats, fit partir secrètement quatre cornettes de cavalerie et 800 hommes d'infanterie, assuré d'ailleurs d'une secrète intelligence qu'il entretenoit avec quelques citoyens catholiques de Mâcon. Les capitaines Canteperdrix, Trotedan et Saint-Point[1] étoient de la partie[2]. Ceux-ci marchèrent toute la nuit et arrivèrent fort à propos, le 18 août, à quelque distance de Mâcon, sans qu'on y eût le moindre avis de leur marche, et à demi-heure de jour[3] le capitaine Canteperdrix ayant fait défiler une vingtaine de soldats derrière le mur de la porte royale de la Barre, il fit avancer vers cette porte plusieurs charrettes à bœufs, qui passèrent la première et seconde porte ; mais quand le premier bouvier fut arrivé sous la herse, il fit de dessein renverser sa charrette, et par cette action arrêta celles qui la suivoient, et sur-le-champ les vingt soldats se levèrent, accoururent et égorgèrent quelques sentinelles, introduisirent leurs gens, renversèrent un corps-de-garde et se rendirent maîtres de la ville sans presque aucune résistance. Alors Montrosat et ses gens, amenés de Pierreclos prisonniers, furent élargis, qui de leur côté firent main basse sur les protestants, pillèrent à leur tour les maisons et rançonnèrent les plus riches. Ainsi Mâcon revint aux catholiques sous la domination du Roi ; car M. de Saint-Point en prit le gouvernement, lequel touché au vif des impiétés que les protestans avoient

---

1. M. D. a imprimé *Saint-Poyat*.
2. Tavannes (ouvr. cité, p. 255) donne sur cette marche les détails suivants : « Le sieur de Tavannes fait partir 800 arquebusiers et 200 chevaux, qui se destournoient de deux lieues pour éviter l'armée ennemie ; passant par les montagnes à Lourdon et à Saint-Point, se treuvent une heure avant le jour proche Mascon ».
3. Le 19 août.

commis dans la ville, surtout par rapport à l'adorable sacrement de nos autels, leur en fit subir la peine qu'ils méritoient, en faisant précipiter plusieurs des plus factieux dans la Saône[1] ».

Au sujet de ces fonctions de gouverneur de Mâcon, qui furent confiées à Guillaume de Saint-Point, Saint-Julien de Balleurre écrivait quelques années plus tard : « Il fut mis à Mascon, pour y commander, par le seigneur de Tavanes, lors lieutenant de Roy au gouvernement de Bourgogne. Or, comme il est bien certain que les honneurs changent les meurs, aussi cest homme devenu, de lieutenant du seigneur de Pierrecloux[2], commandeur à Mascon, s'intitula *gouverneur*[3], comme si celuy qui n'est que lieutenant au gouvernement avoit pouvoir de créer des gouverneurs. Entré au reste en trop grande opinion de luy-mesme et impatient de compagnons de profit, il ne se peut entretenir longuement en l'amitié de ceux qu'auparavant il souloit honorer. Mesmement ayant bravé, par un rigoureux refuz de traicte de vin, à Messire François de La Baulme, chevalier, conte de Montrevel, gouverneur de Bresse, Beugey et Véromey, il s'accoustuma de ne respecter personne[4] ».

Ce sont les protestants surtout que Guillaume de Saint-Point ne respectait pas, si l'on s'en rapporte à un biographe du siècle dernier, aux appréciations duquel nous croyons qu'il faut cependant attribuer une certaine exagération :

« Homme violent, sanguinaire, cruel par tempérament, qui a rendu sa mémoire odieuse à jamais, par la barbarie qu'il exerça sur toutes les personnes

---

1. *Histoire des Révolutions de Mâcon*, p. 65.
2. Le seigneur de Pierreclos était alors Antoine de Rougemont. *Les Fiefs du Mâconnais*, p. 43.
3. Dans le contrat de mariage de Claire de Saint-Point, dont la notice suit, il est qualifié « lieutenant pour le Roy au gouvernement de Mascon ».
4. *Des Antiquitez de Mascon*, p. 316.

accusées ou suspectées de protestantisme ; il joignoit la raillerie à la cruauté, et il insultoit les malheureux à qui il faisoit souffrir les *supplices* les plus horribles. Ce fut alors que se firent les *sauteries de Mâcon*, que l'on appeloit autrement la *farce de Saint-Point*, parce qu'il se faisoit un jeu de faire sauter dans la Saône, de dessus les ponts, les huguenots qui étoient prisonniers entre ses mains.

« C'étoit principalement lorsqu'il donnoit à manger aux dames de la ville et des environs, ce qui arrivoit très souvent. Quand on étoit sur le point de sortir de table, il demandoit *si la farce étoit prête.* C'étoit le mot du guet, par lequel il s'informoit si ses gens avoient eu soin de tirer de prison quelques-uns des malheureux qu'il devoit faire servir au cruel passe-temps de sa compagnie.

« Lorsque tout étoit prêt, il menoit promener les dames sur le bord de la Saône, et ordonnoit qu'on jetât de dessus le pont, dans la rivière, un ou deux de ces misérables, selon qu'il étoit en humeur ; il prioit en même temps ses convives de décider lequel étoit le plus alerte et avoit sauté le plus légèrement.

« Une conduite aussi barbare excita avec raison les clameurs des protestants ; mais on pouvoit leur objecter qu'on n'agissoit ainsi que par droit de représailles. Le baron des Adrets, un de leurs plus fameux capitaines, venoit d'exercer sur les catholiques les plus grandes cruautés.

« Saint-Point continua près d'un an à tenir la même conduite à l'égard des protestants, mais enfin il fut puni de son inhumanité par un gentilhomme nommé Achon[1], avec qui il avoit eu une querelle extrêmement vive ; ce gentilhomme l'ayant rencontré

---

1. D'Apchon, « jeune gentilhomme qui avoit une compagnie de gens de pied au Masconnois ». (Saint-Julien de Balleurre, p. 316).

près de la ville, dans le temps que ce Gouverneur revenoit de sa maison, où il avoit fait transporter environ pour 20,000 écus de pillage, il lui tira un coup d'arquebuse, dont il mourut sur-le-champ ; mort trop douce pour un homme coupable de tant d'horreurs [1] ».

C'est entre le 18 mars et le 21 avril 1563 que nous trouvons Guillaume de Saint-Point remplacé par Claude de Saulx-Vantoux comme gouverneur de Mâcon [2].

A-t-il été tué alors qu'il exerçait encore ces fonctions ? Nous l'ignorons. En tous cas ce fut avant le 12 juillet 1563, date du contrat de mariage de Claire de Saint-Point, dont la notice suit.

Vingt ans après, en 1582, la juridiction des Grands-Jours réunie à Clermont informait encore du « murtre perpétré en la personne du feu sieur de Sainct-Poinct », et donnait commission au procureur du Roi à Mâcon de « procéder au récollement des tesmoins ouïs en l'information », notamment de M⁰ Etienne Jaillard, notaire à Mogneneins en Dombes [3].

La conduite barbare et la fin tragique de Guillaume de Saint-Point ont inspiré en 1847 à M. J.-M. Grosset, de Mâcon, un « roman historique, dédié à M. A. de Lamartine » et intitulé *Guillaume de Saint-Point* [4].

---

1. *Les Vies des hommes illustres de la France*, p. d'Auvigny, Pérau et Turpin, 1739-68, in-12, t. XVI, p. 255.
2. Archives de Mâcon, BB. 38, fᵒˢ 45, 49 et 52 ; EE. 26, 33 *bis*.
3. Archives de Saône-et-Loire, B. 874, audience du 15 novembre 1582.
4. Paris, Passard, libraire-éditeur, 1847, 3 vol. in-8°. — Il y a aussi une brochure intitulée : *Saint-Point ou de la Poésie, dialogue philosophique*, p. G. d'Azambuja (Forcalquier, imp. E. Martin, 1889, in-12), mais elle n'a rien de commun avec Saint-Point que son titre.

Guillaume de Saint-Point avait fait son testament le 21 mai 1562[1].

Claire de Saint-Point, fille naturelle et légitimée de Guillaume de Saint-Point[2], épousa en 1564 **Antoine de La Tour de Saint-Vidal** et en 1596 **Marcelin du Haut-Villard.**

Antoine de La Tour, baron de Saint-Vidal[3] et de Cénaret[4], gentilhomme ordinaire de la chambre du Roi, chevalier de son ordre, capitaine de cinquante hommes d'armes de ses ordonnances et son gouverneur en Velay, Haut-Vivarais et Gévaudan[5],

Claire de Saint-Point [6].

puis grand-maître de l'artillerie de France, né vers 1540 d'Antoine de La Tour, seigneur et baron de Saint-Vidal, capitaine de deux enseignes de gens de

---

1. C'est Claire de Saint-Point qui le rappelle dans son propre testament en 1629. (Archives de Saône et-Loire, B. 1089, f° 232).
2. Qui vraisemblablement l'avait donnée à Antoinette de La Forêt avant mariage, car nous allons voir un Jérôme de La Forêt s'intéresser à elle.
3. Haute-Loire.
4. Commune de Barjac (Lozère). — Les barons de Cénaret entraient de droit aux Etats du Gévaudan et à ceux du Languedoc.
5. Comme gouverneur du Gévaudan il avait 1,200 écus de gages en 1583. (Archives de la Lozère, C. 1341).
6. Archives de Saône-et-Loire, E. 1267, 22.

pied, tué au siège de Calais (1558), et de Françoise d'Albon, avait pour oncle Antoine d'Albon, archevêque d'Arles, abbé de l'Ile-Barbe et de Savigny. C'est cet Antoine d'Albon qui « traicta » avec les « gardiateurs et curateurs » de Claire de Saint-Point, « ayant sa garde noble et curatelle », savoir Philibert et Girard de Fougères, frères, seigneurs dudit lieu[1] et de L'Etoile, et Philibert Geoffroy, seigneur de Dinechin. Parmi les autres « grandz et notables personnaiges, parens, amis et allyés des parties » dont on prit « advis et conseil », il y avait Jean d'Uzès, seigneur de Raffin[2], Marc de Chantemerle, seigneur de La Clayette et de Vougy[3], Antoine de Vichy, seigneur de Champ-Rond, Charles de Busseul, seigneur de Saint-Sernin-en-Brionnais[4] et Corcelles, et Jérôme de La Forêt, seigneur de Bulhon[5].

Le contrat fut passé au château de L'Etoile, le 12 juillet 1563, par-devant Me Guillaume Desroches, de Saint-Embrun, notaire royal.

Le futur constituait à sa femme « pour son douhaire et augment, en cas qu'elle luy survive », 500 livres de rente annuelle à prendre sur les revenus de sa « maison et seigneurye » de Montusclat[6], plus la jouissance de sa « maison de Sainct-Vidal, meublée de tous meubles et utencilles de maison ». Il promettait aussi de la « bien et deuement enjoualler de jouyaulx jusques à la some de six cens escus d'or au soleil ».

La future donnait à son époux, au cas que « elle alle de vie à trespas devant luy », 300 livres de rente annuelle à prendre sur les revenus de la terre de Saint-Point.

---

1. Rhône.
2. Loire.
3. Id.
4. Aujourd'hui Vauban.
5. Puy-de-Dôme.
6. Haute-Loire.

Au sujet de Saint-Point il était convenu, en outre, qu'on respecterait les intentions de Guillaume de Saint-Point, « s'il se treuvoit par testament et ordonnance de dernière volonté dudict feu seigneur, père de ladicte future, que l'ung des enfans masle, tel qui sera choisy et esleu par ladicte damoiselle et sondict futeur mary, succéderoit et emporteroit la terre et seigneurie de Sainct-Poinct en portant le nom et armes dudict seigneur[2] ».

Le mariage eut lieu le 3 février 1564 (1563 vieux style).

Comme Guillaume de Saint-Point, son beau-père, Antoine de La Tour, baron de Saint-Vidal, s'est montré, pendant les guerres de religion, un des capitaines catholiques les plus acharnés contre les protestants.

De Saint-Point [1].

Voici la notice qui lui a été consacrée par M. de Beauchamp dans la *Biographie universelle* de Michaud[3].

Il « fit, en 1572, de vains efforts pour reprendre le château de Beaudiné en Velay, dont s'était emparé le capitaine Lavacheresse. Deux mois après, il fit le siège et s'empara du bourg et du château d'Espaly, à un quart de lieue du Puy, occupés par les protestants, où il fut blessé. Ces succès lui méritèrent la confiance des habitants de cette ville, et il en fut nommé gouverneur par l'évêque et le corps municipal. La même année, les châteaux de Saint-Quentin, d'Adiac, de Bessamorel, de Chapteuil et de Belle-

---

1. D'hermine au lion de sable. (Arcelin, ouvrage cité, art. *De Saint-Point*).
2. Archives de Saône-et-Loire, B. 1327, f° 158 v°.
3. Nouvelle édition, t. XXXVII, art. *De Saint-Vidal*.

combe, occupés aussi par les protestants et tous situés dans le Velay, tombèrent en son pouvoir. Il assiégea ensuite et prit la ville de Tence au même pays, qu'il mit au pillage, en fit pendre les ministres comme auteurs des troubles et passer les habitants au fil de l'épée. En 1577, il fit le siège d'Ambert en Auvergne, qu'il fut obligé de lever. D'après l'ordre du Roi, il assiégea, en 1580, Saint-Agrève, où il fut blessé et perdit un œil. Après avoir pris diverses mesures de sûreté pour la défense du Puy contre le vicomte de Polignac, qui était en guerre avec cette ville, il accourut, en 1581, sans succès, au secours de Bedoueze [1] en Gévaudan, assiégée par les capitaines Le Merle et Gondin [2], envoyés par le prince de Condé. Quelques années après, en 1586, il se rendit, amenant six canons du Puy, auprès du duc de Joyeuse, avec lequel il fit le siège du Malzieu en Gévaudan, qui fut soumis, et dont ce duc lui donna le gouvernement. Il obtint aussi de lui le gouvernement de Marvejols, qui capitula après huit jours de siège. En 1588 il fit le second siège [3] de Saint-Agrève, dont il fit raser les murs et ruiner les fortifications. Dévoué au parti de la Ligue, et continuant de commander au Puy, en 1589, le sénéchal de Chattes, qui avait été nommé par le Roi gouverneur du pays de Velay, lui disputa le gouvernement de cette ville et le somma de se rendre à l'obéissance du Roi. D'une autre part, le corps municipal du Puy, qui était ligueur, déclara vacante la charge de sénéchal et y nomma Saint-Vidal. Ces conjonctures l'engagèrent à se rendre auprès des chefs de la Ligue. Après dix mois

---

1. Lire *Bédouès*.
2. Vraisemblablement *Gondrin*.
3. Dans les troupes avec lesquelles il se mit en campagne au mois de mars 1588 il y avait 600 arquebusiers du Mâconnais. (Archives de la Lozère, C. 1353).

d'absence[1] il revint au Puy avec 3 à 4,000 hommes, à la fin de mai 1590. Il fit le second siège d'Espaly, s'empara du bourg qui fut brûlé, et le château capitula. Il en fit sauter par la mine toutes les voûtes. De nouvelles hostilités entre les royalistes du Velay et les ligueurs du Puy ayant donné lieu à des négociations en vue de la paix, cette ville s'obstina, même contre son avis, à ne pas reconnaître le lieutenant du Roi en Languedoc, le duc de Montmorency. Ces négociations, qui avaient lieu au-delà du pont d'Estrolhas, près du faubourg Saint-Laurent, amenèrent de vives discussions entre les négociateurs royalistes et ligueurs, et un duel où étaient présents, d'une part, le sénéchal de Chattes et Pierre de La Rodde, et, de l'autre, le lieutenant du capitaine général de la ville du Puy et le baron de Saint-Vidal, qui y fut tué par le sieur de La Rodde, le 25 janvier 1591 ». Le beau-père et le gendre eurent donc la même fin.

---

1. Il était à ce moment-là dans le Mâconnais. Au mois de juillet 1589 M. de Bauffremont, comte de Cruzille, battait la campagne pour le Roi. « Le gouverneur de Mâcon (M. de Nagu) ayant assemblé son conseil, fit conclure au siège du château de Crusille. Le résultat fut qu'on y employeroit les régimens de Saint-Vidal, Conflans, Deximieux et de La Grange. On fit conduire, à cet effet, le 2ᵉ d'août, au port de Fleurville, les provisions de bouche avec l'artillerie, et autres munitions de guerre, comme on en étoit convenu dans le conseil avec Saint-Vidal ; mais celui-ci fit bien connoître qu'il étoit d'intelligence avec le comte de Crusille, car il refusa au gouverneur de Mâcon la commission de cette attaque ; sur quoi le gouverneur résolut d'y assister en personne, et se rendit à Fleurville. Saint-Vidal, qui étoit là avec son régiment, voulut se justifier auprès du sieur de Nagu sur le refus d'attaquer la place, et lui dit que s'il étoit venu présenter ses services au pays du Mâconnois, ce n'étoit que dans l'intention de tirer une récompense de ses expéditions. Le gouverneur qui vit que ce capitaine mercenaire ne vouloit combattre que pour l'intérêt et non pour la gloire, lui fit connoître que ses services ne lui étoient point agréables ; sur quoi Saint-Vidal se retira avec ses soldats, et le gouverneur retourna à Mâcon avec son convoi de vivres et de munitions ». (*Histoire des Révolutions de Mâcon*, p. 171).

Il devait laisser de Claire de Saint-Point plusieurs enfants[1], dont les « masles », s'il y en avait, étaient morts avant 1596.

Le 26 février 1596, au château de Saint-Vidal, par-devant M{es} Jacques Bolindreau et Antoine Rosier, notaires royaux, fut signé le contrat de mariage d'entre Claire de Saint-Point, douairière dudit Saint-Vidal, et Marcelin du Haut-Villard, fils de Claude du Haut-Villard, seigneur dudit lieu[2].

Claire de Saint-Point faisait apport de tous ses biens. Marcelin du Haut-Villard recevait en dot de son père la nue propriété de la moitié de tous ses biens, moitié qu'il s'était réservée lors du mariage de Joseph du Haut-Villard, son autre fils, avec Jeanne de Borne.

Quant à Saint-Point, il est arrêté qu'il « sera et appertiendra à l'ung des enfans, soit masle ou femelle, que seront procréés du présent mariage, tel ou telle qu'il plaira à ladicte dame eslire ».

En cas de survie, le futur assure à sa femme 500 livres de rente et « son habitation dans la maison du Hault-Villars dheuement meublée », la future à son époux, « l'usuffruict de la maison et place de Sainct-Poinct ».

En outre, le futur promet à sa future une somme de 500 écus sol « pour ses bagues et joyaulx[3] ».

En 1600 il y eut procès au bailliage de Mâcon « entre noble François de Montillet, escuyer, gendarme de la compagnie de Monsieur le duc du Meyne, cessionnaire et ayant droict par transport de noble Jehan du Blanc, sieur du Mas, impectrant d'exécution et saisie pour la somme de 200 escus, audict sieur du Mas adjugée par sentence du 4 juin

---

1. Archives de Saône-et-Loire, B. 1327, f° 158 v°.
2. Commune de Silhac (Ardèche).
3. Archives de Saône-et-Loire, B. 1335, f° 692.

1598, d'une part, et noble Marcelin de Haultvillert, sieur dudict lieu, principal débiteur, d'aultre, et encores honorable Vallentain Ciraudin[1], bourgeois et marchant de Mascon, qualité de fermier et admodiateur de la seigneurie de Sainct-Poinct, appertenant à dame Claire de Sainct-Poinct, femme dudict sieur de Haultvillert, saisinattaires, d'aultre ».

A l'audience du 7 octobre, François de Montillet requit « confirmation de la saisie et mainlevée de la somme de 200 escus ». A quoi, pour et au nom de l'abbé de Cluny, M⁰ Nicolas Larme, procureur, fit opposition, disant « que ledict sieur révérend abbé, pour avoir payement et solution de la somme de 5,000 escus, restant de plus grande en laquelle ladicte dame de Sainct-Poinct, dame de Sainct-Vidard et vicontasse de Beaufort, luy est tenue et obligée, auroit dès long temps faict procedder par saisie tant entre les mains dudict Ciraudin, qualité de fermier de ladicte seigneurie de Sainct-Poinct, que de M⁰ Nicolas Daulphin, négociateur et entremetteur des biens d'icelle seigneurie, tous les fruictz, droictz et revenus d'icelle, tant des termes escheuz que à escheoir ». Et le lieutenant général, admettant que « saisie sur saisie n'a poinct lieu », révoqua et leva « la saisie faicte instant ledict de Montillet, second saisissant, sauf à luy de se pourvoir pour son prétendu droict sur les aultres biens dudict sieur d'Haultvillert[2] ».

En 1627, autre procès entre Claire de Saint-Point, dame dudit lieu, demanderesse, requérant « estre dit que le deffendeur fera oster et lever la litre et ceinture funèbre qu'il auroit faict faire autour de l'esglise de Trambly, et estre dit que deffenses seront

---

1. Lire *Siraudin*.

2. Archives de Saône-et-Loire, B. 936. Audience du 7 octobre 1600.

faictes audit deffendeur de faire par cy-après tenir les foires nouvellement establies audit Trambly ès lieux et places èsquelles elles se tiennent de présent, qui sont autour de l'esglise et cimetière dudit Trambly, et autres lieux circonvoisins, qu'elle soustient estre en sa justice » en vertu de l'échange fait entre entre elle et l'abbé de Cluny, le 17 août 1592, par-devant Mes Périer et Animé, notaires royaux, d'une part, et Philippe de Laurencin, écuyer, seigneur de La Bussière, et « à cause de ce soy disant seigneur hault-justicier dudit Trambly et des lieux èsquelz sont situez ladite esglise, cimetière et place des foires », défendeur, d'autre part. A l'audience du 26 novembre, ledit seigneur fut renvoyé des fins de la plainte et ladite dame condamnée aux dépens[1].

Le 18 avril 1629, « en la chambre basse, à cotté de la salle » du château de Saint-Point, et par-devant Me Nicolas Bayard, notaire à Mâcon, Claire de Saint-Point, veuve de Marcelin du Haut-Villard depuis 1619 au moins[2], fit son testament.

Elle « eslict la sépulture de son corps en l'esglize de Sainct-Poinct, dans le tumbeau et monument où ses prédécesseurs sont inhumés, ayant faict cy-devant des fondations en ladicte esglize pour faire prier Dieu pour le salut de son âme et pour la célébration du sainct sacriffice de l'autel ».

Elle fait divers legs de 150 livres chacun à ses domestiques, à des habitants du Puy, du Haut-Villard, de Montferrand[3], de Retournac[4], de Paris, notamment à Marguerite, fille de Martin et de

---

1. Archives de Saône-et-Loire, B. 1057. Audience du 26 novembre 1627.
2. Cette année-là Claire de Saint-Point, créancière du pays de Gévaudan, demanda le paiement « des grandes et notables sommes à elles dues », et le receveur des tailles répondit ne rien devoir ni à ladite dame ni à M. du Haut-Villard, son défunt mari. (Archives de la Lozère, C. 1710).
3. Commune de Banassac (Lozère).
4. Haute-Loire.

Claudine Brune, dudit Paris, « en considération de ce qu'elle a été sevrée pour la nourriture d'Anthoine-Marcellin Damas, seigneur de Digoyne, son petit-fils ».

Elle donne, en outre : à Michel de Saint-Vidal, enfant naturel de son petit-fils, feu Jean-Antoine de La Tour de Rochefort d'Ally, 1,500 livres ; à Claire de Rochefort, sa petite-fille, veuve du sieur de Vabrette, 6,000 livres, qu'elle lui a constituées en dot à son mariage ; à Pierre de Rochefort, son petit-fils, 10,000 livres qu'elle lui a également constituées en dot à son mariage ; à Marie de La Tour, sa fille, veuve de Théophile de Damas, seigneur et baron de Digoine, épouse en secondes noces de M. de Champré, 10 livres, outre les avantages qu'elle lui a faits lors de son premier mariage ; à Antoine-Marcelin de Damas[1], seigneur de Digoine, son petit-fils, 300 livres ; à Aymard de Rochefort d'Ally, son petit-fils, 5 sous tournois seulement, « en considération que desjà cy-devant elle luy a donné la somme de 3,000 livres ».

Enfin elle institue son héritier universel, seul et pour tout le reste de ses biens, Claude de Rochefort d'Ally, son autre petit-fils, enfant de feu Claire de La Tour de Saint-Vidal, sa fille, à condition qu'il prenne le nom et les armes de Saint-Point[2].

C'est peut-être à l'occasion de ce testament que Claire de Saint-Point fut induite en procès. A l'audience du bailliage de Mâcon du 27 février 1630 nous la trouvons, en effet, plaidant aux fins d'être maintenue et gardée en la possession, jouissance et saisine du « chastel et maison forte, terre et seigneurie de Sainct-Poinct, concistant au chastel et aultres baptimens, domaines, prez, terres, bois

---

1. Fils de Charles-François, fils de Théophile.
2. Archives de Saône-et-Loire, B. 1089, f° 232.

d'haulte futée et taillis, cens, servis, laoudz et ventz, dixiesmes, justice et aultres droictz et debvoirs seigneuriaulx estans et despendans d'icelle seigneurie, ensemble en la possession et jouissance des baptimens et clos de vigne appellés *de Sainct-Poinct* au village d'Hurigny, le tout appertenant à icelle dame », contre Pierre-Antoine de La Tour de Saint-Vidal, son petit-fils, et dame Marguerite de Châteauneuf, sa femme, qui « se jactent d'avoir quelzques contractz par lesquelz ilz prétendent ladicte seigneurie leur appertenir, sans que néantmoings icelle dame en aye passé aulcungtz [1] ».

Claire de Saint-Point plaidait encore au mois de mars 1631 [2].

Enfin nous la retrouvons une dernière fois, et toujours en procès, au commencement du mois de mai 1632. Il y avait à ce moment-là cause pendante au grand conseil entre elle qualifiée « douhairière de Sainct-Vidal, baronne de Cénaret, dame de Sainct-Poinct, Montferrand en Gévauldan et autres places [3] », et les héritiers de feu Me Etienne Vaillant, juge mage de l'abbaye de Cluny [4].

Claire de La Tour de Saint-Vidal avait épousé, le 1er août 1582 [5], un seigneur d'une des maisons les plus anciennes et les plus considérables de l'Au-

---

1. Archives de Saône-et-Loire, B. 1023, 2. Audience du 27 février 1630. — Pierre-Antoine de La Tour de Saint-Vidal ne fut pas seul à élever des prétentions sur la seigneurie de Saint-Point. Jean-Théophile de Damas, baron de Digoine, qui fut parrain à Saint-Point le 10 février 1641, est dit dans l'acte de baptême « seigneur de Saint-Point, Saint-Aubin, etc. » (Archives de Saint-Point, GG. 1).

2. Archives de Saône-et-Loire, B. 1069. Audiences des 12 et 26 mars 1631.

3. Notamment d'*Esturs* ou *Esture*(?) et de Cultures (Lozère). Voir Archives de Saône-Loire, B. 1037, f° 54 v°.

4. Archives de Saône-et-Loire, E. 1267, 62 (5 mai 1632).

5. Arcelin, ouvrage cité, art. *De Rochefort*.

vergne, Claude de Rochefort, baron d'Ally[2], de Joserand[3], de Fortunier[4] et de La Rochette[5], gentilhomme de la chambre du duc d'Alençon et capitaine de cinquante hommes d'armes, et lui avait apporté en dot la baronnie de Saint-Vidal[6]. Ils eurent plusieurs enfants, dont trois fils, Aymard, Pierre-Antoine et Claude de Rochefort firent les trois branches de La Tour, de Saint-Vidal et d'Ally.

Ce **Claude de Rochefort d'Ally**[7], baptisé le 22 novembre 1604, fils de **Claire de La Tour de Saint-Vidal**, devint, en vertu de la substitution de sa grand'mère maternelle, du 18 avril 1629, comte de Montferrand, baron de Cénaret[8] et de Saint-Point. Il épousa, le 16 avril 1633, — Claire de Saint-Point venait de mourir, — Anne de Lucinge, fille de René de Lucinge de Gères, seigneur de La Motte près Cuisiat[9] et des Allymes[10], et de Honorade de Galles.

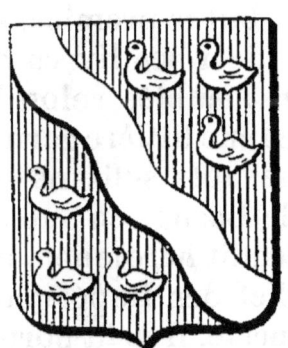

De Rochefort d'Ally 1.

Le contrat fut passé au château de La Motte, le 13 avril, par-devant notaire.

---

1. Les armes des Rochefort étaient « de gueules à la bande ondée d'argent, accompagnée de six merlettes de même mises en orle ». (*Dictionnaire généalogique* de La Chesnaye des Bois, t. III, 1757, art. *De Rochefort*).
2. Cantal.
3. Puy-de-Dôme.
4. Commune de Dienne (Cantal).
5. Haute-Loire.
6. Id.
7. Les renseignements biographiques sur les seigneurs de Saint-Point des maisons de Rochefort d'Ally, Testu de Balincourt et de Castellane que n'accompagne aucune indication de source, sont tirés du *Dictionnaire généalogique* de La Chesnaye des Bois (1757-1765) ou du *Dictionnaire de la noblesse* du même auteur (1770-1784).
8. Commune de Barjac (Lozère).
9. Ain.
10. Commune d'Ambérieu (Ain).

Les parents de la future lui donnaient en dot une somme de 25,000 livres tournois, savoir le père 22,000 et la mère 3,000, plus 1,000 livres « pour habitz ».

Le futur assurait à sa femme, en cas de survie, une somme de 12,500 livres, et la future à son mari, dans le même cas, une somme de 6,250 livres, sous la réserve toutefois que, s'il y avait des enfants, le survivant ne pourrait disposer qu'en leur faveur.

Le futur donnait, de plus, à son épouse, une somme de 3,000 livres « pour ses joyaulx ».

Enfin, il déclarait que, s'il décédait le premier, sa veuve aurait droit à un douaire de 1,000 livres de rente par an, et à une « maison meublée selon la qualitté de ladicte damoiselle, avec une littière garnie et attellée de deux mulletz ou chevaulx sufizans [1] ».

Gouverneur de Saint-Jean-de-Losne en 1636, Claude de Rochefort d'Ally défendit héroïquement la place contre le général en chef des Impériaux, Gallas, et, quoique atteint de la peste, il se fit porter sur la brèche pour soutenir le courage des quelques soldats qu'il avait sous ses ordres [2].

Il était encore gouverneur de cette ville et de plus lieutenant-colonel du régiment du prince de Conti en 1645 et en 1646.

---

1. Archives de Saône-et-Loire; B. 1350, f° 73.
2. « Mathieu Galas, à la tête de plus de 60,000 hommes, vint mettre le siège devant Saint-Jean-de-Losne. Cette ville était peu fortifiée, n'avait que huit petites pièces de canon sans canonniers, une garnison de 150 hommes et à peine 300 habitants capables de porter les armes. Malgré le feu terrible d'une nombreuse artillerie, un furieux assaut de trois heures, une brèche ouverte de douze toises, ils tinrent ferme. Une délibération formée par Desgranges et Lapre, échevins, fut signée de presque tous les bourgeois ; ils s'obligèrent sous serment « de combattre jusqu'à la mort pour le
« service du Roi ; si le nombre des assiégeants l'emportait,
« il fut décidé qu'un chacun mettrait le feu à sa maison,
« périrait ensuite l'épée à la main en se défendant de rue en
« rue, ou se retirerait par la porte du pont de Saône dont on
« abattrait une arcade ». Ainsi fortifiés, nos citoyens sou-

Le 31 août 1645, en effet, « s'en allant au service de Sa Majesté audit régiment », il s'arrêta à Is-sur-Tille et y dicta à Mᵉ Nicolas Béruchot, notaire et tabellion royal, ses dernières volontés.

Il désignait Anne de Lucinge, sa femme, comme son héritière universelle, à condition pour elle de ne pas se remarier et de laisser, à son décès, les terres de Montferrand[1] et de Cénaret à leur fils aîné, « non encore nommé en baptesme », qui devait prendre le nom de Cénaret et qui était alors au collège des jésuites de Dijon. Puis il léguait 8,000 livres à chacun de leurs deux autres fils, savoir Jean-Baptiste, « destiné à estre chevalier », et un dernier qui n'était pas encore baptisé, mais « auquel l'on prétendoit donner le nom de Silvestre, destiné à estre prestre ». Quant à leur fille, qui était au couvent de Blye à Lyon[2], il lui donnait 4,000 livres. Ces sommes étaient payables à la majorité desdits enfants[3].

La naissance d'un quatrième fils fut sans doute ce qui détermina Claude de Rochefort d'Ally, de nouveau « sur le poinct de partir pour se rendre au service du Roy dans ses armées », à refaire son testament, le 29 avril 1646, en son « hostel » à Saint-Jean-

---

tinrent pendant quatre heures avec une valeur incroyable un second assaut encore plus meurtrier que le premier. Ils s'y battirent en désespérés, aidés de leurs femmes, qui versaient des graisses, des huiles bouillantes, de l'étain fondu sur les assiégeants, dépavaient les rues pour les écraser, prenaient les armes et la place de leurs maris, de leurs frères tués ou blessés, et combattaient avec tout l'acharnement du désespoir et de la vengeance. La résistance opiniâtre des assiégés, jointe à la crainte d'une inondation, dont menaçait une pluie de 12 heures, força Galas, rebuté, à lever le siège le 3 novembre, avec une perte considérable d'hommes, de canons et de munitions, après avoir été neuf jours devant la place ». (Courtépée, *Description du duché de Bourgogne*, éd. de 1847, t. II, p. 450).

1. Commune de Banassac (Lozère).
2. Prieuré de femmes de l'ordre de Saint-Benoît.
3. Archives de la Côte-d'Or, E. 2448.

de-Losne et par-devant M⁰ Jean Morel, notaire de cette ville.

Il donnait ses meubles à Anne de Lucinge et lui assurait l'usufruit de ses immeubles, terres et seigneuries de Montferrand, Saint-Point, Cénaret et Saint-Chély[1], destinés à leur fils aîné, Henri de Rochefort de Cénaret. Puis il léguait 6,000 livres à chacun de leurs trois autres fils, savoir Jean-Baptiste, celui qui devait s'appeler Silvestre, et le sieur de Laval[2], « auquel il désiroit faire donner le nom de Pierre-Antoine ».

Enfin à leur fille, « destinée pour estre religieuse », il assignait 3,000 livres qui devaient lui être payées à sa « profession[3] ».

Cl. de Rochefort d'Ally de Saint-Point [4].

Claude de Rochefort d'Ally était « recommandable pour sa générosité, de laquelle il a donné beaucoup de preuves dans les employs qu'il a eu et par les blessures qu'il a receues. Car depuis l'an 1620 jusques à présent, dit Guichenon, qui écrivait en 1650[5], il a continuellement servy, premièrement volontaire au Pont-de-Sés[6] sous le duc de Chevreuse, en

---

1. Saint-Chély-du-Tarn (Lozère).
2. Laval-du-Tarn (id.).
3. Archives de la Côte-d'Or, E. 2633.
4. Id., E. 2448.
5. *Histoire de Bresse et de Bugey*, in-f°, *Continuation de la troisième partie*, p. 142.
6. Les Pont-de-Cé (Maine-et-Loire).

la guerre de Vivarets[1] sous le duc de Montmorancy, et au siège de La Rochelle où il eut trois mousquetades. Après il fut premier capitaine en 1625 au régiment de La Coste-Moyran au siège de Gavy[2] et en la guerre de Gênes, lieutenant de cavalerie du sieur de Saint-Vidal, son frère, en 1627, lieutenant de la compagnie du marquis de Croisilles en l'armée du marquis d'Uxelles en 1628, volontaire en l'armée de Languedoc en 1629, lieutenant du marquis d'Alègre au régiment de Lonjumeau au siège de Privas ; 1630, 1631, 1632, 1633, 1634 et 1635, en l'armée de Lorraine ; en 1636, il fut premier capitaine du régiment de Conty au siège de Dôle où il fut blessé de quatre mousquetades, soustint le siège de Saint-Jean-de-Losne assiégé par l'armée impériale, se signala en la défaite du marquis de Mortara commandant ledit régiment de Conty en qualité de lieutenant-colonel, puis au combat de Fribourg[3] où il força les retranchemens et eut une mousquetade à la joue, fut encor aux sièges de Courtray[4] et de Mardick[5] où il fut aussi blessé d'une mousquetade à la cuysse ».

D'après une note qui nous est obligeamment communiquée par Mgr Rameau, Claude de Rochefort d'Ally continuait à exercer les fonctions de gouverneur de Saint-Jean-de-Losne en 1652. Il se disait, en outre, chevalier de l'ordre du Roi, maître-de-camp du régiment de Bourgogne, comte de Montferrand, baron de Cénaret et seigneur de Saint-Point.

A la fin de sa vie il prenait aussi les titres et qualités de marquis de Cénaret, seigneur des Allymes et autres lieux, gentilhomme ordinaire de la chambre

---

1. Vivarais.
2. Gavi en Piémont.
3. Fribourg en Brisgau.
4. Courtrai en Belgique.
5. Nord.

du Roi, lieutenant-colonel du régiment d'infanterie de Sa Majesté[1]. Il mourut entre le 5 janvier et le 11 avril 1660[2]. A cette dernière date en effet, vu son décès « arrivé depuis peu », le greffier du bailliage de Mâcon, accompagné d'un huissier, se rendit au « chastel et maison-forte » de Saint-Point, où, malgré qu'il eût constaté qu'il n'y avait « aucuns meubles, papiers et effectz, sy ce n'est quelques vieulx bois de lictz et garderobes à l'enticque », il apposa les scellés[3].

Le 5 janvier, il avait, par-devant Mᵉ Gabriel Colas, notaire royal à Mâcon, promis sa fille, Marie-Françoise, à Pierre de Laurencin, seigneur et baron de La Bussière, Chanzé[4] et Cruix[5], fils de Jean de Laurencin, seigneur et baron de La Bussière, Saint-Léger, La Garde et autres places, et de feu Marguerite de Mellier[6]. Le contrat ne fut passé que le 19 octobre suivant, à Montferrand, et par-devant Mᵉ Antoine Boudon, notaire à Saint-Laurent-d'Olt.

Jean de Laurencin donnait à son fils Pierre tous ses biens meubles et immeubles, sauf l'usufruit de la moitié desdits biens sa vie durant, et 50,000 livres dont il voulait disposer par testament en faveur de François de Laurencin, son autre fils.

Anne de Lucinge constituait à sa fille Marie-Françoise une dot de 15,000 livres, savoir 12,000 du chef de son père et 3,000 du chef de sa mère.

Il était convenu que Jean de Laurencin et le jeune ménage vivraient ensemble au château de La

---

1. Archives de Saône-et-Loire, B. 1361, f° 86, et E. 310, 1.
2. Le *Dictionnaire de la noblesse* dit qu'il testa le 22 mars 1660 et mourut le 27 juillet 1668. Cette dernière date est évidemment inexacte.
3. Archives de Saône-et-Loire, B. 1274, 81.
4. Commune de Darcizé (Rhône).
5. Commune de Theizé (id.)
6. Archives de Saône-et-Loire, B. 1407, 176.

Bussière, et qu'ils nourriraient et entretiendraient à frais communs François de Laurencin jusqu'à ce qu'il fût marié ou qu'il eût atteint l'âge de 25 ans.

De plus, le futur donnait à sa femme 7,500 livres[1] à prendre sur ses biens après sa mort, et la future donnait semblablement 3,750 livres à son mari au cas où celui-ci dût lui survivre.

Enfin, en cas de prédécès, le futur assurait encore à sa femme un douaire de 1,000 livres par an, sa « demeure » dans l'un des appartements du château de La Bussière, meublé des meubles nécessaires, l'usage des jardins, vergers, bois, pour elle, pour « son équipage et chevaux[2] ».

Les 15,000 livres promises par la mère à sa fille et qui devaient être payées « à la fête de l'annuel » (1660) se firent longtemps attendre. C'est, en effet, le 21 février 1664 seulement qu'Anne de Lucinge, pour s'acquitter, se résolut au démembrement de la seigneurie de Saint-Point et céda à son gendre, vicomte de La Bussière, Chanzé et Cruix, tout les revenus qu'elle avait en qualité de dame dudit Saint-Point aux villages du Perret (Tramayes), Neuilly (Tramayes), Nogent (Saint-Léger-sous-la-Bussière), Montillet (Tramayes), Les Cours (Brandon), Purlanges (Sainte-Cécile), La Garde (Saint-Léger-sous-la-Bussière), et aux paroisses de Saint-Léger-sous-la-Bussière, Dompierre-les-Ormes, Jalogny, Brandon et Trambly[3].

Claude de Rochefort d'Ally[4] était resté marié pendant 27 ans et il aurait eu, d'après le *Diction-*

---

1. Il n'est plus question dans le contrat des 2,000 livres tournois de « joyaulx » annoncés dans la promesse du 5 janvier. (Archives de Saône-et-Loire, B. 1407, 176).
2. Archives de Saône-et-Loire, B. 1361, f° 86.
3. Id., E. 310, 1.
4. C'est sans doute un frère de Claude de Rochefort d'Ally, du prénom de Christophe, qui se trouvait à Saint-Point vers 1664 et qui y menait une vie peu exemplaire. Le

naire de la noblesse, 19 enfants, savoir : Henri ; — Jean-Baptiste, qui suit ; — Jean-Silvestre, vicomte de Saint-Point, baptisé le 16 octobre 1647, maintenu dans sa noblesse, ainsi que son frère aîné, par M. de Bezons, le 10 janvier 1670 ; — Pierre ; — Jean-Antoine-Claude, baptisé le 5 mai 1655, reçu chanoine du chapitre de Saint-Pierre de Mâcon le 23 juin 1672, prieur de Saint-Martin de Salmon[1] et de Notre-Dame de Laval[2] en 1690[3], connu sous le nom d' « abbé de Saint-Point », mort le 4 décembre 1695 et inhumé à Saint-Point[4] ; — Marie-Anne-Françoise, mariée en 1660[5] à Pierre de Laurencin, baron[6] de La Bussière ; — Marie-Victoire, née en

---

curé, baptisant un de ses enfants naturels, employait par pudeur des lettres plus ou moins grecques (que nous avons reproduites ci-dessous, grâce à l'obligeance de MM. Protat frères, imprimeurs à Mâcon), pour transcrire le nom du père sur les registres de la paroisse : « L'an mil six cent soixante-quatre et le ving-troisiesme jour du mois de febvrier a esté baptizé Jacques, fils de μονσιευρ χ/οφλε δε Ρωxηεἰωρτ δαλλη, et sa mère Françoize Martin, ses père et mère ; et a esté son parrain Jacques de Laye et sa marraine, Claude Martin, dans l'esglize paroissialle de Saint-Point, par moy curé dudit lieu, et me suis soubsigné. Bl. Mathieu, pr. ind. » (Archives de Saint-Point, GG. 1). — Le 2 février 1672 (Id., *ibid.*), la même Françoise Martin eut un autre enfant naturel, François. Le nom du père est en blanc dans l'acte, mais la présence au baptême, qui se fit le 4 février, de Mᵉ Pierre Pradeilhe, prêtre du diocèse de Mende, et de M. Jean Jolivet, « agent de M. de Sainct-Point » (et « baillif du mandement de Laval », le 31 août 1677) nous paraît bien significative.

1. Commune d'Auxillac (Lozère).
2. Laval-du-Tarn.
3. Archives de Saint-Point, GG. 1, juillet 1690.
4. « Le quatriesme jour du moys de décembre mil six cens nonante-cinq mourent noble Jean-Claude-Anthoine d'Ailly, abbé de Saint-Point et chanoine du noble et vénérable chapistre de Saint-Pierre de Mâcon, après avoir receu tous les sacremants requis; feut ensevely par moy soubsigné dans la sépulture et tombeau de ses prédécesseurs... En foy de ce, Chauvet, curé ». (Archives de Saint-Point, GG. 2).
5. La Chesnaye des Bois dit par erreur *1690*.
6. Le même auteur le fait comte. Marie-Anne-Françoise se dit d'ailleurs « comtesse » (Archives de Saint-Point, GG. 1, 1ᵉʳ avril 1670).

1660, baptisée à Saint-Point le 7 novembre 1674[1], mariée à Charles de La Garde, marquis de Chambonas[2], seigneur de Saint-Thomé[3], mort en 1686; — deux filles, religieuses à la Visitation de Mâcon[4]; — neuf autres enfants, morts jeunes.

Anne de Lucinge, veuve de Claude de Rochefort d'Ally, vivait encore en 1688[5].

Claude de Rochefort d'Ally, dans son testament du 29 avril 1646, avait stipulé que si Henri de Rochefort de Cénaret, son fils aîné, mourait sans descendant mâle, — ce qui arriva, — Anne de Lucinge, sa femme et son héritière universelle, substituerait audit Henri, pour les terres et seigneuries, tel de ses autres fils qu'elle choisirait. Ce fut sur le second, **Jean-Baptiste de Rochefort d'Ally**, que se portèrent les préférences.

Dans le contrat de mariage qui fut signé lorsque Jean-Baptiste épousa Marie-Catherine Brûlart de Sillery, fille de Louis Brûlart, marquis de Sillery[6], et de Marie-Catherine de La Rochefoucauld, le 12

---

1. « L'an mil six cens soixante et quatorze et le septième jour du mois de novembre, par moy prestre soubsigné ont esté suppléés les cérémonies omises au baptême de demoiselle Marie-Victoire de Rochefort d'Ally, fille légitime de feu haut et puissant seigneur Messire Claude de Rochefort d'Ally de Saint-Point, chevalier, quand vivoit baron de Cénaret, comte de Montferrand et de Saint-Point, mestre-de-camp du régiment royal et gouverneur de la ville de Saint-Jean-de-Laune, et de haute et puissante dame Anne de Lucinge, mariez... J. Chauvet, prestre ». (Archives de Saint-Point, GG. 1).

2. Ardèche.

3. Id.

4. L'une d'elles, Honorée-Marie, au moment de prendre l'habit de novice, fit, le 8 septembre 1675, un testament par lequel elle donnait 50 livres à sa mère, Anne de Lucinge, et le reste de ses biens à sa belle-sœur, Marie-Catherine Brûlart de Sillery. (Minutes de M⁰ Chappuis, en l'étude de M⁰ Gautheron, notaire à Mâcon, n° 3933).

5. Le 1ᵉʳ février de cette année-là elle a été marraine d'une fille baptisée à l'église Saint-Pierre de Mâcon. (Archives de Mâcon, GG. 58).

6. Marne.

novembre 1664, Anne de Lucinge, sa mère, lui abandonna tous ses biens, en ne se réservant que « sa demeure » au château de Montferrand avec les jeunes mariés, la jouissance des meubles de son appartement, et 2,000 livres de rente. Mais une sentence du sénéchal de Nîmes intervint, « portant licquidation de plusieurs sommes en faveur de ladicte dame, à la poursuitte et dilligence de ses aultres enfans, au préjudice toutefois dudict contract de mariage », de sorte que par un acte passé au château de Montferrand et par-devant Me Jacques Bonnafoux, notaire royal de La Canourgue[1], le 24 octobre 1672, Anne de Lucinge dut réduire d'une part à 1,200 livres la rente de 2,000 qu'avait à lui payer son fils, à charge par lui cependant de faire dire aussitôt après sa mort mille messes de *Requiem* pour le salut de son âme, et réserver d'autre part pour Jean-Silvestre et Jean-Pierre de Rochefort d'Ally, vicomte et chevalier de Saint-Point, pour Marie-Victoire et Marie-Honorade de Rochefort, à chacun 1,500 livres, pour Jean-Antoine-Claude de Rochefort d'Ally, abbé de Saint-Point, 750 livres, et pour Marie-Françoise de Rochefort d'Ally, femme de M. de Laurencin, baron de La Bussière, ou pour Marie de Laurencin de La Bussière, leur fille[2], 300 livres, lesdites sommes payables deux ans après le décès de la donatrice[3].

Le 25 juillet 1679, Jean-Baptiste de Rochefort d'Ally, comte de Montferrand et de Saint-Point, gentilhomme de la chambre de S. A. S. Monseigneur le Duc, fut élu par les Etats du Mâconnais député

---

1. Lozère.
2. D'après le *Dictionnaire de la noblesse*, Pierre de Laurencin eut quatre enfants : Jean-Alexandre ; — Marie-Anne ; — Marie-Artémise, mariée à Jean de Laurencin de Palfy, seigneur du Péage et d'Avenas, son oncle ; — Marie-Hippolyte, religieuse au prieuré de Marcigny.
3. Archives de Saône-et-Loire, B. 1366, f° 285.

de la noblesse aux Etats de Bourgogne[1]. Il vivait « fort honorablement » à Saint-Point, dit un acte rédigé en 1666, et les habitants « ne s'en [plaignaient] point[2] ».

Différents documents lui donnent aussi les titres et qualités de baron de Cénaret[3], seigneur de Saint-Chély, Pougnadoire[4], Laval et autres lieux, capitaine au régiment de Turenne[5], écuyer d'écurie du Roi. La Chesnaye des Bois dit qu'il testa le 13 juin 1672, et eut quatre enfants : Jean-Amédée, qui suit ; — Claude-François-Gaston, baptisé à Saint-Point le 1er avril 1670[6], qualifié d'*abbé* en 1681[7] ; — Emmanuelle-Bénédicte, religieuse de la Visitation à Saint-Amour en Comté ; — Charlotte-Félicie, née le 21 décembre 1677, mariée à Claude-François Terrier de Montciel, dont elle a eu une fille, Marguerite-Gabrielle-Félicie[8].

Marie-Catherine Brûlart de Sillery, sa veuve et héritière testamentaire, demeurant à Paris, rue Saint-Benoît, paroisse Saint-Sulpice, donna, le

---

1. Archives de Saône-et-Loire, C. 475, f° 59 v°.
2. Archives de la Côte-d'Or, C. 2889, p. 799.
3. Avec sa mère Anne de Lucinge, il vendit en 1666 la baronnie ou une portion de la baronnie de Cénaret à Mre Victor de Frézal de Vabres, marquis de Beaufort, moyennant 71,284 livres. (Archives de la Lozère, G. 88).
4. Commune de Saint-Chély-du-Tarn.
5. Minute n° 3063 de l'étude de Me Gautheron, notaire à Mâcon.
6. « Le premier jour d'avril 1670, j'ay administré le sacrement de baptesme dans l'église de Saint-Point à Messire Claude-François-Gaston, fils à Messire Jean-Baptiste de Rochefort d'Aly, conte de Monferran et de Saint-Point, et à Madame Marie-Chaterine Brûlard de Sillery, son espouse. Son parrein est Messire Claude Damas, marquis de Digoine, Molinet, Saint-Auben, Encredé, et sa marreine Madame Marianne-Françoise de Rochefor d'Aly-Saint-Point, contesse de La Bussière. En foy de ce me suis signé : De Curières, curé. M. de Rochefor d'Ally-Saint-Point. C. Damas-Digoine ». (Archives de Saint-Point, GG. 1).
7. Archives de Saint-Point, GG. 1, 28 novembre 1681.
8. Voir id., GG. 3, 9 septembre 1734.

3 novembre 1682, à Mᵉ Edme Lamy, procureur en la chambre des comptes de Bourgogne et Bresse, pouvoir de reprendre de fief la seigneurie de Saint-Point et de rendre au Roi les foi et hommage qu'elle lui devait pour ladite terre[1]. Mᵉ Lamy s'acquitta de cette mission le 2 janvier 1683[2].

Jean-Amédée de Rochefort d'Ally, né en 1666, ne fut baptisé qu'en 1668, le 7 août, à Saint-Point[3].

Il épousa, à Saint-Point également, à la fin du mois de juillet 1690, Jeanne-Marie Charrier, fille de feu Eustache Charrier, seigneur et baron de La Roche[4], Jullié, Juliénas[5], Saint-Jacques-des-Arrêts[6] et autres lieux, et de Catherine de Badol de Rochetaillée[7].

Le contrat de mariage avait été passé au château de Pierreclos, par-devant Mᵉ Guillet, notaire royal à Bourgvilain, le 24 juillet 1690.

La future apportait en dot 40,000 livres d'argent et 800 livres de « joyaux » consistant en « un coulant, une croix de diamant et un fil de perles ». Le futur

---

1. Archives de la Côte-d'Or, B. 10858.
2. L. Lex, *Les Fiefs du Mâconnais*, p. 195.
3. « ... fils de Jean-Baptiste Rochefort, son père, seigneur de Sainct-Poinct, et dame Marie Brûlart de Sillery, sa mère, a esté baptisé par moy soubsigné sur les fonds baptismaux de l'esglise de Sainct-Poinct sans avoir receu les sérémonies du baptesme, le septiesme jour d'aoust mil six cens soixante-huict. Dulac, presbtre ». (Archives de Saint-Point, GG. 1).
4. Commune de Jullié (Rhône).
5. Rhône.
6. Id.
7. « ... esme jour du mois de juillet mil six cens quatre-vingt et dix ...nédiction nuptiale, en présance du très saint sacrement de l'autel ... né à Messire Jean-Amédée de Rochefort d'Ally ...e Saint-Point et de Monferran, baron de Sénaret, seigneur ...l, fils naturel et légitime de deffunt haut et puissant seigneur Messire Jean ...rt d'Ally, chevalier, conte dudit Saint-Point, Monferran et autres lieux, et d'haute ... me dame Catherine Brûlart de Sillery, veuve dudit seigneur défunt conte... dame Jeane-Marie Charrier, fille naturele et légitime de défunt Messire ...ier, chevalier, seigneur et baron de La Roche, Juillier, Juillenar, Saint-Jaques-des-... lieux, et de dame

était nommé par Marie-Catherine Brûlart de Sillery, sa mère, héritier de la succession du feu comte de Saint-Point, son père, à la réserve de l'usufruit de ladite dame et du quart attribué aux filles.

En cas de prédécès du mari, la veuve devait recevoir, s'il n'y avait pas d'enfants, une somme de 10,000 livres d'augment, une rente de 500 livres de douaire, et 4,000 livres de « bagues et joyaux »; s'il y avait des enfants, 2,000 livres d'augment, 4,000 livres de « bagues et joyaux », et « son habitation » au château de Saint-Point « avec l'esquipage accoustumé en pareil cas[1] ».

Jean-Amédée de Rochefort d'Ally, comte de Saint-Point[2] et de Montferrand, baron de Cénaret, seigneur de Saint-Chély, Pougnadoire, Laval et autres lieux. servit sur mer et prit part au bombardement d'Alger en 1688. Il devint par la suite lieutenant des maréchaux de France en Gévaudan, député de la noblesse du diocèse de Mende en Languedoc et commandant la ligne de la rivière du Tarn au gouvernement de la ville de Sainte-Enimie[3]. Son régiment de milice,

---

dame Catherine de Badol de Rochetailler. Tesmoins feurent... n dudit mariage Messire Guillaume Charrier, abbé et seigneur de Quinperlé... e dame et l'un de ses curateurs, Messire Jean-Babtiste Michon, chevalier, seigneur... et Bussière, oncle maternel [de la] dicte dame, Messire Jean-Anthoine-Claude de Rochefort... Point, seigneur chanoine du noble chapitre Saint-Pierre de Mâcon, prieur des ... Martin de Saumon et Nostre-Dame-Laval, oncle paternel dudit seigneur ... Guillet, notaire royal, demurant en la parroisse de Bourgvilain ...n-Amédée de Rochefort d'Ally Saint-Point. J.-Marie Charrier... Rochefort d'Ally Saint-Point. L'abbé Charrier, abbé de Quimperlé... Michon de Pierreclau. Guillet. Chauvet, curé de Saint-Point ». (Archives de Saint-Point, GG. 1, feuillet lacéré).

1. Minutes des M{es} Guillet, en l'étude de Me Tarlet, notaire à Clermain.

2. Avant qu'il eût hérité de Saint-Point on l'appelait « Jean-Amédée de Saint-Point, comte de Rochefort ». (Archives de Saint-Point, GG. 1, 11 octobre 1672).

3. Lozère.

qui s'appelait *le régiment de Saint-Point*, comptait 160 hommes en 1707[1].

« Absent et incomodé de sa personne » en 1692, il ne put se rendre au ban et arrière-ban de la noblesse du Mâconnais auquel il était convoqué, et sa femme engagea pour le remplacer Thomas Gratier, de Mâcon, moyennant une somme de 300 livres et la fourniture d'un cheval harnaché qui devait lui appartenir à son retour[2].

Jean-Amédée de Rochefort d'Ally reprit de fief la seigneurie de Saint-Point et rendit au Roi « les foi et hommage et serment de fidélité dus à Sa Majesté tant à cause de son heureux avènement à la Couronne qu'à cause de la mutation de vassal », le 14 avril 1723 ; il en donna dénombrement le 2 mars 1724[3].

Il mourut le 25 décembre 1734 après avoir contracté un second mariage avec Catherine d'André.

Du premier lit il avait eu quatorze enfants : Claude-Gabriel-Amédée, qui suit ; — Louis-Victor-Auguste, vicomte de Saint-Point, né le 19 octobre 1694, capitaine de cavalerie au régiment de La Roche-Guyon[4], mort à Montferrand en 1725, marié à Elisabeth de Peyremale[5], morte vers 1733, laissant une fille, Jeanne, mariée à un de Marguerit, seigneur de Saint-Michel au diocèse de Toulouse ; — Vital-Claude-Gaston, né le 17 juin 1696, vicaire général de l'archevêché de Reims et abbé commendataire de l'abbaye royale de Saint-Basle[6] en 1716, sous-doyen des abbés de France, mort à Paris le 12 août 1777 ;

---

1. Archives de la Lozère, C. 1510.
2. Minutes des M⁰⁰ Quiclet, en l'étude de M⁰ Gautheron, notaire à Mâcon, n° 699 (16 mai 1692).
3. L. Lex, *Les Fiefs du Mâconnais*, p. 195.
4. Archives de Saint-Point, GG. 3, 20 février 1731.
5. Id., *ibid.*, 25 novembre 1730.
6. Marne.

— Claude-Godefroy, né le 3 janvier 1697, enseigne de vaisseau, mort à La Rochelle ; —Joseph-Gabriel[1], dit « le chevalier de Saint-Point », né le 27 juin 1699, maître-de-camp de cavalerie le 1er novembre 1744 et enseigne des gardes-du-corps en 1748 ; — Guillaume-Aimé, prieur de Houplines[2] ; — une fille, morte jeune ; — Marie-Catherine, morte jeune également ; — Marie-Jacquette, née le 7 décembre 1697, morte en 1730 ; — Pétronille, morte au berceau ; — Emmanuelle-Christine, née le 2 janvier 1702, religieuse à Saint-Amour ; — Jeanne-Marie-Elisabeth-Césarine, née le 10 octobre 1705, mariée à Louis-François de Framont, vicomte de Grèzes[3], d'où une fille, Hippolyte[4] ; — Anne-Sophie, née le 10 juillet 1709 ; — Catherine-Françoise-Artémise, née le 12 mars 1710.

Il ne laissait du second lit qu'un fils, Jean-Amédée-Honoré, dit « le chevalier de Rochefort », né le 26 juillet 1728. Un autre fils avait été inhumé à Saint-Point, le 30 août 1734, à l'âge d'environ six semaines[5].

Claude-Gabriel-Amédée de Rochefort d'Ally, né à Saint-Point le 8 mai 1691, marquis de Saint-Point[6], comte de Montferrand, baron de Cénaret[7],

---

1. C'est le *Dictionnaire de la noblesse* qui lui donne ces prénoms, mais le *Dictionnaire généalogique* l'appelle « Hector » et un document des archives de la Lozère (C. 921) « Gabriel-Roger ».
2. Nord.
3. Aveyron. — Le 3 août 1751 un Louis-Amédée de Framont, « capitaine de cavalerie au régiment de Poley » se trouvait à Saint-Point. (Archives de Saint-Point, GG. 3).
4. Archives de Saint-Point, GG. 4, 12 juillet 1768 et 28 avril 1769.
5. Sépulture « dans l'église, d'un garçon à M. le marquis et à Mme la marquise de Saint-Point, ayant été seulement ondoyé, âgé d'environ six semaines ». (Archives de Saint-Point, GG. 3).
6. Jusqu'alors les seigneurs de Saint-Point s'en disaient « comtes ». Nous ne croyons pas qu'il y ait jamais eu de lettres d'érection de la terre de Saint-Point en marquisat.
7. Il fut parrain à Saint-Point le 24 novembre 1693. Le curé lui donne dans l'acte le titre de « marquis de Seneret » (Archives de Saint-Point, GG. 2).

seigneur de Saint-Chély, Laval, Pougnadoire et autres lieux, fut capitaine de cavalerie dans les régiments de Ruffey[1] et de La Rochefoucauld.

Il épousa vers 1723 Anne-Félicité Allemand, fille de Pierre Allemand, comte de Montmartin[2], lieutenant pour le Roi au gouvernement du Dauphiné, et de Catherine Brûlart de Sillery, dont il eut six enfants : Claude-Charles-Louis, comte de Saint-Point, né à Saint-Point le 4 juillet 1734, y baptisé le 7 septembre suivant[3], mort au mois[4] de juillet 1752; — Anne-Claudine, née au mois d'octobre 1725, mariée au mois d'octobre 1752[5] à Charles-Louis Testu, comte de Balincourt[6], dont la notice suit ; — Jeanne-Marie-Félicité, morte le 10 avril 1742 ; — Joachime-Emmanuelle-Gabrielle-Perpétue, baptisée à Saint-Point le 10 avril 1728[7]. religieuse à l'abbaye d'Origny[8], y décédée le 20 décembre 1767[9]; — Marie-Catherine-Victoire, baptisée à Saint-Point le 27 mars

---

1. Archives de Saint-Point, GG. 3 (3 mars 1733).
2. Commune de Biol (Isère).
3. Le *Dictionnaire de la noblesse* et le *Dictionnaire généalogique* le font naître au mois d'août, mais dans l'acte de baptême le curé, qui, entre parenthèses, donne au père les qualités de « baron de [La] Tour, du Gévaudan et autres places », dit formellement l'avoir ondoyé le 4 juillet, jour de sa naissance. (Archives de Saint-Point, GG. 3).
4. Le 2 (*Dictionnaire de la noblesse*) ou le 22 (*Dictionnaire généalogique*).
5. En vertu de la remise du curé de Saint-Point en date du 17 septembre. (Archives de Saint-Point, GG. 3).
6. Commune d'Arronville (Seine-et-Oise).
7. Un procès-verbal du 3 mai 1746 constate que cet acte de baptême a été omis à sa date dans les registres de la paroisse. (Archives de Saint-Point, GG. 3).
8. Aisne.
9. « Le 21° jour du mois de décembre 1767 a été donnée la sépulture ecclésiastique dans le tombeau de la noble maison de Saint-Point, à M°° Gabrielle-Joachime-Emmanuel de Rochefort, dame de l'abbaye royale d'Origny, morte de hier dans la quarantième année de son âge, munie des sacremens, en présence des soussignés. Guichard, curé de Sainte-Cécile. Desthieux, prêtre. Guilloux, curé ». (Archives de Saint-Point, GG. 4).

1730[1], religieuse à l'abbaye de Lavaudieu[2]; — Louise-Catherine, morte jeune.

Anne-Félicité Allemand de Montmartin mourut à Saint-Point, âgée d'environ 50 ans, le 16 novembre 1751[3]. Sa mère l'avait précédée d'un an dans la tombe[4].

Le 25 janvier 1762, à Paris, par-devant Mes Jarsain et Legrand, notaires royaux au Châtelet, Claude-Gabriel-Amédée de Rochefort d'Ally fit donation, par avancement d'hoirie, à sa fille aînée, Mme de Balincourt, des terres et seigneuries de Montferrand, Laval, Cénaret, Pougnadoire, Saint-Chély et Saint-Point, réservé toutefois l'usufruit de cette dernière. A son décès, Catherine-Victoire, religieuse à l'abbaye de Lavaudieu, sa fille, devait hériter pour en jouir, elle aussi, sa vie durant, du château de Saint-Point en ce qui était l'habitation de maître, du pré dit *de la Tour*, et du verger le joignant, des étangs ou viviers qui étaient au bout dudit pré vers la terre appelée *Le Champ des Poiriers*, du jardin avec volière attenant audit château, et du revenu de toutes les dîmes de la seigneurie.

---

1. Archives de Saint-Point, GG. 3.
2. Haute-Loire.
3. « Ce jourd'huy 17e novembre 1751, j'ay donné la sépulture dans le tombeau des seigneurs de Saint-Point, chapelle Sainte-Catherine de l'église de cette paroisse, à haute et puissante dame Anne-Félicité Allemant-Saint-Point, femme de haut et puissant seigneur marquis de Saint-Point, décédée hier en Dieu munie des sacremens, âgée d'environ 50 ans... Guilloux, curé de Saint-Point ». (Archives de Saint-Point, GG. 3).
4. « Ce jourd'huy 19 septembre 1750, j'ay donné la sépulture dans le tombeau de la chapelle de Mr de Saint-Point, en cette église, à Madame Chaterine-Françoise Brullard de Sillery, veuve de haut et puissant seigneur Allemant, seigneur de Montmartin et autres places, ladite dame décédée en Dieu hier au château de Saint-Point, munie des sacremens, âgée d'environ 80 ans, en présence de Monsieur le marquis de Saint-Point, son gendre, seigneur de cette paroisse et autres lieux... Claude de Saint-Point. Guilloux, curé de Saint-Point ». (Archives de Saint-Point, GG. 3).

L'acte était passé à charge par Mme de Balincourt :
d'acquitter les droits et devoirs seigneuriaux et
féodaux dus à raison de cette donation ; de verser à
M. de Rochefort d'Ally une somme de 10,000 livres ;
de lui assurer une rente annuelle et viagère de
2,000 livres ; de payer ses dettes s'élevant, suivant
l'état arrêté le 17 janvier 1762, à 193,687 livres ;
enfin de lui laisser une somme de 40,000 livres, soit
pour acquitter les dettes autres que celles comprises en l'état ci-dessus mentionné et qu'il pourrait
avoir à son décès, soit pour en disposer en faveur
de sa fille, Joachime-Emmanuelle-Perpétue, religieuse à l'abbaye d'Origny, en faveur de ses domestiques ou d'autres personnes à son gré [1].

En 1765 il fit réparer entièrement l'église de
Saint-Point [2].

Sur la fin de sa vie (1768-1773), l'évêque de Mende
lui inféoda une portion du sol des anciennes fortifications de la ville, moyennant l'albergue ou
redevance d'un œillet qu'il devait lui porter en son
palais épiscopal chaque année le jour de la Saint-Jean-Baptiste [3].

Le 30 décembre 1773, à l'âge de 83 ans, il mourut
à Saint-Point, regretté de « ses emphitéotes [4] » dont
il était le « protecteur », et des « pauvres » dont il
était le « père » [5].

---

1. Archives de Saône-et-Loire, B. 1385, 3, f° 18.
2. Voir § VII.
3. Archives de la Lozère, G. 213.
4. Fermiers censitaires. — S'il était le protecteur de ses *emphitéotes* il devait bien être aussi le défenseur de ses *emphitéoses*, pour lesquelles il fit passer des reconnaissances en 1737 et 1738 et rénover un terrier en 1770. (Voir § IV).
5. « Le dernier jour du mois de décembre 1773, nous avons donné la sépulture ecclésiastique dans le tombeau de la noble maison de Saint-Point, à Mr Claude-Gabriel-Amédé d'Ally de Rochefort, marquis de Saint-Point, protecteur de ses emphitéotes et le père des pauvres, mort de hier âgé de 83 ans, muni des sacremens qu'il a reçu avec une édification sans exemple... Guilloux, curé de Saint-Point ». (Archives de Saint-Point, GG. 4).

Anne-Claudine, fille aînée de Claude-Gabriel-Amédée de Rochefort d'Ally, avait épousé, le 3 octobre 1752, **Charles-Louis Testu de Balincourt**, fils de François Testu, comte de Balincourt, seigneur de Hédouville[2], lieutenant général des armées du Roi, et de Rosalie Cœuret de Nesles.

Testu de Balincourt [1].

Charles-Louis Testu, marquis de Nesles[3] et de Saint-Point, comte de Balincourt, fut maître-de-camp de cavalerie et chevalier de l'ordre royal et militaire de Saint-Louis.

En 1769, avec sa femme, il vendit la baronnie ou une portion de la baronnie de Cénaret à Mre Joseph de Randon de Châteauneuf et d'Apchier, baron de Thoras, La Garde et autres lieux[4].

Nous avons[5] le testament olographe d'Anne-Claudine de Rochefort d'Ally, fait par elle à Balincourt, le 30 mai 1771.

Elle veut que ses obsèques aient lieu sans cérémonie et que son cœur soit déposé à Arronville[6], « auprès de celuy de sa chère tante la maréchale[7], qu'elle a toujours aimée ».

« J'ay, ajoute-t-elle, pour environ 400,000 livres de reprises ou de créances sur les biens de M. de Balin-

---

1. Armes : « d'or à trois léopards de sable l'un sur l'autre, celui du milieu contourné » (*Dictionnaire généalogique*); — « d'or à trois lions léopardés de sable, armés et lampassés de gueules, l'un sur l'autre, celui du milieu contrepassant » (*Dictionnaire héraldique* de l'*Encyclopédie Migne*, 1861, in-8°, col. 526).
2. Seine-et-Oise.
3. Nesles-la-Vallée (Seine-et-Oise).
4. Archives de la Lozère, G. 88.
5. Archives de Saône-et-Loire, B. 1379, 1, f° 213 v°.
6. Paroisse dont dépendait la terre de Balincourt.
7. Femme de Mr Claude-Guillaume Testu de Balincourt, né en 1680, mort en 1770. Colonel du régiment d'Artois (1703),

court, mon mari. Si je ne consultoit que mon intention, j'en feroit un partage égal à mes deux fils, que j'ayme également, mais je sens bien que ce seroit trop surcharger mon fils aîné et le mettre dans la nécessité de vendre des biens que je désire moy-même être conservés dans sa famille. Je ne lègue donc à mon cher petit chevalier, mon fils puisné, sur mes reprises, qu'une somme de 150,000 livres, dont je le prie de vouloir bien accepter et se contenter. A l'égard du surplus de ces mêmes reprises, je veux qu'ils appartiennent à mon cher fils aîné, que je fais mon légataire universel ».

A son mari, elle donne le marquisat de Saint-Point et le comté de Montmartin « avec la charge de lieutenant de Roy qui s'y trouve annexée ».

« Je prie mon cher mary, dit-elle encore, de conserver à mon fils cadet le marquisat de Saint-Point, et de luy remettre à sa mort. A l'égard de la terre de Montmartin et de la charge de lieutenant de Roy qui [y] a toujours été attachée, si les affaires de mon mary exigent qu'il les vende pour liquider ses dettes, dont je luy ai occasionné une très grande partie pour les despenses qu'il a fait pour moy personnellement ou dans ma terre de Châtillon en Baucc, je les luy laisse en toute propriété, bien persuadée que s'il peut se dispenser de les vendre, il se fera un plaisir de les conserver à mon fils aîné, à qui elles sont naturellement destinées. Cependant

---

brigadier d'infanterie (1710), maréchal-de-camp (1719), lieutenant-général (1734), maréchal de France (1746). Cette dernière nomination fut mal accueillie du public. « On conte, dit le *Journal* de Barbier, que c'est pour se défaire de lui et ne s'en plus servir. La politique est plaisante de donner à de mauvais généraux la récompense la plus éclatante du mérite militaire ». (*Dictionnaire historique de la France*, p. L. Lalanne, art. *Balincourt*). Dans la donation du 25 janvier 1762, Charles-Louis Testu de Balincout, et sa femme, Anne-Claudine de Rochefort d'Ally, sont dits demeurer en l'hôtel de M. le maréchal de Balincourt, quai d'Orsay, paroisse Saint-Sulpice, à Paris.

[si] mon fils aîné ne se rend[a]it pas digne des bontés de son père, mon mary sera le maître de les donner à mon fils cadet ».

Enfin elle donne 600 livres de rente à sa sœur, religieuse de Lavaudieu, à ses domestiques et à ses femmes de chambre, outre sa garde-robe répartie entre ces dernières, une année de leurs gages et une pension de 200 livres à chacun.

Anne-Claudine de Rochefort d'Ally fut inhumée le 11 septembre 1772, et, contrairement à son désir, Charles-Louis Testu de Balincourt ne conserva pas à leur fils cadet le marquisat de Saint-Point.

Il le vendit à **Esprit-François-Henri de Castellane** par-devant Mᵉ De La Rue et son confrère, notaires au Châtelet de Paris, le 29 avril 1776[2].

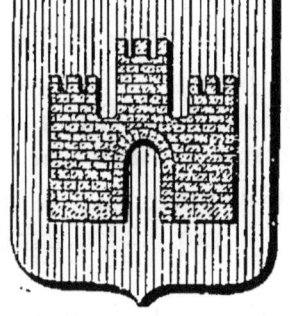

De Castellane 1.

Esprit-François-Henri de Castellane, marquis de Castellane[3], fils de Michel-Ange, comte de Castellane, brigadier des armées du Roi, ancien ambassadeur extraordinaire de Sa Majesté auprès de la Sublime-Porte, et de Catherine de La Treille de Sorbs, épousa, encore mineur[4], le 12 octobre 1750, Charlotte-Louise Charron de Ménars, fille, mineure également[5], de Michel-Jean-Baptiste Charron, marquis

---

1. Armes : « de gueules à une tour donjonnée de trois pièces d'or »(Arcelin, ouvrage cité, art. *De Castellane*); — « de gueules à un château d'or ouvert, crénelé et sommé de trois tours de même, maçonnées de sable, celle du milieu plus élevée que les deux autres »(*Dictionnaire de la noblesse* de La Chesnaye des Bois, art. *De Castellane*).
2. L. Lex, *Les Fiefs du Mâconnais*, p. 195. — L'acte de vente fut transcrit au greffe des hypothèques du bailliage de Mâcon, le 6 août suivant.
3. Basses-Alpes.
4. Ses parents s'étaient mariés en 1729.
5. Elle était née le 26 décembre 1732.

de Ménars, brigadier des armées du Roi, et d'Anne de Castéra de La Rivière. Un extrait du contrat passé par-devant Mᵉ Quinquet, notaire à Paris, les 4 et 12 octobre 1750, nous apprend que le futur reçut alors de son père, par avancement d'hoirie, 350,000 livres de dot, plus 12,000 livres « pour l'aider à acheter une partie des meubles et équipages qui luy [étaient] nécessaires [1] ».

Il fut successivement lieutenant d'infanterie au régiment du Roi, capitaine des gendarmes anglais, maréchal-de-camp, gouverneur des ville et château de Niort et des îles Sainte-Marguerite, chevalier d'honneur de Mᵐᵉ Sophie de France, marquis de Castellane et de Saint-Point, comte de Château-Thiers [2], baron de Conflans [3] et de La Bussière, seigneur de Nay, Nagu, Présentin, Neuville [4] et autres lieux. Il avait hôtel à Paris, rue de Vaugirard [5] puis de Grenelle [6], paroisse Saint-Sulpice.

Il eut de Charlotte-Louise Charron de Ménars : Louis-André-Boniface, né le 4 août 1758, qui épousa le 18 mai 1778 Adélaïde-Louise-Guyonne de Rohan-Chabot, née le 18 janvier 1761 ; — Esprit-Boniface-Henri, né en 1763.

Au mois de décembre 1780 M. de Castellane et sa femme demandèrent à être reçus à rendre au Roi les devoirs de fief, hommage et serment de fidélité qu'ils

---

1. Archives de Saône-et-Loire, B. 1379, 1, f⁰ 140 v⁰.
2. Il avait acquis Château-Thiers et ses dépendances, savoir Matour, Thelay, Saint-Pierre-le-Vieux, Nay, Nagu, Présentin, La Bussière et Ouilly, en 1765, moyennant 520,000 livres en principal et 10,000 livres de pot-de-vin. Voir L. Lex, *Les Fiefs du Mâconnais*, p. 95.
3. Conflans-Sainte-Honorine (Seine-et-Oise).
4. Seine-et-Oise.
5. En 1778. Archives de Saône-et-Loire, B. 1258, 2, audience du 7 mars 1778.
6. En 1780 et 1786. Archives de la Côte-d'Or, B. 11101 et Archives de Saône-et-Loire, supplément à la série E, famille De Castellane.

lui devaient « pour la partie noble en franc-aleu seulement, exception faitte des parties de roture » de leur marquisat, terre et seigneurie de Saint-Point[1]. Ils la reprirent de fief le 23 janvier 1781[2].

Le m{is} deCastellane

E.-Fr.-H. de Castellane [3].

M. le marquis de Castellane se fit représenter par M. le comte d'Escorailles, seigneur de Flacé-lès-Mâcon, à l'assemblée générale des trois ordres du bailliage de Mâcon qui se tint du 16 au 30 mars 1789[4].

Pendant la Révolution il fut un instant prévenu d'émigration mais, sur ses instances, le Comité de législation, par un arrêté du 24 thermidor an III, dont voici les principales dispositions, le raya des listes sur lesquelles il avait été porté et prononça la mainlevée du séquestre apposé sur ses biens.

« Le Comité de législation, en vertu de l'autorisation qui lui a été donnée par le décret de la Convention du 25 brumaire dernier et autres ultérieurs;

« Vu les pièces à l'appui de la réclamation du citoyen Esprit-François-Henri Castellane, ex-noble;

« Considérant que le réclamant a justifié de sa résidence sur le territoire de la République depuis le mois de janvier 1792 jusqu'au 29 pluviôse dernier;

« Considérant que le réclamant a obtenu du directoire du district de Chinon [5] un arrêté en date du 15 germinal dernier portant radiation de son nom

---

1. Archives de la Côte-d'Or, B. 11101.
2. L. Lex, *Les Fiefs du Mâconnais*, p. 195.
3. Archives de la Côte-d'or, B. 11101.
4. L. Lex, *Les Fiefs du Mâconnais*, p. 237.
5. Indre-et-Loire.

provisoirement de la liste des émigrés et mainlevée du séquestre mis sur ses biens, à charge par lui de justifier à l'administration de ce district, dans le délai d'un mois, de la totalité ou des parties d'une somme de 300,000 livres, montant d'un legs fait par son père à Jean-Armand Castellane[1], ci-devant évêque de Mandes, frère du réclamant;

« Considérant que ledit citoyen Castellane a justifié de la non-émigration de son frère, massacré sur la route de Versailles avec 48 autres prisonniers retirés des prisons d'Orléans[2], où ils avoient été traduits pour être jugés par la ci-devant haute cour nationale ;

« Considérant que depuis l'affiche et distribution de la liste des prévenus d'émigration faite le 17 thermidor an III il n'est parvenu aucune réclamation contre ledit citoyen Castellane ;

« Arrête que l'article de l'inscription des noms et biens du citoyen Esprit-Henri-François Castellane, ex-noble, sera et demeurera définitivement rayé tant sur la liste des émigrés du département d'Indre-et-Loire que sur la liste générale des émigrés et sur toute autre liste où il auroit pu pareillement être porté ; que le séquestre apposé sur ses biens meubles et immeubles sera levé, s'il n'est père d'émigrés ; qu'il sera réintégré dans le possession et jouissance d'iceux, et que le montant lui en sera restitué suivant le prix de la vente dans le cas où ils auroient pu être vendus en exécution des loix ; que tous fermiers,

---

1. Aumônier du Roi, vicaire général du diocèse de Reims, puis évêque de Mende (1767). Il est né à Pont-Saint-Esprit (Gard) et a été baptisé sous les prénoms de *Jean-Amand*, le 11 septembre 1733 (*L'Intermédiaire des Chercheurs et des Curieux*, 20 septembre 1897, col. 329). Lalanne (*Dictionnaire historique de la France*, 1877, in-8°, art. *Mende*) l'appelle *Jean-Arnaud*. Dans l'arrêté du Comité de législation on lit *Jean-Armand*. Ce serait le cas de paraphraser le *tot capita, tot sensus*.

2. Le 9 septembre 1792.

receveurs ou dépositaires, seront aussi tenus de lui restituer les sommes qu'ils auroient pu percevoir résultantes du produit desdits biens...»[1].

Louis-André-Boniface de Castellane, comte de Castellane, fils aîné d'Esprit-François-Henri, hérita de la seigneurie de Château-Thiers, qu'il reprit de fief le 7 janvier 1789[2], et **Esprit-Boniface-Henri de Castellane**, vicomte de Castellane, son fils puîné, eut la terre de Saint-Point, avec la ferme du Plâtre[3], qui faisait partie de l'ancien domaine de La Bussière, au partage de la succession de ses père et mère en 1799. « Arrêté comme suspect en même temps que son frère, en 1793, et mis en liberté après le 9 thermidor, il accepta la position d'homme politique qu'on lui faisait presque malgré lui et se mêla au mouvement des partis. Il était, en 1795, président de la section Lepelletier ; ce fut lui qui, le 13 vendémiaire, fit battre le rappel dans cette section et dans plusieurs autres pour lui faire prendre les armes et marcher contre la Convention. Condamné à la peine de mort par contumace, après la défaite des insurgés, il prit la fuite ; mais l'année suivante, le calme étant rétabli, il se constitua prisonnier, fut jugé contradictoirement et acquitté. En 1814, Louis XVIII le fit chevalier de Saint-Louis et de la légion d'honneur[4] ».

Il vendit ses biens au bout d'un an (1800), aux sieurs **Pierre Deville** et **Pierre Lacroix**, de Saint-Vincent-de-Reins[5], **Claude-Marie Sarquion**, d'Amplepuis[6], et **Antoine Lacharme**, de Matour.

---

1. Archives de Saône-et-Loire, L. — Registre des arrêtés du directoire du département relatifs au séquestre des biens des émigrés (10 fructidor an III). — Registres du district de Mâcon. Arrêtés du Comité de législation relatifs aux émigrés (24 thermidor an III).
2. L. Lex, ouvr. cité, p. 96. — C'est de lui qu'est fils le maréchal de Castellane, né en 1788, mort en 1862.
3. *Alias* des Plâtres, du Plat.
4. *Dictionnaire de la Révolution française*, p. Décembre-Alonnier, t. I., s. d., in-4°, p. 443.
5. Rhône.
6. Id.

Mais, à la requête d'un créancier, on procéda à une adjudication publique qui fut, le 10 février 1801, tranchée au tribunal de première instance de l'arrondissement de Mâcon en faveur de **Pierre de Lamartine**, ancien capitaine de cavalerie au régiment du Dauphin, chevalier de l'ordre de Saint-Louis, né et mort à Mâcon (21 septembre 1752-27 août 1840), marié à Françoise-Alix des Roys.

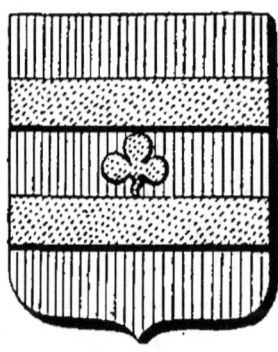   

De Lamartine [1].   De Glans de Cessiat [2].

Son fils aîné, **Alphonse-Marie-Louis de Lamartine**, le poète, né à Mâcon le 21 octobre 1790[3], marié

---

1. Armes : « de gueules à deux fasces d'or accompagnées en cœur d'un trèfle de même ». Dans ses cachets le poète substituait, nous ne savons pour quel motif, des bandes aux fasces.
2. Armes : « d'azur à trois flèches d'argent, au chef cousu de gueules chargé de trois glands d'or ». E. Révérend du Mesnil (*Lamartine et sa famille*, 1869, in-8°, p. 55), donne les mêmes armes, mais en renversant l'ordre des émaux.
3. Son acte de baptême (22 octobre 1790), a été publié, ainsi que ses actes de mariage (6 juin 1820) et de décès (1er mars 1869), dans *Le Conseil général et les Conseillers généraux de Saône-et-Loire (1789-1889)*, par L. Lex et P. Siraud, 1888, in-8°, p. 217. On trouve dans le même ouvrage la généalogie suivante de la famille de Lamartine :
Louis-François de Lamartine de Montceau, époux, en 1749, de Jeanne-Eugénie Dronier de Pratz, a six enfants : François-Louis de Lamartine de Montculot, non marié ; — Jean-Baptiste-François de Lamartine, prêtre ; — Pierre de Lamartine de Pratz ; — Sophie de Lamartine ; — Eugénie de Lamartine ; — Marie-Suzanne de Lamartine, chanoinesse du Villars.

à Marie-Anne-Elisa Birch[1], mort à Paris le 28 février 1869[2], eut Saint-Point en vertu de son contrat de

Alph. de Lamartine
A. de Lamartine [3].

mariage du 25 mai 1820 et en suite du partage que fit son père entre ses six enfants le 17 février 1830.

Pierre de Lamartine de Pratz, époux, en 1790, de Françoise-Alix des Roys, a également six enfants : Alphonse-Marie-Louis de Lamartine, le poète ; — Cécile de Lamartine, mariée à M. de Glans de Cessiat, d'où encore six enfants : Alix de Cessiat, mariée à M. Léon Michon de Pierreclos ; Céline de Cessiat, mariée à M. Foulques Chastelain de Belleroche ; Valentine de Cessiat, fille adoptive d'Alphonse de Lamartine ; Cécile de Cessiat, mariée à M. Charles de Beer, père de Mme Violot ; Alphonsine de Cessiat, mariée à M. Charles de Jussieu de Senevier ; Emmanuel de Cessiat ; — Eugénie de Lamartine, mariée à M. Bernard de Coppens d'Hondschoote, père de M. Auguste de Coppens d'Hondschoote ; — Césarine de Lamartine, mariée à M. de Vignet, père de Mme de Saint-Sulpice de Montfort et de M. Xavier de Vignet ; — Suzanne de Lamartine, mariée à M. Jean-Baptiste-François de Montherot, père de M. Pierre-Jean-Charles de Montherot ; — Sophie de Lamartine, mariée à M. Dupont de Ligonnès, père de Mmes de Prades et Quarré de Verneuil.

1. « Le 23 mai 1863, Madame de Lamartine, née Birch, administrée par M. Duguéry, curé de la Madeleine, à Paris, âgée de 74 ans, décédée l'avant-veille à Paris, a été inhumée au caveau du château de Saint-Point, avec les prières et selon le rit de l'Eglise, en présence des curés du canton et de quelques autres, de M. de Laguéronière, préfet de Saône-et-Loire, de MM. de Belleroche, de Cessiat, neveux de Mme de Lamartine, et de beaucoup d'autres nobles. Les voitures qui suivaient le char funèbre étaient au nombre de 18 ou 19. Les populations d'alentour se pressaient en foule. Dury, curé ». (*Registres paroissiaux de Saint-Point*).

2. « Le 4 mars 1869, Marie-Louis-Alphonse de Lamartine, muni des sacrements de l'Eglise, décédé à Paris le 28 février, âgé de 78 ans, veuf, en premières noces, de Elisa-Marianne Birch, fils de feu Pierre-Alphonse de Prat et Alix des Roys, a été inhumé à Saint-Point avec les prières et selon le rit de l'Eglise, en présence des curés du canton, des membres de de la famille, de M. Ollivier, etc. L'Académie avait ses représentants, venus de Paris. Une foule extraordinaire du Mâconnais et des paroisses voisines assistait aux funérailles... Dury, curé ». (*Registres paroissiaux de Saint-Point*).

3. Archives de Mâcon, *passim*.

Le testament de Lamartine, en date du 1er juillet 1863, avait institué sa légataire universelle, **Mlle Valentine de Cessiat de Lamartine**, sa nièce, troisième fille de sa sœur aînée Cécile, qui avait épousé M. de Glans de Cessiat. Elle fut envoyée en possession de ce legs le 10 mars 1869. L'acceptation sous bénéfice d'inventaire entraîna une vente par autorité de justice, et à l'audience des criées du tribunal civil de la Seine, du 24 août 1870, Mlle Valentine de Cessiat de Lamartine resta adjudicataire de Saint-Point[2].

De Montherot [1].

A la mort de Mlle Valentine de Lamartine (16 mai 1894)[3], le château revint, en vertu de son testament, à ses trois nièces, **Mlle de Belleroche**, fille de Céline de Cessiat, mariée à M. Foulques Chastelain de Belleroche, **Mme Violot**, fille de Cécile de Cessiat, mariée à M. Charles de Beer, conservateur

---

1. Armes : « de gueules à l'aigle d'argent essorant d'un mont de trois coupeaux de même, le vol étendu, regardant un soleil d'or mouvant de l'angle dextre au chef de l'écu, une étoile d'argent à l'angle senestre ».

2. Tous les renseignements ci-dessus sont tirés de l'album que nous avons publié sous le titre de *Lamartine, souvenirs et documents*, à l'occasion du centenaire de la naissance du poète, 1890, in-4°, p. 16.

3. « L'an de Notre Seigneur 1894, le 21 du mois de mai, Madame Valentine de Gland de Cessiat de Lamartine, nièce de M. de Lamartine et propriétaire du château de Saint-Point depuis la mort de son oncle, décédée le 16 courant à Paris, rue Saint-Philippe-du-Roule, 8, après avoir reçu les sacrements de l'Église, a été inhumée par nous soussigné, curé de Saint-Point, avec les prières et cérémonies de l'Église, en présence de MM. Deshayes, curé de Tramayes, Perrotin, curé de Saint-Pierre de Mâcon, Janin, curé de Bourgvilain, et Foyal, curé de Marcilly-la-Gueurce. Buttet, curé ».(*Registres paroissiaux de Saint-Point*).

des forêts, et **Mlle de Senevier,** fille d'Alphonsine de Cessiat, mariée à M. Charles de Jussieu de Senevier.

Il leur fut racheté, le 19 novembre 1894, par **M. Pierre-Jean-Charles de Montherot**.

VI

Le Château.

La partie orientale du château de Saint-Point, comprise entre les deux tours rondes qui commandent le cours de la Valouze, remonte seule au moyen âge. Elle forme encore une masse assez imposante bien qu'elle ait été remaniée à diverses époques et découronnée en 1789.

De l'histoire ancienne du château nous ne savons qu'une chose, c'est qu'il fut assiégé et pris par les Français en 1471. Au mois de novembre de cette année-là, en effet, les habitants de Mâcon délibérèrent « qu'il [convenoit] faire meilleur guet et garde en icelle ville que jamays, car les ennemys ont tant fait qu'ilz ont prinses et occuppées toutes les villes et chasteaulx dont ladicte ville estoit environnée et qu'estoient barrières et frontières d'icelle, comme Leynne, Les Tours et Vinzelles, que sont du costé du Lyonnoys et Beaujoloys, aussi Cluny, Lordon, Botavant, La Buxière, Saint-Point, que sont de l'autre des costés, affrontant sur ledict pays de Beaujoloys [1] ».

Les dénombrements de la seigneurie nous indiquent sommairement ce qu'était le château à la fin du XVIIe siècle et au commencement du XVIIIe. Celui de 1682 dit qu'il y avait « chasteau et maison

---

1. Archives de Mâcon, BB. 18, f° 185.

forte, avect cours, escuries, granges, bassecours, jardin et pourpris »; dans celui de 1723 on lit : « château et maison forte flanquez de quatre tours, au milieu duquel chasteau est un corps de logis, une cour, escuries et autres bâtiments, ledit château clos de murailles à créneaux, un jardin et verger avec un colombier du côté de matin ».

(Gravure ancienne).

Le Château vers 1820 (façade est).

Comment tout cela était-il alors meublé ? De rien, à en juger par l'inventaire dressé le 11 avril 1660 au décès de Claude de Rochefort d'Ally. Le greffier du bailliage de Mâcon qui s'y rendit pour procéder à cette opération, trouva sur les lieux le sieur Guillaume Guillet, marchand à Saint-Point et fermier de la seigneurie, qui lui déclara « que dans le chasteau il n'y a aucuns meubles, papiers et effectz de ladicte hoirie, sy ce n'est quelques vieulx bois de lietz et garderobes à l'enticque ».

Et le greffier ajoute : « Estant entré dans la chambre où couchoit ledict deffunct, qui a sa veue par des fenestres du costé de matin, ne s'y est treuvé qu'un vieulx buffet sans serrure ny aucune chose dedans.

« Et à costé de ladicte chambre de bize y a un cabinet qui s'est treuvé fermé à clefz. Ouverture en faicte, ne s'y est aussy treuvé qu'un meschant buffet sans serrure où il n'y a pareillement aucune chose.

« En la chambre jaulne joignant celle dudict deffunct s'y est treuvé un vieulx bois de lict et une meschante couchette sans garniture.

« Entré dans la salle dudict chasteau et dans une petite chambre joignant icelle costé de vent, ne s'y est treuvé que quelques vieulx meubles que ledict Guillet a assuré luy appartenir.

« Dans les greniers dudict chasteau et chambres contiguës s'y est treuvé quantité de bled froment, seigle, avecques febves et autres graines, plusieurs lardz sallés, que le tout ledict Guillet a affermé luy appartenir.

« En la cuizine, qui a son entrée proche le degré à main gauche, y a quelques meubles et utancilz que ledict Guillet a aussy dict luy appartenir.

« Dans les escuries estans dans la cour dudict chastel et grange joignant icelluy, s'y est treuvé quantité de bestail bouvin et quelques chevaux, qu'il a aussy dict luy appartenir[1] ».

Cette étrange pauvreté, on pourrait presque dire cette absence totale d'ameublement dans le château, n'a pas dû persister à la fin du XVIIe siècle ni au cours du XVIIIe, alors que les seigneurs y faisaient de fréquentes et longues résidences et qu'ils y entretenaient une « maison ». Les anciens registres parois-

---

1. Archives de Saône-et-Loire, B. 1274, 81.

siaux nous les montrent souvent signant en qualité de parrains et de marraines des enfants de leurs sujets. Nous y avons pu trouver également les noms d'un familier, Mre Augustin-Ancelin de Belloy en 1766[1], et de quelques « gens », Mre Michel Henry, « aumônier de M. le comte et de Mme la comtesse » en 1681[2], Mre François Desthieux, « aumônier du château » en 1768[3], Jean Raulhac, « précepteur » en 1666[4], Etienne Astruc, dit *Duparc*, « officier de la maison de M. le comte » en 1682[5], Jean-Baptiste Paulliac, « intendant de M. le marquis » en 1735[6], Félicité Martin, « femme d'honneur de Mme de Saint-Point » en 1770[7], etc.

Le château fut dévasté par les habitants, le jeudi 30 juillet 1789. Les documents relatifs à ce déplorable événement ne manquent pas, et nous croyons qu'on en lira volontiers les principaux passages, dans lesquels nous avons eu soin de supprimer les longueurs et les redites.

D'après l'information ouverte le 26 août par M. Jean Delaye, « conseiller du Roi aux bailliage et siège présidial, commissaire assesseur cette part en la maréchaussée[8] du Mâconnois », voici comment les choses se seraient passées.

---

1. « Le huitième jour de mars 1766 a été inhumé dans le tombeau de M. le marquis de Saint-Point Mre Augustin-Ancelin de Béloy, écuyer, demeurant depuis longues années dans notre paroisse de Saint-Point, mort au château, muni des sacremens, âgé de 77 ans... Guilloux, curé ». (Archives de Saint-Point, GG. 4).
2. Archives de Saint-Point, GG. 1, 5 novembre.
3. Id., GG. 4, 12 juillet.
4. Minutes des Mes Guillet (30 mars 1666).
5. Archives de Saint-Point, GG. 1, 16 février.
6. Id., GG. 3, 5 septembre.
7. Id., GG. 4, 11 février.
8. Par une déclaration donnée à Versailles le 21 mai 1789 le Roi avait attribué la connaissance des émeutes aux prévôts des maréchaux. (Archives de Saône-et-Loire, B. 1717, 1).

Etienne Bruys[1], négociant à Saint-Point et fermier de la seigneurie, âgé de 50 ans environ, interrogé le premier (20 septembre), déposa que « le 30 juillet, à une heure après-midi, tous les habitans, vignerons, grangers et manœuvres de la parroisse de Saint-Point, assemblés au son de la cloche qui n'avoit cessé de sonner depuis neuf heures du matin, se rendirent sans aucun mélange d'étrangers au château dudit Saint-Point occupé par lui déposant, forcèrent d'abord la porte de la cour, puis celle de l'entrée du château, découvrirent totalement les tours et défirent la charpente, endomagèrent considérablement le toit du corps du château, découvrirent la volière[2], en brisèrent la porte, saccagèrent les croisées du château ainsi qu'une partie des meubles qu'il contenoit appartenans au déposant, brisèrent la porte de fer du cabinet des archives et saisirent tous les papiers, qu'ils vouleurent brûler dans une chambre avec ceux du témoin, pour laquelle opération ils firent même apporter du feu sur la pêle de la cuisine par Pierre Perrachon qui, rencontré heureusement par le témoin lui livra ladite pêle, après quoi, le feu reporté dans la cuisine par le nommé Dailly, le déposant ne pouvant obtenir de ces furieux que ses papiers et ceux du seigneur ne fussent pas brûlés, obtint du moins qu'ils ne le fussent que hors de la cour du château ; remarqua pour chefs à la bande, Jean, fils de George Chantin, Philibert Peissau, Joseph et André Dumonseau, Philibert Davail dit *Boidat*, le compagnon de Jean Peissau, tissier, Jean Martin du village de La Roche, Antoine Delorme, fils aîné de Jacques,

---

1. Fils d'Emilian Bruys, négociant à Mazille, frère de Gilbert Bruys de Charly, avocat en Parlement, et père de Gilbert-Casimir Bruys, né à Saint-Point le 3 janvier 1786, y baptisé le 4. (Archives de Saint-Point, GG. 5).
2. Colombier.

collecteur, Fouilloux, fermier de M. Dumolin, de Cluny, qui s'empara des terriers, Philibert Périer, habitant, qui non content d'avoir fait beaucoup de dégâts dans l'intérieur, vouloit mettre le feu aux bois qui étoient au-dehors du château, qu'au reste ces gens-là n'étoient que des plus coupables, mais que tous les autres du lieu les aidoient, à cela près peut-être de sept à huit particuliers, dont encore les domestiques y étoient; ajouta que Jean Chantin, qui avoit les jours précédens paru dans d'autres bandes, pour voir comment cela se passoit[1], disoit qu'il y avoit cent francs d'amende pour ceux qui ne marcheroient pas, propos d'autant plus incendiaire que, son père ayant été député à l'assemblée baillivale, il y donnoit du poids en disant qu'il savoit bien quelque chose ; dit encore que le bruit s'étant répandu pendant l'opération qu'il arrivoit du secours de Cluny, la bande eut la précaution de poster différentes sentinelles pendant que le surplus travailloit, et que les factionnaires étoient commandés par le nommé Janin, de Bourgogne, parroisse dudit Saint-Point. Furent les domestiques du déposant obligés de s'enfuir à raison des menaces qu'on leur fit ; la cuisinière même fut frappée par Philibert Dumonceau qui, ainsi que son frère et ledit Jean Chantin, menacèrent le déposant lui-même. Ces furieux vouloient absolument brûler le château et ne s'en abstinrent d'abord [qu']en disant qu'ils reviendroient y mettre le feu dez que la bize auroit cessé, et sur ce qu'on leur fit observer que le vent du nord porteroit les flammes sur l'église et la cure, et qu'ils seroient obligés de la rebâtir ; qu'enfin ils

---

1. On sait que près de 120 châteaux ou maisons du Mâconnais furent brûlés, démolis ou saccagés dans l'espace de quelques jours. Voir Archives de Saône-et-Loire, B. 1717 et 1718, et H. Gloria, *Le Brigandage dans le Mâconnais* dans *Annuaire de Saône-et-Loire pour 1878*, p. 28.

ne cessèrent les dégâts et ne s'en furent vers les six heures du soir que lorsque les parroisses de Tramaye, Serrière et Pierreclos réunies furent venues donner secours au déposant. Ajoute qu'il estime 4,000 livres les dégâts qui le concernent, sans y comprendre ce qui lui revenoit en sa qualité de fermier sur le terrier brûlé, signé *Moreau*, et auquel d'autres emportés par le régisseur le jour même de l'attroupement pourront supléer, et que quant aux dégâts faits au compte du seigneur il n'est pas en état de les arbitrer[1] ... »

Joseph Tarlet, domestique du sieur Bruys au château de Saint-Point, âgé de 21 ans, interrogé le 26 septembre, déposa « que... les habitans... s'étant assemblés, vinrent saccager le château, que lui déposant s'étant entendu menacer violemment par Jean Chantain, à raison de ce qu'il avoit amassé la dixme et pris à témoin du refus dudit Chantain de la payer, et craignant pour sa vie, n'osa se tenir dans ledit château, et ne vit point qui y comettoit des dégâts, mais vit sur les toits travailler les frères Dumonceau, Antoine Delorme, André Peisseau et Jean Martin, qu'il vit encore lesdits Dumonceau prendre au collet le sieur Bruis, et menacer de le fraper, à raison de ce que, disoient-ils, il avoit enlevé les terriers, qu'il fut cependant brûlé des papiers dans la cour, mais ne vit le déposant par qui ; qu'il entendit un nommé Périer père, de La Chanal, vouloir faire mettre le feu dans les bois de moule[2] avoisinant ledit château, ce qui cependant ne fut pas fait ; reconnut pour chefs à la bande Jean Chantain et les deux frères Dumonceau, à raison de ce qu'ils commandoient la besogne[3]... »

---

1. Archives de Saône-et-Loire, B. 1717, 64, p. 273.
2. Bois débité.
3. Archives de Saône-et-Loire, B. 1717, 64, p. 305.

Pierre Delaye, domestique au château de Saint-Point, âgé de 20 ans, interrogé le même jour, déposa « que... les gens de Saint-Point se réunirent pour saccager le château ; que les couverts furent entièrement endomagés, les portes et les fenêtres brisées, de même que les meubles ; qu'il remarqua pour les plus acharnés des travailleurs les deux fils d'Antoine Delorme, Jean Martin, Jean Chantain et les frères Dumonceau, mais que les trois derniers, et surtout les Dumonceau, commandoient la besogne et menaçoient de fraper ceux qui ne s'en mêloient pas, après être montés sur les toits ; que Jean Chantain disoit : *Travaillez, Messieurs, vous ne risquez rien ; je répons de tout*[1]... »

Marie Chagny, domestique au château, âgée d'environ 20 ans, interrogée le même jour, déposa « que les gens de Saint-Point [avoient] saccagé le château dudit lieu ; qu'à leur tête ils avoient les frères Dumonceau et surtout Jean Chantain, qui ne cessa d'y donner des ordres, que tous y travaillèrent avec ardeur, mais surtout les trois qu'elle [venoit] de nommer, et les fils d'Antoine Delorme ; qu'elle vit encore Pierre Perachon porter du feu pour brûler les papiers dans la chambre du fermier, ce qui cependant n'eut pas lieu, et quelques instans après lesdits papiers furent brûlés dans la cour[2]... »

Félicité Martin[3], fille majeure, bourgeoise, demeurant au château, âgée de 62 ans, interrogée le 28 septembre, déposa que « tous les habitans de la parroisse de Saint-Point s'étant assemblés au son de la cloche qu'avoit fait sonner, à ouï dire la déposante, George Chantin et Benoît Baudat, ces gens se rendirent à la cour du château, où trouvant

---

1. Archives de Saône-et-Loire, B. 1717, 64, p. 306.
2. Id., *ibid.*, p. 307.
3. C'était l'ancienne « femme d'honneur de Mme de Saint-Point ».

la déposante et le sieur Bruys, ils tinrent les propos les plus menaçants à ce dernier, en lui disant : *B[ougre], vous étiez maître hier, mais nous le sommes aujourd'huy. Vous avez laissé enlever les terriers, mais nous allons saccager tous vos effets et brûler le château* ; que ces propos furent tenus par Joseph Dumonceau, qui parut à la tête de la bande ; qu'à l'instant on dressa des échelles au-devant du château et que ce fut encore ledit Joseph Dumonceau qui le premier monta sur le toit ; que beaucoup d'autres l'y ayant suivi, les quatre tours furent totalement découvertes et le corps de logis du centre le fut en partie ; l'intérieur du château fut entièrement saccagé, les papiers brûlés hors d'icelui, mais ne peut la déposante remarquer les auteurs de ces différens dégâts, vu que dez le commencement plus morte que vive elle étoit hors d'elle. Revenue un peu sur le soir, elle remarqua, quand les dégâts furent achevés et que même la bande fut retirée, André Peisseau, qui, picqué d'un procès qu'il avoit perdu pour fait de chasse, menaçoit hautement de mettre le feu au château. N'a remarqué la déposante dans la bagard ni George Chantin, ni Jean, son fils, à raison du trouble et de l'émotion dont elle nous a parlé. A cependant ouï dire qu'ils y étoient, et sçait que le bruit public dans le païs est qu'à raison de la députation qu'avoit eu ledit George à l'assemblée baillivale de cette ville, du crédit qu'elle lui donnoit auprès des autres habitans, et de l'assertion qu'il leur faisoit, ainsi que Jean, son fils, qu'ils avoient de bons ordres, ce sont eux seuls qui, à l'aide de cinq à six autres, ont soulevé la parroisse. Même le fils forçoit la pluspart des habitans chez lesquels il se rendoit pour les menacer de faire saccager et brûler tout chez eux s'ils ne venoient à l'assemblée [1]…»

---

1. Archives de Saône-et-Loire, B. 1717, 64, p. 338.

Une bande d'environ 300 habitants de Pierreclos, Serrières et Cenves, qui avait à sa tête le sieur Guillet, huissier royal audit Pierreclos, descendit de Tramayes vers quatre heures et mit fin aux scènes de désordre dont le château était le théâtre[1]. « Agréez, s'il vous plaît, écrivait Bruys à Guillet, le 2 août, mes sincères remerciments du service essentiel que vous m'avez rendu jeudy dernier, de venir à mon secours, ainsi que une partie des habitants de Pierreclos, Serrière et Tramaye. Sans vous j'étois un homme perdu ; on finissoit de périr tout ce que j'avois. On vouloit détruire totalement le château et

---

1. Cette bande ne paraît pas avoir joué à Tramayes le même rôle qu'à Saint-Point. Qu'on lise plutôt : « Aujourd'huy 1ᵉʳ août 1789, au comité séant à l'hôtel de ville de Mâcon, se sont présentés sieur Pierre Viviant et sieur Eloy Loizel, brigadier et employé aux crues [du sel] du Mâconnois, lesquels après avoir prêté serment de dire vérité ont déclaré que le jour d'hier, sur les deux heures après midy, au bourg de Tramayes, où est établie leur caserne dans la maison du sieur Provillard, sont arrivés environ 300 hommes des paroisses de Cenves, Serrières et Pierreclos, à la tête desquels étoit le sieur Guillet, huissier à Pierreclos, le nommé Charvet, aubergiste à Pierreclos, le nommé Revillon, tanneur à Pierreclos, le nommé Courly (Corlier), vigneron de la paroisse de Pierreclos, lesquels ont abattu et dévasté absolument leurs casernes, ont absolument brisé tous les meubles, les bois de lit, se sont emparé des hardes, des effets, des armes et généralement de tout ce qui appartenoit à la brigade, qu'ils ont coupé à coups de haches et de ciseaux, ont arraché une croix d'or au col de la femme dudit sieur Loizel, ont donné à cette femme un coup du sabre du sieur Viviant dont ils s'étoient emparés, lequel sabre étoit dans son fourreau, et n'ont laissé auxdits sieur Viviant et Loizel, ainsi qu'aux autres employés, que les vêtements qu'ils avoient sur leur corps ; ajoutent que la même troupe a mis à contribution M. le curé de Tramayes, M. Bruys, notaire à Tramayes, M. Leclerc, notaire et procureur fiscal ; le sieur Chambard, fermier du château, a abattu les girouettes et a mis à contribution le fermier du château de La Rolle ; et ont ouï dire lesdits sieurs que la même troupe a dévasté le château de Saint-Point. Lecture faite de la présente déclaration, lesdits sieurs l'ont déclarée sincère et véritable, ont dit que les autres employés pourroient en déposer. Et ont signé : *Viviant, Loizel* ». (Archives de Saône-et-Loire, B. 1717, 51).

finir d'y mettre le feu. Jamais je ne pourrai vous témoigner toute ma reconnoissance ainsi qu'à tous ceux qui étoient à votre compagnie[1]... »

Le 7 août, M⁰ François Dufour, notaire à Clermain, et M⁰ Jean-Baptiste Barraud, notaire à Tramayes, vinrent constater les dégâts. M. Bruys leur fit le récit de la journée du 30 juillet : « Environ une heure après midy la presque totalité des habitants seroit arrivée au château, un grand nombre étant armés de fusils, les autres de fourches, de coignées, de volants, de presses de fer et autres instruments de ce genre, et luy auroient demandé la délivrance des terriers et papiers du seigneur, et que s'il en faisoit refus, ils metteroient le feu au château. Sur quoy ledit sieur Bruys leur auroit observé qu'il n'avoit jamais eu la disposition des archives, qu'ils sçavoient que la clef étoit entre les mains de M. Rambot, fondé de pouvoir et principal agent de M. le marquis de Castelanne, qu'il offroit de le faire avertir de leur présence au château et du sujet de leur demande. Lesdits habitants luy auroient répliqué qu'il avoit en son pouvoir le terrier contenant les dernières reconnoissances qu'ils avoient faittes au proffit dudit seigneur et qui faisoit son titre pour la perception annuelle des servis, qu'ils vouloient l'avoir sur-le-champ. Ledit sieur Bruys leur ayant observé que sa qualité de fermier et de dépositaire ne luy permettoit pas d'acquiescer à leur demande, aussitôt les uns se sont mis en action pour enfoncer la porte de fer qui fermoit les archives, d'autres celles d'un armoir placé dans la grande salle, où étoit le terrier confié audit sieur Bruys pour faire la recette, de même ses livres de compte, journaux et autres papiers ; que lesdits habitants s'étant emparés de tous les papiers qui étoient dans

---

1. Archives de Saône-et-Loire, B. 1717, 61.

lesdittes archives et dans l'armoir dudit sieur Bruys, ils s'étoient mis en devoir de les brûler dans un des appartements, et que sur les instantes prières dudit sieur Bruys ils les avoient transportés et brûlés sur la place en avant du château.

« Dans les papiers appartenants audit sieur Bruys il déclare qu'il y avoit un livre contenant les comptes particuliers des ventes de la coupe qu'il fait annuellement dans les bois dépendants du château, et qu'il peut luy être dû par divers de la somme de 1,200 à celle de 1,500 livres...

« Déclare pareillement qu'il luy est dû des redevances seigneurialles par divers particuliers qui n'ont jamais compté avec luy depuis le commencement de son bail et dont il n'a jamais rien reçu, et que d'autres luy doivent des portions d'arrérages des mêmes redevances...

« Qu'après que lesdits habitants eurent brûlés les titres et papiers dudit seigneur de Saint-Point et ceux dudit sieur Bruys, ils rentrèrent dans le château et se mirent, les uns à briser ses meubles, et les autres montèrent sur les toits qu'ils découvrirent et brisèrent la charpente et les thuiles de toutes les tours du château, des principaux corps de logis, brisèrent la porte d'entrée du château et autres qui faisoient la sureté de l'intérieur, les vitres et les châssis à verre de toutes les fenêtres, au moyen de quoy ledit sieur déclare qu'il ne peut plus veiller à sa sureté personnelle, à celle de sa famille et à la conservation des meubles indispensables pour leur usage journalier, que pour le surplus qui n'a pas été brisé il l'a déposé dans la chapelle de l'églize qui appartient au seigneur de Saint-Point, mais afin que les habitants ne puissent pas nier la vérité du dommage qu'ils ont fait dans les meubles dudit sieur Bruys, il nous auroit conduit dans les divers appartements cy-après...

« 1° Dans la grande salle qui règne sur les caves, nous avons trouvé les débris de 18 chaises tant en bois que paille, deux grandes tables, un buffet, deux pots à eau et deux petits pots à fleur, tous lesdits meubles hors de service et ne pouvant être réparés.

« 2° Dans une chambre au midy de laditte salle, une petite table, un grand fauteuil ver en tapisserie, un fauteuil et six chaises en paille, un tableau, un miroir, un pot à eau avec sa cuvette, le tout dégradé comme cy-devant, une commode à trois tiroirs considérablement endommagés.

« 3° Dans une autre chambre au nord de laditte salle, la garniture du feu, un grand fauteuil en tapisserie de points, un miroir ordinaire de toilette, une glace de 18 pouces d'hauteur sur 16 de largeur, un pot à eau avec sa cuvette, deux tiroirs d'une commode et le dessus de laditte commode, une petite table, six chaises et un fauteuil en paille dégradés comm' au premier article, les deux lits en draps jaunes jettés par la fenêtre, une des tringles forcée.

« 4° Dans un cabinet de toilette attenant, une table, une chaise, une paile à feu, brisées comm' au premier article.

« 5° Nous a dit ledit sieur Bruys que les habitants de Saint-Point auroient alors suspendu le dégât qu'ils commettoient dans le château même et sur ses meubles, et qu'ils l'auroient forcé à leur délivrer du vin, qu'ils en ont bu trois pièces, et mangé tout le pain qui étoit dans la maison, qui pouvoit former une demye asnée de bled.

« 6° Qu'ensuite ils ont montés au second étage, où ils ont brisés toutes les chaises qui étoient dans les appartements, enfoncé les panaux, les portes des armoirs.

« 7° Dans une chambre un peu plus élevée, dont la fenêtre est au couchant, ils ont brisés la corniche d'un armoir et entierrement un autre armoir, des bouteilles et autres vases servants à mettre de l'huile et du bœur.

« 8° Etant dans les greniers ledit sieur Bruys nous a déclaré qu'ils avoient défoncés deux tonneaux de noix, et nous avons remarqué qu'il y en avoit à peine actuellement un seul tonneau. Il nous a pareillement déclaré que le linge salle de toute sa maison étoit déposé dans ses greniers et qu'ayant été dispersé dans les greniers et y en ayant eu de jetté par les fenêtres, ainsy que les lits dont il est parlé cy-devant, il luy est impossible de vériffier la perte qu'il a pu subir dans cette partie de son mobilier, et qu'il a fait déposer ce qu'il a pu dans la chapelle de l'églize.

« 9° Déclare que les fourches en fer, pailes, pioches, coignées et autres ustanciles de cette nature qui étoient dans l'intérieur du château, dans les écuries et dans la cour ont été en partie enlevés.

« 10° Déclare qu'ils ont pareillement brisés trois clochettes qu'il avoit fait poser dans l'intérieur du château.

« 11° Qu'il avoit déposé huit chards de foin dans la grande tour attenant aux écuries, que cette tour étant entierrement découverte sans qu'il y reste une seule thuile et tous les décombres étant sur le foin il le considère comme perdu tant à cause des décombres que par la première pluye qui surviendra, étant donné l'impossibilité de le mettre à l'abri, attendu qu'il ne reste dans le château aucun endroit qui ne soit découvert en tout ou partie...

« Enfin que les meubles qui restent dans ledit château sont exposés à être mouillés ou enlevés puisqu'il n'existe ny portes ny fenêtres et que les toits sont découverts en tout ou en partie ; faisant en outre ledit sieur Bruys des réserves de faire une plus ample déclaration, dans le cas où il remarque-

Le Château vers 1840 (façade est).

roit qu'il luy auroit été enlevé d'autres effets et que le trouble d'un attentat aussi horrible ne luy a pas encore permis de remarquer ; de même qu'il constatera particulièrement envers chaque habitant le refus de luy payer la dixme, afin que le seigneur de Saint-Point ne puisse pas l'accuser d'avoir laissé périr ses droits et qui font l'objet de son bail[1]... »

Pendant que le notaire constatait les dégâts, un détachement de cavaliers de la milice bourgeoise de Mâcon, composé de onze volontaires[2] sous les ordres du capitaine Blondel (Etienne), envoyé le matin même par le comité permanent de l'hôtel de ville dudit Mâcon, vint pour « faire perquisition des auteurs » de l'émeute. M. Bruys dénonça comme « chefs de l'attroupement de Saint-Point, Jean, fils aîné de Georges Chantain, électeur de cette paroisse, lequel avoit fait sonner la cloche et assembler la paroisse, à laquelle il avoit fait défenses de payer la dîme, les deux fils aînés de Jacques Delorme, demeurant au hameau de La Roche; qui avoient été les premiers à découvrir les toits avec Philibert et Joseph Dumonceaux, du hameau de Joux et de Vers-Ville, qui avoient été les plus acharnés à briser les meubles et à abattre les toits, Jean Martin et André Paisseaud, et le compagnon de Jean Paisseaud, François Lapalus, du hameau des Prost, qui faisoit la garde avec un fusil pendant qu'on saccageoit le château, buvoit dans la cour, le nommé Daval dit *Boidat*, qui rassembloit les habitants dans les hameaux, Joseph Bleton, Vincent Passot, Benoît Gachot, Jean Toutems, Pierre et Joseph Fouilloux, Benoît Luquet, Antoine Paisseaud, Mathieu Delaye, le nommé Point et le nommé Corsin, tous acharnés

---

1. Minutes de l'étude de Mᵉ Tarlet, notaire à Clermain.
2. C'étaient les nommés Buy, Milliet, Lanier, Trambly, Bleton, Aubertin, Raquillet, Lavenir le jeune, Rivaud, Robert fils et Bonne.

à détruire et à ravager le château ». Le capitaine Blondel procéda, séance tenante, à l'arrestation de François Lapalus et de Joseph Bleton connu sous le nom de Joseph Fouilloux [1].

Avant eux, le surlendemain du 30 juillet, le nommé Pierre Perrachon, âgé d'environ 42 ans, natif de Leynes, manœuvre à Saint-Point, s'était déjà fait arrêter à Mâcon, par la garde bourgeoise, dans un cabaret du faubourg de la Barre. Amené devant le comité de l'hôtel de ville le même soir à 9 heures (1er août), il avoua avoir pris dans le cabinet du seigneur la valeur d'environ deux petites voitures de papiers et les avoir portés dehors pour les brûler [2].

Le 22 août il comparut devant M. Delaye, chargé, nous l'avons dit, d'instruire l'affaire, et « il déclara que c'était dans le cabinet des archives qu'il avait trouvé les papiers du seigneur, mais que les terriers avaient déjà été enlevés le matin même, sans quoi les habitants n'eussent fait aucun mal au château, qu'il trouva ouverte la porte en fer de ce cabinet et tous les papiers épars çà et là sur les carreaux, qu'il en prit deux petites brassées et les porta près du château dans l'intention qu'il avait, ainsi que tous les autres habitants, de les brûler ; que celui qui lui donna l'ordre d'aller chercher du feu est un nommé François Périn habitant lieudit *Vers le Prau*, et qu'à l'égard des chefs c'étaient le fils aîné de George Chantain, Jean Martin, André Peisseaux et quelques autres qui dirent à Chassagne, collecteur [3], de faire sonner le tocsin, afin d'assembler la parroisse [4] ».

Le même jour fut interrogé par M. Viard, conseiller au bailliage, François Lapalus, âgé d'en-

---

1. Archives de Saône-et-Loire, B. 1717, 15.
2. Id., *ibid.*, 99.
3. Collecteur des impôts.
4. Archives de Saône-et-Loire, B. 1717, 71.

viron 40 ans, laboureur de Saint-Point, détenu aux prisons de Mâcon, qui nia formellement avoir monté la garde, armé d'un fusil, à la porte du château, pendant qu'on en saccageait l'intérieur, et prétendit avoir été le 30 juillet, de 5 heures du matin à 6 heures 1/2 du soir chercher une voiture de tuiles à la tuilerie de Bourgvilain [1].

Le lendemain, 23 août, fut amené devant M. Viard, Joseph Bleton, âgé d'environ 40 ans, manœuvre de Saint-Point, également détenu. Il déclara que la veille du 30 juillet « il étoit occupé à moissonner, lorsqu'on vint l'avertir qu'il falloit s'assembler pour repousser les ennemis, qu'il accourut au bruit, malgré l'opposition de sa femme qui disoit qu'on le tueroit, que lorsqu'il parvint au chemin, plusieurs des habitans s'étoient déjà rassemblés et avoient été du côté de Tramaye, qu'il en rencontra quelques-uns qui revenoient déjà, qu'on lui dit qu'on avoit reçu des lettres qui annonçoient l'arrivée d'une brigade d'ennemis qui devoient tout écraser, qu'on lui ajouta que si le lendemain il entendoit sonner le tocsin il falloit se rassembler pour défendre la paroisse ; entendit dire encore qu'on avoit reçu des ordres pour abbattre les girouettes et démolir les châteaux, et que ceux qui se refuseroient à ces ordres seroient pris et emmenés par la brigade de Mâcon... »

En ce qui est de la journée du 30, il dit ne s'être rendu au château « que sur les quatre heures et demi ou cinq heures, qu'alors il étoit déjà dévasté et que les habitans qui y étoient encore ne faisoient plus aucun mal, étant assis dans la cour et [les] jardins ; qu'il vit le sieur Bruys, fermier dudit château, qui se promenoit en essuyant des larmes sans rien dire à personne, [et] que prenant part à sa douleur [il] se retira sans pouvoir lui parler [2] ».

---

1. Archives de Saône-et-Loire, B. 1717, 75.
2. Id., *ibid.*, 89.

Ces arrestations n'avaient pas complètement calmé l'effervescence populaire, car le 30 août M. Durand, curé de Montagny-sur-Grosne, écrivait à Claude Ramboz, procureur d'office du comté de Château-Thiers, de la baronnie de La Bussière et de la seigneurie de Saint-Point, qu'un particulier de Saint-Léger-sous-la-Bussière « [s'opiniâtrait] à lui soutenir qu'on est en droit d'exiger et les communes[1] et les terriers dont les seigneurs sont en possession, et qu'en conséquence la parroisse [étoit] décidée à s'assembler au plutôt pour aller lui en faire demande, et que ceux de Saint-Point leur [avoient] promit de se joindre à eux quand ils voudront[2]... »

Pris de peur Ramboz vint à Mâcon, le 2 septembre, et se présenta à l'hôtel de ville devant les officiers municipaux et les membres du comité, auxquels il déclara « qu'à Saint-Point différents particuliers [tenaient] des propos séditieux et [fomentaient] une nouvelle insurrection, qu'entre ces différents particuliers sont André Paisseau, manœuvre, le nommé Chassaigne, faisant la profession d'expert, le fils aîné de Georges Chantin, habitant du village de Joux, les frères Dumonceau, manœuvres, et autres de la paroisse de Saint-Point, contre les menaces desquels et pour la sûreté publique il [sollicitait] la vigilance du ministère public[3]... »

Et il complétait sa dénonciation le 4 et le 9 dans les lettres suivantes adressées de Château-Thiers à son ami, M. Rivet, commissaire en droits seigneuriaux à Mâcon :

« Mardy dernier ne m'ettant pas resouvenu de tous les noms de ses célérats de Saint-Point qui étoient les plus acharnés à faire les dégâts au château dudit Saint-Point. En voicy encore des plus cou-

---

1. Communaux.
2. Archives de Saône-et-Loire, B. 1717, 54.
3. Id., *ibid.*

Le Château (façade ouest).

A. Jeanrot-Fabourneux, phot. 1887.

pables de la bande, que vous aurés la bonté de déclarer à ses Messieurs qui composent le comité : Perrain, laboureur au hameau de La Chanal ; Jean Dailly, laboureur En Rogne, proche La Chanal ; Antoine Faillant, laboureur et fermier de Messieurs Ducloux ; Jacque Delorme ; son fils aîné, le premier qui a monté sur les couverts ; Debionne, collecteur, avec ses trois domestiques ; Point, maréchal au hameau de La Roche ; Delaye, avec son fils, au hameau de Bourgogne, maréchal, qui ont apporté les outils pour forcer les portes de fer ; Blaise Déchizeau ; Bon, habitant de Joux, avec ses deux fils. Les trois qui sont dans les prisons sont aussy des plus coupables. Enfin tous les habitants de Saint-Point y étoient, sans aucun étranger, après avoir sonné l'espasse de quatre heures le tocsin. Et ce qu'il y a de plus affreux, en même tems que les habitants dévoroient le château, le marguillié[1], qui étoit au cloché, carillonnoit ; après avoir bu et mangé, ainsy que leurs femmes, ils se mirent à danser. Je suis à même d'établir tous ses faits en justice. Priés ses Messieurs d'agir ; si l'on n'en punit pas une partie, l'on est en grand danger d'aller en cette paroisse. A présent ils disent que cela n'est rien ; ce qu'on en a fait étoit pour les épouventer[2]... »

« J'ai reçu l'honneur de la vôtre en datte du 9 hier, laquelle me fait présumer que ses Messieurs de comité ne viendront pas dans ce pays, puisque M. Cortambert[3] veut bien avoir la bonté de faire punir ces brigands de Saint-Point. L'on peut établir leurs délits par plusieurs témoins, tant étrangers que du lieu, mais puisqu'il n'en veut faire entendre que deux, il peut faire entendre M. Etienne Bruys, fermier de Saint-Point, et Antoine Rollet, dîmeur de

---

1. Jean Raflin.
2. Archives de Saône-et-Loire, B. 1717, 56.
3. Capitaine-lieutenant de la maréchaussée du Mâconnais.

M. Bruys, natif de Bourgvilain, qui réside à présent au château de Saint-Point. Ils déposeront des délits commis et le nom des brigands... [Je] suis à même d'établir que Claude Chassagne avec d'autres ont fait des démarches pour solliciter les paroisses voisines pour se transporter à Saint-Point le jour destiné pour le délit. Il y a toujours beaucoup de rumeurs sourdes dans le pays [1]... »

Ensuite de ces dénonciations on dressa une liste d'habitants à arrêter et qui comprenait les noms du fils aîné de Georges Chantin, du hameau de Joux, des deux fils aînés de Jacques Delorme, du hameau de La Roche, de Philibert Dumonceau, du hameau de Joux, de Jean Martin, du hameau de La Roche, d'André Paisseaud, du compagnon de Jean Paisseaud, de Benoît Perrier et de Jean Fouilloux, du hameau du Prost, des deux frères Dussauge, de Jean Lapalus, de Vincent Passot, de Benoît Gachot, de Jean Toutemps, de Pierre et Joseph Fouilloux, de Daval dit *Boidat*, de Benoît Luquet, d'Antoine Paisseaud, de Mathieu Delaye, des nommés Point et Corsin [2].

C'était ceux que le capitaine de la maréchaussée « voulait bien avoir la *bonté* de faire punir ». Mais au mois de décembre 1789, Louis XVI accorda une amnistie générale pour tous les faits qui se rapportaient aux troubles du Mâconnais [3].

Si les poursuites criminelles étaient suspendues, les victimes des désordres n'en avaient pas moins le droit, — dont elles usèrent, — de demander aux auteurs des dégâts des dommages et intérêts. Etienne Bruys intenta au mois de février 1790 une action à Etienne Debionne, collecteur de Saint-Point, Jacques

---

1. Archives de Saône-et-Loire, B. 1717, 55.
2. Id., *ibid.*, 61.
3. Id, B. 1718, 260.

Delorme, aussi collecteur, et ses deux fils, Joseph Deschizeaux, Jean Fouilloux, Jean Treillefort, Philibert Daval, Claude Bleton, Claude Paisseaud, Jean-Baptiste Dussauge, Louis Larochette, Georges et Jean Chantin, Antoine Faillant, Joseph Tarlet, Antoine Chantin, Claude Chassagne, Benoît Desperriers (sic), Benoît et Jean Bleton. Quarante-cinq témoins comparurent au cours de l'enquête ouverte dans cette affaire par Mre Joachim de Namps, lieutenant général au bailliage et présidial de Mâcon, les 21, 22, 24, 26, 27, 28 avril, 10 et 11 mai 1790[1].

Nous nous contenterons d'extraire de leurs dépositions ce qu'elles peuvent nous apprendre que nous ignorons sur le sac du 30 juillet.

Joseph Tarlet, âgé de 21 ans, domestique du sieur Bruys, demeurant au château, déclara entre autres choses qu'il y avait 60 à 80 personnes, tant hommes que femmes, que Jean Chantin, armé d'une cognée le menaça et lui dit *qu'il n'avoit qu'à aller dixmer actuellement.*

Jean Martin, âgé de 36 ans, demeurant à Saint-Point, dit que, saisi de peur, il alla se cacher dans le clocher, d'où il vit Benoît Rey, domestique de Benoît Bleton, qui travaillait à la démolition du colombier avec Jean Fouilloux.

Félicité Martin, âgée de 63 ans, bourgeoise de Saint-Point, déposa que lorsque la bande entra au château elle avait à sa tête Philibert Dumonceau « qui saisit avec fureur et brutalité le sieur Bruys au colet et lui dit : « Hier, vous étiez le maître, « mais vous ne le serez pas aujourd'hui. Vous faites « semblant d'être du tiers-état et vous tenez pour la « noblesse. Pour vous apprendre à nous tromper, « nous allons entrer au château, saccager votre « ménage et ensuite tout brûler »; qu'à cette menace

---

1. Archives de Saône-et-Loire, B. 1322, 64.

effrayante ledit sieur Bruys répondit seulement : « Si votre intention est telle, je me retire ; je ne « veux pas être brûlé » ; que se retirant en effet et gagnant, de la cour où il étoit, le chemin, il fut arrêté et entraîné dans le château à l'effet de faire un écrit à la bande qui l'exigeoit relativement à la remise des terriers, et que tandis qu'il le rédigeoit, un de ceux qui composoient la bande ou plusieurs brisèrent l'écritoire dudit sieur Bruys en disant qu'ils ne vouloient plus d'écrit ». Elle ajouta avoir entendu dans l'après-midi André Paisseaud jurer et menacer de mettre le feu au château, disant : « Bougre de château, tu m'as ruiné ; il faut que je te brûle ! »

Marie Deschizeaux, âgée de 35 ans, femme d'Amédée Crozet, laboureur de Saint-Point, déposa qu'elle vit Joseph Dumonceau, « sur le refus de le suivre que lui fit Claude Tarlet, son domestique, lorsque [avec la bande] il vint le chercher, frapper ledit Tarlet et le renverser d'un coup de poing violent qu'il lui appuya sur l'estomac, après quoi il se disposoit à le frapper d'un bâton dont il étoit armé, lorsque Jean Chantin l'en empêcha en disant que Tarlet le suivroit bien, ce que fit à la vérité ce dernier dans la crainte d'être maltraité ».

Jean Raffin, âgé de 37 ans, marguillier de Saint-Point, déclara que « sur les neuf heures du matin environ 500 personnes arrivèrent en son domicile et le forcèrent à aller sonner le tocsin en le menaçant de saccager son butin et de l'écarteler [1], qu'il se rendit au clocher et sonna le tocsin jusqu'à quatre

---

1. Jean Charvet fils, âgé de 21 ans, demeurant à Saint-Point, déposa en effet que le 30 dans la matinée il vit sortir de chez Jean Raffin, marguillier, Benoît Daval armé d'un fusil, Jean Chantin avec une hache, Jean Siraud, de Joux, avec une pioche, et Joseph Dumonceau avec un bâton, et qu'au milieu d'eux se trouvait ledit Raffin à qui ils venaient de donner l'ordre d'aller sonner le tocsin, et que lui déposant, pris de peur, courut se réfugier dans le bois du seigneur où il resta caché toute la journée.

Chambre à coucher de Lamartine.

heures du soir, et resta seul au clocher, où il ne fut visité que par sa femme, qui lui dit qu'il falloit qu'il carillonnât, ce qu'il fit lorsque sadite femme lui ajouta que s'il ne le faisoit on alloit se rendre au clocher et le jetter en bas d'icelui, d'où il ne sortit que pour se rendre à la cure aux fins de la défendre contre ces brigands qui l'assiégeoient ; qu'il n'examina pas ceux qui étoient venus le forcer chez lui, si ce n'est le nommé Siraud, fils de Benoît Siraud, manœuvre à Saint-Point ».

Philibert Botheron, âgé de 35 ans, menuisier de Saint-Point, déposa que dans l'après-midi, à son arrivée au château, il vit sous les tilleuls Jean Fouilloux tenant un gros terrier qu'il paraissait lire ; que « sur les quatre heures du soir une troupe venant du côté de Tramaye se présenta au château, s'y fit donner à boire et à manger ; qu'il entendit une voix de cette troupe qui dit : « Nous ne voulons « pas le reste de ceux de Saint-Point » ; qu'après, cette troupe se retira sans faire aucun dégât pour se rendre à la cure où elle se contenta d'y briser une porte et de boire et manger ».

Charles Gignon, âgé de 50 ans, garde forestier à Pierreclos, déclara que « le bruit s'étant répandu [audit] Pierreclos que des brigands que l'on disoit relâchés des galères alloient fondre sur la paroisse, il s'arma de son fuzil et se mit à la tête du plus grand nombre des habitans du lieu et même de partie de ceux de Serrières, fut à la découverte desdits brigands jusqu'à Tramayes, où ne les ayant point trouvés, il se décida à revenir le même jour en prenant la route de Saint-Point », qu'avisé de ce qui se passait au château, et indigné de la conduite des habitants, il s'y rendit avec sa bande, que « pour mettre fin au désordre il menaça les auteurs des délits de leur faire un mauvais parti et coucha même en joue ceux qui étoient sur les toits, que parvenu à son but il se retira, et en se retirant entendit les habitants de Saint-Point qui eurent encore l'audace de [lui] proposer et [à] ses camarades de les accompagner à Audour ou Châteautiers pour exiger les terriers, à quoi ils se refusèrent ».

Philibert Charvet, âgé de 30 ans, demeurant à La Farge, paroisse de Pierreclos, qui était de la bande conduite par Gignon, ajouta que le nommé Barrat, qu'il avait fait descendre, en simulant de tirer sur lui, des toits du château dont il démolissait la charpente, « l'ayant menacé [dans] la cour d'une bayonnete ou espèce d'hallebarde dont il étoit armé, le témoin s'en saisit et la brisa en ajoutant, parlant aux habitants de Saint-Point, *qu'ils mériteroient qu'on leur donnât cent coups de bâtons* ».

Gabriel Latour, âgé de 24 ans, cabaretier à Tramayes, qui était descendu à Saint-Point avec les gens de Pierreclos et de Serrières, déclara que les émeutiers s'étaient décidés à ne pas se rendre à Audour et à Château-Thiers uniquement parce que les premiers avaient feint de consentir à les y suivre le lendemain, et qu'en effet le 31 juillet, jour de marché à Tramayes, dans la matinée, une dizaine d'habitants de Saint-Point vinrent « pour engager ceux dudit lieu à tenir la promesse faitte la veille, mais leur nouvelle proposition rejettée, [ils] renoncèrent à leur projet et se retirèrent en leur paroisse».

Pierre Guillet, âgé de 37 ans, huissier à Pierreclos, déposa qu'ayant fait des observations au nommé Dumonceau qu'il avait trouvé dévastant le château « ledit Dumonceau et autres dont il ne se rappelle pas le saisirent en disant hautement : « Il est venu « au secours du sieur Bruys ; il le soutient. Eh bien ! « il faut qu'il périsse de nos mains ! », qu'effrayé de cette menace il se dégagea de leurs mains, prit la fuite, fut se cacher dans la cave du cabaretier Delorme, d'où il ne sortit qu'à la nuit pour gagner

Cabinet de travail de Lamartine.

Pierreclos, précaution dont il a été félicité par plusieurs personnes, d'autant que « l'instant d'après sa retraite, la bande fit perquisition du déposant jusque dans les paillasses des lits de la cure, [et] que tandis qu'il étoit dans la cave dudit Delorme il entendit plusieurs de la bande de Saint-Point qui le demandoient à la femme Delorme, en lui disant que s'ils le rencontroient ils lui feroient un mauvais parti, propos dont peut déposer Pierre Durousset fils aîné, de Pierreclos, qui étoit fermé avec [lui] dans ladite cave ».

Les choses restèrent longtemps en l'état au château. Il « est fort dévasté, lit-on dans le *Manuscrit de ma Mère*, à la date du 16 juin 1801, c'est-à-dire peu de temps après l'acquisition faite par Pierre de Lamartine ; tous les murs sont nus, les écussons et les cheminées sont brisés à coups de barres de fer par les paysans venus de loin[1] dans les journées des brigands en 1789. Rien ne peut y flatter l'amour-propre[2] ».

En examinant les planches qui accompagnent la présente notice on se rendra compte sans difficulté de l'état du château jusqu'en 1850 et des additions qu'y fit Lamartine peu après cette date[3].

« On peut trouver, dit M. G. Larroumet[4], qu'il a trop cédé à ses goûts personnels, en arrivant au petit porche gothique à colonnettes et à clochetons, qui fait comme un vestibule extérieur à la porte du château. Pendant un voyage en Angleterre, il avait admiré l'architecture, médiocrement pure de style et de goût, que l'aristocratie anglaise aime tant pour ses châteaux. Il lui avait fallu, à lui aussi, un

---

1. ???
2. Ed. de 1873, in-12, p. 80.
3. De 1853 à 1855.
4. Cet article de l'ancien directeur des beaux-arts, intitulé *Une Visite à Saint-Point*, a été reproduit par le *Journal de Saône-et-Loire* du 14 janvier 1895.

peu de gothique flamboyant pour Saint-Point, et au retour, sur ce château massif, mais de fier et robuste aspect, il avait plaqué ce gothique trop léger pour lui et plus troubadour que féodal.

« Non seulement un porche, mais un long balcon à trèfles de même style, court sur la façade. Passe encore pour celui-ci ; style à part, il forme une sorte de promenoir qui prolonge la demeure à l'air libre et double l'agrément de la campagne, en permettant de vivre en même temps au dehors et au dedans. Et puis la glycine et la vigne vierge ont tapissé la façade, et le faux goût des additions anglaises disparaît sous leur manteau.

« Aussitôt entré dans le vestibule, à droite, s'ouvre une sorte de caveau voûté en ogive[1]. Il a été aménagé en salle à manger et, entre des boiseries Louis XV, se déroulent des bergerades peintes en camaïeu dans le goût de Boucher.

« Un escalier[2] tournant conduit au premier étage et, par une salle de billard, on arrive au salon ».

A gauche du salon est la bibliothèque ; à droite « viennent la chambre à coucher et le cabinet de Lamartine ; celui-ci, dans une tourelle, dominant l'église et le cimetière, réduit sombre, où il a tant écrit, au milieu de ses souvenirs intimes, des livres de sa mère, de ses poètes préférés.

« Tout a été exactement laissé dans l'état où Lamartine, à son dernier séjour, avait quitté le château. Voici, dans la chambre, une rame de papier, dans son enveloppe bleue à moitié déchirée par sa main et, sur une table, une poignée de petits objets qu'il avait retirés de sa poche. Dans le cabinet, ses dernières plumes sont à leur place et les derniers

---

1. Il a tout l'air d'un ancien oratoire.
2. M. de Montherot vient (1897) de faire élever et coiffer la tour carrée dans laquelle il se trouve.

livres qu'il ait feuilletés se trouvent à l'endroit où il les avait posés.

« Sur la tenture en cuir gaufré de la chambre à coucher pend à une cordelière de soie un sabre que le poète portait durant son voyage en Orient. Quelques miniatures surtout retiennent l'attention. Ce sont des portraits de famille, et leurs rapports de ressemblance ou de contraste avec la physionomie du poète leur prêtent un vif intérêt ».

M. de Montherot a eu la pieuse pensée de placer dans cette chambre le lit de mort[1] du poète qui était avant 1870 dans la maison de Passy.

La cheminée[2] a été peinte par Mme de Lamartine. On y voit les figures des poètes préférés de son mari. En haut Shakespeare, Homère et Dante. A gauche Arioste, Sapho et Racine, A droite Pétrarque, Colonna et Corneille[3].

« Le cabinet à la voûte cintrée, au clair obscur, nu, austère, un caveau de Rembrandt, une grotte des Pères », est dans la tour du sud. « Un portrait de Byron. Devant [Lamartine], aux côtés de la cheminée, le médaillon de sa mère, le portrait de sa fille, lui souriaient. Une étroite porte vitrée s'ouvrait sur un balcon de bois[4]. C'était une cellule de poésie et de prière[5] ».

Au-dessus de la porte d'entrée du château on a encastré un écu sculpté parti de Lamartine[6] et de

---

1. Voir la planche.
2. Id.
3. M. E. Montégut a dit inexactement dans ses *Impressions de voyage et d'art* : Homère, Shakespeare et Dante ; Pétrarque, Arioste et Tasse ; Corneille, Racine et Molière (*Revue des Deux-Mondes*, 1873, II, p. 137).
4. Cela se rapporte à l'année 1851. — Voir la planche.
5. Ch. Alexandre, *Madame de Lamartine*, 1887, in-8°, p. 175.
6. De gueules à deux fasces d'or accompagnées en cœur d'un trèfle de même.

Dronier[1]. Cette pierre doit provenir de l'un des domaines que, par son mariage, Louis-François de Lamartine acquit en Franche-Comté.

La plaque de cheminée de la salle de billard est rapportée. On y voit les armes suivantes : d'azur au chef d'argent, qui est des La Garde en Languedoc ; d'azur au chevron d'argent accompagné de trois croissants de même, qui est des Sueur en Normandie.

---

[1]. A la bande accompagnée de deux étoiles en chef et d'un œillet feuillé et tigé en pointe.

VII

L'Eglise.

L'église, qui remonte à l'époque romane, est construite en moellons.

Elle est bien orientée, et se compose : d'une nef plafonnée, flanquée de collatéraux plafonnés également ; d'un transept terminé par des chapelles à ses extrémités et couvert au centre par une coupole sur trompes au-dessus de laquelle s'élève le clocher ; d'une abside et de deux absidioles voûtées en cul-de-four à plein cintre [1].

La chapelle de gauche est voûtée en berceau à cintre surbaissé ; la chapelle de droite l'est en berceau à cintre brisé.

L'église a, dans œuvre, 24 mètres de long sur 10 de large ; la chapelle de gauche a 2 mètres de long sur 2 de large, celle de droite 4 mètres de long sur 2 de large.

Les bas côtés sont aussi hauts que la nef centrale, que, par conséquent ils éclairent. Une seule toiture à deux rampants, chargée de laves, couvre les trois nefs.

A l'intérieur, les piliers sont bâtis sur plan rectangulaire. Ceux de la croisée du transept ont les faces qui regardent la nef arrondies.

L'abside a été décorée de moulures en plâtre, vers

---

1. Voir le plan ci-derrière.

1765 ; la grille en fer forgé qui la ferme, porte le même millésime [1]. La nef et les collatéraux sont dallés, les chapelles carrelées.

On remarque encore, à l'intérieur, deux statues anciennes en bois peint ou doré, l'une de saint Donat, patron de l'église [2], l'autre de saint Amable, patron d'une chapelle [3], un prie-Dieu du XVIIe siècle en bois sculpté, orné d'un écusson dont la figure d'azur, aujourd'hui méconnaissable, était sur champ de gueules, une excellente toile, *la Vierge et quatre Saints* d'après Il Pinturicchio, par Armand Leleux, datée de « Sainte-Marie du Peuple, à Rome, 1837 » [4], et deux tableaux peints par Mme de Lamartine, représentant, l'un sainte Elisabeth, l'autre sainte Geneviève, que M. Emile Montégut dit n'avoir « pas vus sans attendrissement, car [il n'a pu s'empêcher] de remarquer que [l'artiste] a donné une expression bien douloureuse à la sainte grande dame, tandis que la santé et la lumière de la joie brillent au contraire sur le visage de la fileuse aux pieds nus » [5].

A l'extérieur, ce qui frappe à première vue, c'est le caractère moderne de la façade. En effet, grâce à l'appoint d'une somme de 1,200 francs allouée par le ministre de l'instruction publique sur le crédit de 200,000 francs voté en 1839 pour la conservation des monuments historiques, l'église fut agrandie de la

---

1. Voir plus loin.
2. Le patron primitif était certainement saint Point, — *ecclesia Sancti Poncii* lit-on dans une charte d'environ 1116 du *Cartulaire de Saint-Vincent de Mâcon*, publié p. Ragut (1864, in-4°, p. 359) et dans le *Pouillé* de 1513 imprimé en tête de ce cartulaire. Au XVIIe siècle on ne trouve que le nom de saint Donat.
3. Il y avait autrefois au-dessus du baptistère une statuette en bois doré qui a été remplacée récemment par une croix.
4. Donné par l'Etat en 1870.
5. *Impressions de voyage et d'art*, dans la *Revue des Deux-Mondes*, t. CIV (1873, II), p. 137.

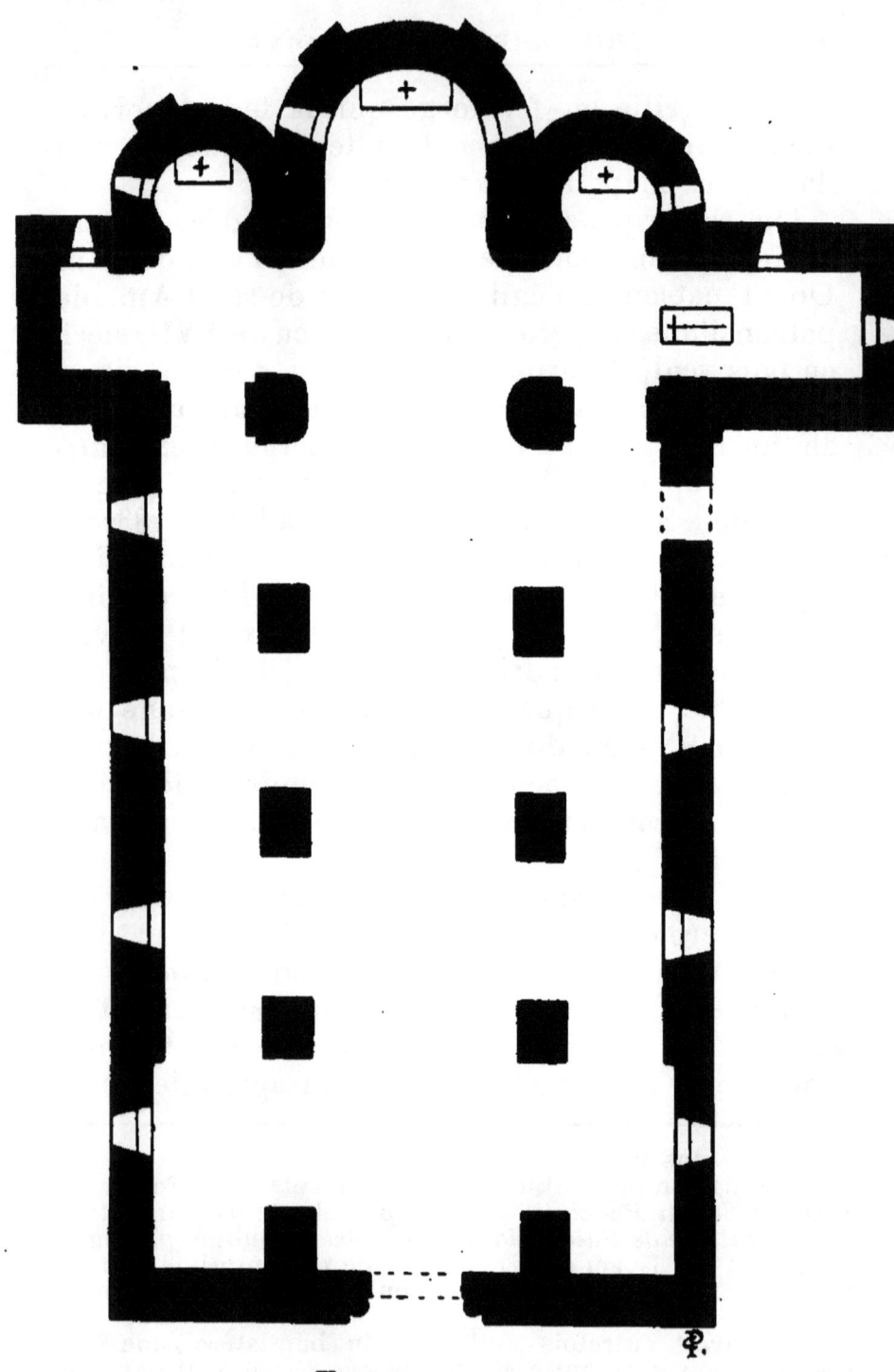

Echelle de $\frac{1}{500}$

C. Pierre del. 1897.

Plan de l'Église.

première travée en 1840[1], et Lamartine, sacrifiant à son amour de l'ogive, ajouta aux ressources de la commune 300 francs pour assurer une entrée gothique à l'édifice roman[2].

Au-dessus de cette porte on a replacé dans la façade l'encadrement en pierre d'une fenêtre ancienne de forme rectangulaire, où sont gravés les mots PER ARDUA VIRTUS[3] et les dates *1761, 1840*.

La porte latérale, qui se trouve au midi, date du XVIIIe siècle. Son linteau, un arc très surbaissé, porte un écusson ovale, mi-parti de Saint-Point, qui est d'hermine au lion de sable, et de Rochefort d'Ally, qui est de gueules à la bande ondée d'argent, accompagnée de six merlettes de même mises en orle. Ces armes sont accostées de palmes et timbrées d'une couronne de marquis.

Toutes les fenêtres en plein cintre de l'église, même celles de l'abside, ont été refaites ou remaniées à une ou à des époques relativement récentes.

L'abside, soutenue par deux contreforts, et les absidioles, qui en ont chacune un, sont toutes trois

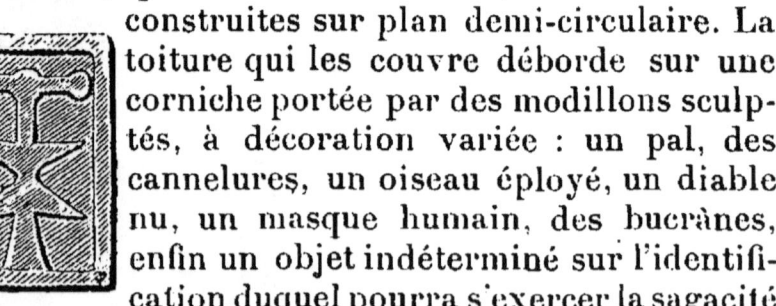

construites sur plan demi-circulaire. La toiture qui les couvre déborde sur une corniche portée par des modillons sculptés, à décoration variée : un pal, des cannelures, un oiseau éployé, un diable nu, un masque humain, des bucrânes, enfin un objet indéterminé sur l'identification duquel pourra s'exercer la sagacité des archéologues.

---

1. Archives de Saône-et-Loire, O, Saint-Point. — Le 20 août 1842 un autre secours de 600 francs fut accordé par le ministre de la justice et des cultes pour refaire le dallage, les enduits, etc. (Id., *ibid.*)
2. Notes manuscrites sur Saint-Point, recueillies par M. l'abbé Buttet, curé de la paroisse.
3. La vertu suit des chemins ardus.

Le clocher, carré, est divisé en deux étages d'égale largeur.

L'étage inférieur est percé sur chaque face de deux fenêtres en plein cintre. Une corniche, du profil le plus simple, le sépare de l'étage supérieur qui est orné sur chaque face de trois colonnes engagées entre lesquelles sont percées des baies géminées dont les archivoltes, surmontées d'une triple arcature en plein cintre, retombent sur des colonnettes. Les chapiteaux et les bases des colonnes et des colonnettes sont sculptés.

Église et Tombeau de Lamartine.

Une corniche posée sur des modillons, sculptés eux aussi, porte la flèche, qui est une pyramide en maçonnerie, à quatre pans. Elle est éclairée sur chaque pan par une lucarne à fronton triangulaire surmonté d'un épi fleuronné. A la partie supérieure de la pyramide, sur chaque face aussi, on voit un masque humain sculpté.

Ce clocher a été réparé en 1826 et en 1843.

C'est dans l'étage supérieur que sont les deux cloches, dont l'une date de 1810 et l'autre de 1824.

La sacristie actuelle est accolée à la chapelle des seigneurs. L'ancienne avait été construite au nord vers 1750 [1].

Il y a une intéressante visite de l'église de Saint-Point faite par Mre Claude Bouteloupt, archiprêtre du Rousset, en exécution d'une ordonnance de l'évêque de Mâcon du 23 avril 1675. Comme c'est la seule dont le procès-verbal nous soit parvenu, on nous saura gré de l'imprimer tout entière.

« Le 18 juillet 1675, nous nous sommes transportés au village de Saint-Point, où estans arrivés sur l'heure de midy, nous nous sommes présentés à la grande porte de l'églize dudit lieu, où estans nous y avons estés introduits par Mre Jacque Chauvet, prestre, bachelier en théologie, aulmosnier du seigneur dudit lieu, lequel s'est présenté à la place du s[r] François Décuriel [2], curé dudit lieu, et qui l'a commis à nous recevoir, estant obligé de s'absenter pour des affaires pressentes qui l'ont attirées en son pays. Lequel s[r] Chauvet nous ayant conduit, les cérémonies ordinaires observées, au maistre autel, où ayant donné la bénédiction du saint Sacrement, nous avons procédés à la visite par celle du saint Sacrement, que nous avons treuvés dans un ciboire d'argent sur un corporal, dans un tabernacle de bois en triangle peint au-dehors de rouge, quelques fillets d'or au-dedans, point d'azur.

« Cette visite achevée, nous sommes allés en procession aux fonds baptismaux, qui sont dans une pierre scise du costé de l'épître, où est une vieille bassine, dans laquelle sont contenues les eaux baptismales, sans couvert, sauf le grand couvert de

---

1. Minutes des Mes Guillet (14 septembre 1749). — Voir plus loin.
2. De Curières.

la pierre qui ferme à clef. Il y a un plat de terre fort indécent, une burette d'estain qui baigne dans lesdites eaux baptismales, de laquelle le sr curé se sert pour verser l'eau sur les baptizés. Sous la bassine il y a une espèce de piscine.

« Les vaisseaux des saintes huyles d'estain, décents.

« De là nous sommes allés au cemitière faire les prières accoutumées, lequel est bien clos de muraille, sauf quelques endroits où, faute d'eslévation, le bestail entre. Il n'y a point de grande croix. Ce qu'estant parachevé, sçachants que Monsr le curé estoit absent, et que nous ne pouvions connêtre par luy les défauts des mœurs de ses paroissiens[1], nous estans sousignés avec ledit sr Chauvet et nostre greffier commis, nous avons procédés à l'inventaire des ornements de ladite églize. — J. Chauvet. — C. Boutcloupt. — Furtin, commis.

« *Inventaire des ornements et de l'état de l'églize de Saint-Point.*

« Un calice d'argent avec sa patène dorés au-dedans.

« Un soleil d'estain cornuel[2], fort propre pour la matière.

« Une petite boëtte d'argent à porter le viatique.

« Deux corporaux, compris celuy qui est au tabernacle.

« Deux voiles, deux pales[3], quatre purificatoires, le tout contenu dans deux bourses assés propres.

« Trois chasubles, leurs manipules et estoles.

---

1. Quelle fâcheuse absence !
2. De Cornouailles. L'étain anglais était alors le plus recherché et aussi le plus répandu. Mais c'était un métal insuffisant et proscrit pour les « soleils ».
3. Cartons carrés, garnis de toile blanche, qui se mettent sur le calice.

« Deux aubes, leurs amicts et ceintures.

« Deux surplis, un bonnet carré.

« Un messel neuf, deux vieux ; un rituel.

« Deux burettes et quatre vases de fayence.

« L'autel n'est pas consacré. Il y a un marbre. Ledit autel, outre le tabernacle, est orné de deux petits tableaux (à costé dudit tabernacle), l'un de la Vierge et l'autre du Sauveur.

« Sur ledit autel il y a deux gradins de pierre.

« Deux chandeliers d'estain.

« Un petit crucifix de léton, la croix de bois.

« Trois napes d'autel, un essuye-main, un tapis fort vieil sur le tout, un devant d'autel de cuir doré avec un chàssis, et le marchepié de bois.

« A costé dudit autel il y a deux armoires fermantes à clef où ledit sieur curé retire les ornements, les saintes huyles et les clefs du tabernacle et des fonds baptismaux.

« Une clochette, un bénitier de fonte et une lanterne de fer-blanc à porter devant le saint Sacrement.

« Une grande croix à procession. La bannière, de tafetas rouge ; au milieu l'image de la sainte Vierge et de saint Donat. Le tout, sçavoir de la bannière, fort usé[1].

« Une lampe au-devant du saint Sacrement.

« Il y a un coffre fermant à clef, où l'on serre les cierges du luminaire, lequel est entretenu par de certaines contributions ausquelles les paroissiens se cotisent eux-mesmes et desquelles contributions celuy qui est éleu luminier doit rendre compte.

« Pour l'entretien de la lampe y a quelques noyers affectés.

« Il y a un balustre qui sépare le cœur d'avec la nef et qui sert de table de communion.

---

1. Le 6 juin 1776, jour de la Fête-Dieu (Archives de Saint-Point, GG. 4) il y eut achat d'un dais du prix de 171 livres.

« Point de grand crucifix.

« Le cœur et la voûte du clocher (auquel y a quatre cloches) sont voûtés et carrelés ; la nef carrelée, non lambrissée.

« Toutes les fenestres du cœur et de la nef sont bien vitrées.

« Les portes ferment bien ; la grande ferme au-dedans par une barre.

« Il y a aux deux costés du cœur : à celuy de l'épitre, une chapelle dédiée à Nostre-Dame-de-Pitié, sans ornements ; l'autel n'est pas consacré.

« L'autre, du costé de l'évangile, est dédiée à saint Jean. L'autel n'est pas consacré. Il est couvert d'une nappe et d'un tapis, un devant d'autel de toile peinte et un vieil tableau, avec son cadre, du Rosaire[1]. Lesdites chapelles sans fondation.

« Il y a une autre chapelle bien voûtée et carrelée, appartenante à Monsr de Saint-Point, dont l'autel n'est pas sacré. Il est orné d'un vieil tableau, d'un devant d'autel de drap blanc, trois napes, deux coussinets. Ladite chapelle est bien vitrée et balustrée.

« Dans la nef il y a un autel du costé de l'évangile, au-devant du premier pillier, qui n'est pas consacré. Il est orné d'une nape et d'un vieil devant d'autel de camelot rouge couvert d'un pavillon de tapisserie frangé de laine avec un petit tableau, deux vases de terre.

« C'est tout ce que nous avons treuvé estre et manquer dans ladite églize. En foy de quoy nous nous sommes sousignés avec nostre greffier, le susdit s^r Chauvet et Chanus, non les autres, pour ne le sçavoir, enquis. — J. Chauvet. — C. Chanus. — C. Bouteloupt. — Furtin, commis.

---

1. Ce qui fait qu'on l'appelait aussi « chapelle du Rosaire » (Archives de Saint-Point, GG. 1, 12 septembre 1675).

« L'inventaire achevé, nous avons sommés les paroissiens de comparoistre, et ont comparus Jacque Le Febvre, jardinier, âgé d'environ 70 ans, Claude Chanus, laboureur, âgé de 45 ans, René Chevalier, âgé de 40 ans, François de Laye, âgé de 48 ans, Anthoine Dailler, âgé d'environ 40 ans, et enfin Philibert du Rossay, âgé d'environ 55 ans, desquels ayants pris le serment en tel cas requis, les avons interrogés comme s'ensuit.

« Interrogés comme se nomme leurs curé, de quel pays il est, et combien il y a qu'il les sert. — Ont dit qu'il se nomme Mre François Décuriel, qu'ils ne sçavent pas bien son pays, et qu'il y a environ sept ans qu'il est leurs curé.

« Interrogés s'il porte la soutane et les cheveux décents. — Ont dit qu'ouy.

« S'il est point querelleur, blasphémateur, yvrogne, s'il fréquente point quelque persone suspecte. — Ont dit que non.

« S'il dit les vespres et messes régulièrement. — Ont dit que pour les messes il les dit quelquefoys tard à cause de la dame du lieu.

« S'il fait les prosnes et catéchismes. — Ont dit qu'ouy.

« S'il n'est point mort de petits enfans sans baptesme, ou de grandes persones sans confession, par sa faute. — Ont dit que non.

« S'il fait résidence. — Ont dit qu'ouy.

« S'il vat aux conférences. — Ont dit qu'ouy, et qu'ils sont bien contens de luy.

« C'est tout ce qu'ils ont respondus à tout ce que nous leurs avons demendé. En foy de quoy nous nous sommes sousignés avec nostre greffier, ledit Chanus et non les autres, pour ne le sçavoir, enquis. — C. Chanus. — C. Bouteloupt. — Furtin commis[1] ».

---

1. Archives de Saône-et-Loire, G. 77, 3, f° 69.

Le 31 mai 1746 il y eut visite de l'évêque qui donna confirmation à la paroisse, mais le procès-verbal ne nous en est pas parvenu[1].

Ensuite de cette visite les habitants décidèrent de « faire dans leur église plusieurs réparations qui ne pouvoient se différer, tant pour la faire plus décente, avec une sacristie qu'il y manque, qu'autrement, et notamment dans la nef et beffroy des cloches qui menassoit ruine ». Parmi ces travaux il y avait spécialement à « démollir les quatre pilliers de pierres qui sont au milieu de la nef », à « défaire le couvert qui est à laves et le refaire », à « faire le grand portail de l'entrée en pierres de tailles, de 6 pieds de large sur 8 pieds d'haut, avec son venteau bois chesne », à mettre « trois vitraux dans la nef », à « construire à neuf une sacristie au côté de la petite chapelle du côté de bize, de 18 pieds en quarré et de 12 d'hauteur, voûtée par le dessus[2] », à « construire des fonds baptismaux », à « faire le beffroy tout à neuf pour mettre les quatre cloches[3] qui sont dans le cœur », etc. En vue de quoi les habitants s'engagèrent à faire tous les charrois nécessaires et s'imposèrent extraordinairement de 3,251 livres, les 14 septembre et 28 décembre 1749[4].

Les délibérations des habitants furent-elles suivies d'exécution ? Nous ne le pensons pas, à en juger du moins par la note suivante que Mre Guilloux, curé de Saint-Point, a insérée dans les registres paroissiaux pour qu'elle parvienne à la postérité :

« Le 17e jour de novembre 1765, j'ay, par ordre de Monseigneur notre évêque, béni le grand autel et ceux des chapelles de la Sainte-Vierge et Saint-

---

1. Archives de Saint-Point, GG. 3.
2. En 1852 la sacristie actuelle a été construite au midi. Elle a été agrandie en 1869.
3. Deux grosses et deux petites.
4. Minutes des Mes Guillet.

Amable. La cérémonie s'est faite le dimanche jour de la dédicace de l'églize. Ce n'a été que par les soins et les pieuses largesses de notre bon seigneur, Mre Claude-Gabriel-Amédé d'Ally de Rochefort, marquis de Saint-Point, que notre églize a été réparée : il a tout fourni et, à l'exception des quatre gros murs, il a réparé le tout tel qu'il existe : la paroisse n'y a pas fourni une obole. Ce n'étoit auparavant qu'une étable de Béthléem, la religion de notre autre Salomon en a fait une églize décente et propre. C'est dans les sentimens de la plus vive reconnoissance et de notre propre satisfaction que nous disons : *Hodie salus huic domui facta est*. Nous transmettons cecy à la postérité pour qu'elle prie pour notre bienfaiteur [1] ».

Ce grand autel n'est probablement pas celui que l'on voit aujourd'hui, qui est en bois sculpté, dont la facture et la décoration rappellent le siècle dernier, et qui doit provenir de l'ancienne églize Saint-Nizier de Mâcon où la confrérie des pénitents de cette ville faisait célébrer ses offices.

En effet, le 25 novembre 1792, la municipalité de Saint-Point décida, attendu que l'autel de l'église de la paroisse était en bois « vieux et vermissellé » [2], de demander au directoire du district l'autel des ci-devant pénitents qui était « déposé dans ses corridors », et dont « la mesure convenoit très bien ». Le directoire du district, considérant que cet autel « ne pouvoit se vendre au profit de la Nation que comme bois à brûler », à raison de « sa vétusté », délibéra, le 28 novembre 1792, qu'il y avait lieu d'accueillir favorablement la demande de la commune, « à charge par elle de prendre l'autel sur place et de distribuer aux pauvres les plus nécessiteux de la paroisse le

---

1. Archives de Saint-Point, GG. 4.
2. Archives de Saint-Point, D. 1.

produit de [l'autre] ». Cependant le directoire du département ne fut pas aussi large. Le même jour, au lieu d'approuver purement et simplement l'arrêté de l'administration du district, et « considérant que l'on ne pouvoit disposer en faveur d'aucun individu des biens nationaux, que l'autel demandé étoit un bien national qui devoit être vendu au profit de la Nation ou tout au moins celui qui seroit échangé, et comme on ne connoissoit point la valeur de l'autel de Saint-Point, commit le citoyen Bruys, notaire à Tramayes, pour, avec un homme de l'art, évaluer l'autel de Saint-Point, et sur cette évaluation [être ensuite] statué ce [que de droit][1] ».

Nous avons dit que le transept était terminé par deux chapelles : l'une à gauche, sous le vocable de *Saint-Amable*, sans doute postérieure en date à 1675, puisque la visite de cette année-là n'en fait pas mention ; l'autre à droite, sous le vocable de *Sainte-Catherine*, qui était la chapelle seigneuriale et dont la construction peut remonter au XIIIe siècle. D'après le pouillé du diocèse de Mâcon, de 1513, ses revenus s'élevaient à 12 livres, et la présentation des titulaires de la chapellenie appartenait naturellement au seigneur[2]. Claire de Saint-Point rappelle, dans son testament, en 1629, qu'elle y a fait « des fondations pour faire prier Dieu pour le salut de son âme et pour la célébration du saint sacriffice de l'autel[3] », par-devant Me Demontangerand, notaire royal, le 19 octobre 1617. Mais ces fondations étaient tombées en désuétude « depuis quelques années, au sujet du

---

1. Registre des arrêtés du directoire du district de Mâcon sur les pétitions relatives aux biens nationaux du 5 février au 13 décembre 1792. Registre des délibérations du directoire du département relatives à la régie des biens nationaux du 24 octobre 1792 au 26 mars 1793. (Archives de Saône-et-Loire, L).
2. *Cartulaire de Saint-Vincent de Mâcon*, p. CCLXXXIX.
3. Voir § V.

déceds des chappelains et de quelques eschanges et permutations qu'ils (les seigneurs) ont esté nécessitez de faire pour le bien et utilité de leur maison »[1], lorsque, le 28 avril 1689, Jean-Amédée de Rochefort d'Ally, comte de Montferrand, seigneur de Saint-Point et autres lieux, au nom de Marie-Catherine Brûlart de Sillery, sa mère, « pria Mre Jean Chauvet, curé, d'en accepter la charge », consistant en une messe par semaine, moyennant la rente annuelle de 46 livres, 15 sous et 1 poule, dus à ladite dame en vertu de plusieurs contrats particuliers, plus « les mesmes privilèges aux bois que les précédens chappelains ». Le seigneur déclara dans le même acte se réserver, à lui et à ses successeurs, la collation de ce bénéfice[2]. Quand Jean Chauvet devint curé de Notre-Dame de Cluny, au commencement du XVIIe siècle, il conserva sa chapellenie de Sainte-Catherine[3].

Sous le dallage de cette chapelle se trouve le caveau des seigneurs. Il nous a été permis de l'explorer et nous y avons reconnu sur trois tables de pierre, dont l'une est ornée d'une grande croix gravée en creux, les débris de trois cercueils et de trois squelettes. Ce sont probablement les restes des trois dernières personnes qui y ont été déposées. Or, nous savons qu'on y a descendu[4] : Claire de Saint-Point

---

1. En effet, dans les plans de la seigneurie de La Bussière dont nous avons parlé (§ IV) on voit figurer une quantité de biens provenant de la chapelle Sainte-Catherine de Saint-Point. Ces biens étaient presque tous sur La Bombie (Montagny-sur-Grosne) et sur Poizolles (Dompierre-les-Ormes).
2. Minutes des Mes Guillet (28 avril 1689). — Il ne s'agit plus en 1689 de la *présentation* seulement du chapelain comme en 1513 ; l'évêque avait probablement laissé perdre depuis le XVIe siècle son droit de *collation*.
3. Registre des audiences du bailliage de Mâcon, 9 janvier 1717. (Archives de Saône-et-Loire, B. 1220, 1).
4. Voir § V.

vers 1632; Jean-Antoine-Claude de Rochefort d'Ally en 1695 ; Catherine-Françoise Brûlart de Sillery en 1750 ; Anne-Félicité Allemand de Montmartin en 1751; Augustin-Ancelin de Belloy en 1766[1]; Gabrielle-Joachime-Emmanuelle de Rochefort d'Ally en 1767; Claude-Gabriel-Amédée de Rochefort d'Ally en 1773.

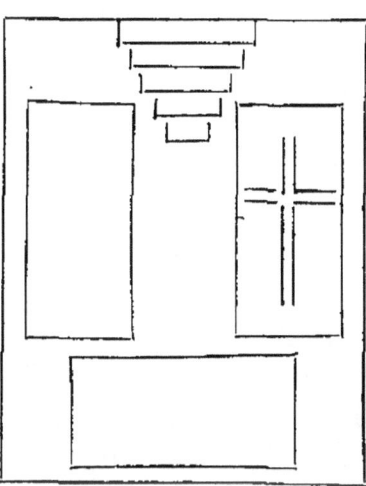

Quant au fait suivant, il est du domaine de l'imagination pure :

« Une jeune marquise de Saint-Point, dont on avait pris l'évanouissement prolongé pour la mort, venait d'être ensevelie dans un cercueil ouvert sous la voûte du caveau, et la pierre qui le ferme sous les pieds du prêtre dans le chœur était scellée sur son sépulcre. Le soir de son enterrement, le sonneur de cloches, en venant tinter l'*Angelus*, entendit des gémissements sous les dalles. Il s'enfuit éperdu et alla raconter au château sa terreur. Le mari et les serviteurs éplorés accoururent. La voix souterraine frappa leurs oreilles ; on enleva la pierre scellée, on descendit dans le caveau, on trouva la morte vivante. On la rapporta dans les bras des siens à sa demeure ; jeune et belle, elle donna de longues années de félicité à son mari avant de redescendre pleine de jours dans son sépulcre. J'avais[2] souvent entendu dans mon enfance le sonneur lui-même et sa vieille femme raconter ce miracle, dont ils avaient été les témoins, et dont les anciens du village se souvenaient comme eux[3] ».

---

1. Voir § VI.
2. C'est Lamartine qui parle.
3. *Le Manuscrit de ma Mère*, 1873, in-12, p. 319.

Tout le monde a devant les yeux l'arcature gothique qui prétend servir de façade à la chapelle élevée par Lamartine[1], dans le cimetière qui entoure l'église, « à la mémoire de sa fille, et dont le fronton porte cette inscription tirée de l'Ecriture, qui pourrait servir d'épigraphe à toute vie humaine, car elle ressemble à une phrase qui attend sa conclusion : *Speravit anima mea*, mon âme espéra. [La] statue funèbre [de Mme de Lamartine], œuvre de M. Adam Salomon, reproduit avec bonheur cette douceur invariable, et pour ainsi dire ce mélancolique équilibre de résignation que lui ont connu ceux qui l'ont approchée dans les dernières années de sa vie. Sur le socle de la statue est écrite au crayon cette inscription qui attend encore d'y être gravée, inscription dont nos lecteurs comprendront sans doute l'attristante profondeur et la trop certaine vérité : « Il est plus doux de partager les douleurs des grands hommes que leurs triomphes, car leurs triomphes appartiennent à tout le monde, tandis que leurs douleurs n'appartiennent qu'à ceux qui les aiment[2] ».

Dans le caveau de cette chapelle sont déposés comme ci-derrière : 1° le cercueil de Lamartine ; 2° dessus, celui de Valentine de Cessiat de Lamartine ; 3° celui de Mme des Roys de Lamartine, mère du poète ; 4° dessus, celui de Mme Birch de Lamartine, sa femme ; 5° au-dessus, celui de Julie de Lamartine,

---

1. Par une délibération du conseil municipal de Saint-Point, écrite de la main de Lamartine, le 2 août 1837, la commune a pris à sa charge la conservation et l'entretien à perpétuité de ce monument (Archives de Saint-Point, D. 3).

2. E. Montégut, *Impressions de voyage et d'art*, dans la *Revue des Deux-Mondes*, t. CIV (1873, II), p. 138. — L'inscription a été reproduite de souvenir par M. Montégut. En voici exactement le texte : « Il est plus doux de s'associer aux deuils des grands hommes qu'à leurs gloires. Leurs douleurs sont à ceux qui les aiment, leurs gloires appartiennent à tous. Adam Salomon. 1864 ».

sa fille[1]; 6° des restes de Mme Birch, sa belle-mère, et d'Alphonse de Lamartine, son fils[2].

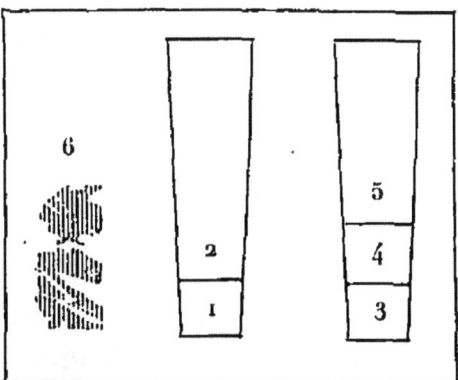

Pour compléter ce que nous avons dit de l'église de Saint-Point, il nous reste à énumérer sommairement les principales fondations qui y étaient acquittées en 1790[3] : fondation faite, le 8 mars 1666, par M. Dauphin, de six messes basses par an et un *Salve Regina* tous les dimanches, moyennant 6 livres de rente; fondation faite, le 23 janvier 1686, par Claude Dailly, des vêpres du saint Sacrement les trois derniers jours de l'octave de la Fête-Dieu, moyennant 2 livres 6 sous de rente; fondation faite, le 22 avril 1707, par Denise Jolivet, veuve de Benoît Jeandet, de messes jusqu'à concurrence de 10 livres de rente ; fondation faite, le 2 janvier 1736, par Denis Mazoyer, de Pierreclos, de cinq bénédictions les cinq fêtes de la Vierge, moyennant 7 livres 10 sous de rente ; fondation faite, le 10 mai 1737, par Joseph Jolivet, d'une grande messe et vêpres des morts le jour de la Saint-Joseph, moyennant 3 livres de rente ; fondation faite, le 20 janvier 1740, par Jeanne Paisseaud, d'une grande messe et vêpres des morts le jour de la Saint-Jean-Porte-Latine, moyennant 3 livres de rente ; fondation faite, le 5 mars 1750, par Claudine Paisseaud, d'une grande messe et vêpres des morts le jour de la Saint-Claude, moyennant 3 livres de rente ; fondation sans date, acquittée par Claude

---

1. Née à Mâcon le 14 mai 1822, morte à Beyrouth le 6 décembre 1832.
2. Né à Rome le 8 mars 1821, mort à Paris le 18 octobre 1822.
3. Celle de la chapelle Sainte-Catherine non comprise.

Benon, de Saint-Léger-sous-la-Bussière, d'une grande messe et d'un *Libera* le jour de la Saint-François et de messes jusqu'à concurrence de 9 livres de rente ; fondation sans date, faite par Benoîte Point, veuve de François Siraud, d'une grande messe et vêpres des morts la veille de la Saint-Michel, moyennant 3 livres de rente ; fondation sans date, faite par Philiberte Siraud, femme d'Antoine Delorme, de 3 livres de rente [1].

En 1790, le total du produit des fondations s'élevait à 50 livres 12 sous par an, et les obligations d'icelles à 39 messes et plusieurs autres offices [2].

Terminons ce chapitre par quelques indications d'ordre religieux.

Et d'abord, un miracle :

« Ce jourd'huy 29 décembre 1671, ay ensevely un enfant mort-né et ressuscité après l'avoir porté à Nostre-Dame-de-Grâce [3], ayant doné des signes de vie comme il m'appert par un billet du vicaire de Nostredite Dame-de-Grâce et tesmoins. Ledit enfant appartient à Louys Dejoux ; sa mère [N.] Demontengeran. En foy de quoy, De Curières, curé de Sain-Poin [4] ».

Ensuite, des morts édifiantes :

« Le 28ᵉ décembre 1772 a été inhumée Benoîte Martin, femme d'Antoine Albert, marchand, morte de hier en véritable sainte, munie des sacremens... Guilloux, curé [5] ».

---

1. Archives de Saône-et-Loire, G. 404, 41. — Les principaux legs faits à la fabrique dans le courant de ce siècle sont ceux de 1,200 francs par Antoine Delorme en 1833, de 600 francs par Vincent Genillon en 1846, et de 1,200 francs par Mᵐᵉ Valentine de Lamartine en 1887 (Archives de Saône-et-Loire, V).
2. Déclaration des revenus et des charges de la cure de Saint-Point (1ᵉʳ décembre 1790). Voir § VIII.
3. A Savigny-sur-Grosne.
4. Archives de Saint-Point, GG. 1.
5. Id., GG. 4.

« Le dernier jour du mois de décembre 1773, nous avons donné la sépulture ecclésiastique à Mre Claude-Gabriel-Amédé d'Ally de Rochefort, marquis de Saint-Point, protecteur de ses emphitéotes et le père des pauvres, mort de hier, muni des sacremens qu'il a reçu avec une édification sans exemple... Guilloux, curé[1] ».

« Le 4ᵉ jour de février 1776, j'ai donné la sépulture ecclésiastique au respectable viellard André Milard, dit *le Barron de Saint-Point*, âgé de 88 ans, mort de hier muni des sacremens... Guilloux, curé[2] ».

Disons enfin que le nombre des communiants de la paroisse s'élevait à 515 en 1748[3].

---

1. Archives de Saint-Point, GG. 4.
2. Id., *ibid.*
3. Indication due à l'obligeance de Mgr Rameau.

VIII

Les Curés.

La paroisse de Saint-Point faisait partie ancienne-ment de l'archiprêtré du Rousset ; elle passa, au XVIIIᵉ siècle, dans celui du Mont-de-France qui n'était, d'ailleurs, qu'un démembrement du premier. La cure a toujours été à la collation de l'évêque de Mâcon.

Le plus ancien curé dont nous ayons retrouvé le nom est **Arlebaldus**, *capellanus*[1] *Sancti Poncii* vers 1100[2].

Guillaume Decours était-il curé ? Nous ne saurions l'affirmer. En tous cas il était prêtre, et « du lieu de Saint-Point ». Condamné comme sorcier par le bailli de Mâcon, il fut brûlé dans cette ville, « rue de la Court du Prévost[3] », au mois d'août 1481. Voici, dans sa froide horreur, l'extrait du « compte de Philibert Maignin, receveur ordinaire des conté et bailliage de Masconnois pour le Roy », chargé de payer les frais de cette sinistre exécution.

« ... A Jehan Descrivieux, citoyen et maistre des foires de la ville de Mascon, la somme de 60 solz tournois à lui tauxée[4] par le lieutenant de Monsieur

---

1. Voir Du Cange, *Glossarium*, art. *Capellani*.
2. *Recueil des chartes de l'abbaye de Cluny*, n° 3798.
3. Portion de la rue Lamartine comprise entre la rue du Vieux-Palais et la rue Philibert-Laguiche.
4. Taxée.

le Bailly de Mascon pour ses peines et salaires d'avoir fait mectre à exécucion une sentence criminelle donnée et proférée par la court dudit bailli à l'encontre de feu Guillaume Decours, du lieu de Saint-Point, jadis presbtre, lequel pour ses desmérites, mesmement pour ce qu'il avoit esté convaincu de crime de hérésie et de sorcerie, et par art dyabolique et de sorcerie avoir fait et commis plusieurs grans maulx, incantacions et autres choses contre la majesté de Dieu, nostre Créateur, et la foy chrestienne, fut publicquement en la ville de Mascon, en la rue de la Court du Prévost, par révérend père en Dieu Messire Jehan, évesque d'Avenes[1], presché et illec publicquement par ledict évesque dégradé de l'ordre de prestrise et autres ordres, et cedict jour rendu à la court dudict bailli comme au bras séculier, et par icelle court fut condempné à estre ars et brûlé, laquelle sentence durans les foires de Mascon au mois d'aoust[2] mil CCCCIIII^{xx} et I ledict Jehan Descrivieux, comme maistre des foires, par l'excécuteur de la haulte justice contre le devant dict Guillaume a fait mectre a excécucion ; et 31 solz, 8 deniers tournois à lui semblablement tauxez et qu'il avoit paiez, c'est assavoir pour l'achat de six berrotées[3] de gros bois 15 solz tournois, pour III douzaines de faz de bronde seiche[4] pour faire ardoir et brûler 7 solz, 6 deniers, pour une chaynne de fer pour actacher le dessusdict Guillaume 5 solz tournois, et pour ung pillier de bois ouquel fut mis et actaché le devant nommé Guillaume, et pour le planter en terre, 4 solz, 2 deniers tournois. Font lesdictes parties la somme de 4 livres, 11 solz, 8

---

1. Probablement l'évêque *in partibus* d'Abydos (*episcopus Avenetensis*).
2. Probablement le 10.
3. *Berrotée*, charge de la voiture à deux roues, par opposition à la *charrée*, charge de la voiture à quatre roues.
4. Bottes de brande sèche.

deniers tournois. Et n'avoit ledict Guillaume aucuns biens » sur lesquels on pût se rembourser[1].

Mre **François Trama** était curé en 1524[2].

Mre **Philibert Aleyné** résigna le 14 décembre 1602, et **Denis Moisson**, docteur en médecine, le remplaça[3]. Il était à la fois curé de Saint-Point et chapelain de la chapelle de Feurs[4] lorsqu'il fit, « en considération du voiage de Rome » qu'il allait entreprendre, par-devant Me François Lamyn, notaire royal à Saint-Pierre-le-Vieux, le 16 octobre 1613, un testament par lequel il désignait comme son héritière universelle Claudine Dauphin, sa cousine, fille de noble Nicolas Dauphin, procureur du Roi en l'élection de Mâcon, à charge par elle de faire célébrer ses obsèques en l'église de Saint-Point, d'y faire dire douze messes « heucaristialles », savoir quatre à son enterrement, quatre à sa quarantaine et quatre à son anniversaire, payables à chacun des prêtres célébrants 3 sous tournois « avec leur reffection corporelle », d'y fonder une messe annuelle « avec l'oraison et *Libera me* » à son intention, de faire au moins 6 livres d'aumônes, et d'acquitter les legs suivants : à Mgr Gaspard Dinet, évêque de Mâcon, « son prellat », 5 livres ; à Denis Bécat, de Saint-Point, son filleul, 10 livres ; à Denis Delorme, de Saint-Point, 10 livres ; à Claude Faillant, de Saint-Point, « son vallet », 80 livres ; à François

---

1. Archives de la Côte-d'Or, B. 5115, f° 101.
2. Indication prise par Mgr Rameau au cours d'un dépouillement d'archives.
3. Archives de Saône-et-Loire, G. 70, f° 104.
4. Chapelle des Saints Côme et Damien de l'église de Crèches, appelée aussi *chapelle de Feurs* ou *des Tours* parce qu'elle avait été fondée par les de Feurs, seigneurs des Tours. Les revenus de la chapelle, qui étaient de 90 livres au XVIe siècle, étaient alors partagés entre deux co-chapelains chargés d'y dire la messe tous les jours à tour de rôle. La présentation appartenait au seigneur des Tours et la nomination à l'évêque de Mâcon. (*Pouillé du diocèse de Mâcon* publié en tête du *Cartulaire de Saint-Vincent*, p. CCLXXXIX).

Corsin, fils de Me Antoine Corsin, notaire audit Saint-Point, un certain nombre de meubles et la somme de 160 livres ; enfin à Me Nicolas Moisson, avocat à Mâcon, à Philiberte, Claudine, Françoise et Marie Moisson, ses frère et sœurs, chacun 3 livres [1].

Le lendemain 17 octobre (1613) Mre Denis Moisson vendait à Me Antoine Corsin ses « revenus et debvoirs » de la cure de Saint-Point et de la chapelle de Feurs, consistant en « diesmes, quartes, rentes, censives, lodz et aultres droictz seigneuriaulx », et les arrérages d'iceux, le tout pour une période de 3 ans et moyennant la somme de 240 livres [2].

Il résigna la cure le 12 mai 1623 [3]. **Aimé de Meaux**, chanoine de Saint-Vincent de Mâcon, en fut aussitôt pourvu, mais y renonça le 17 juin suivant [4], de sorte que Moisson la reprit, et la conserva jusqu'en 1629 [5].

A sa mort, **Pierre Dauphin**, clerc, fils de Nicolas Dauphin, procureur en l'élection de Mâcon, et de Françoise Bernard, y fut nommé (18 juillet 1629) [6].

Il résigna le 5 septembre 1661 en faveur de **Claude Perrachon**, prêtre du diocèse, moyennant le paiement d'une pension de 80 livres par an ou l'abandon du tiers des dîmes de la paroisse [7]. Celui-ci démissionna à son tour en faveur de **Blaise Mathieu**, de Matour, à charge par lui d'acquitter ladite pension (7 mars 1662) [8], et devint curé de

---

1. Archives de Saône-et-Loire, E. 1265, 10.
2. Id., ibid., 6 bis.
3. Id., G. 74, 2, f° 74.
4. Id., ibid., f° 77.
5. Id., B. 1089, f° 232.
6. Id., G. 74, 3, f° 47 v°.
7. Id., G. 76, f° 397 v°, et minutes des Mes Guillet (20 juin et 18 août 1662).
8. Id., G. 76, f° 404.

Chiroubles¹ où son frère, Jacques Perrachon, était notaire².

Le procès-verbal de prise de possession de la cure par Blaise Mathieu nous fait connaître le cérémonial usité en pareil cas. Le dimanche 21 mai 1662, vers 11 heures du matin, le nouveau titulaire se présenta à la grande porte de l'église, où l'attendait Mʳᵉ Guillaume Crottier, curé de Saint-Pierre-le-Vieux, qui reçut de ses mains les lettres de nomination du pape et d'institution de l'évêque, et qui en donna lecture à haute et intelligible voix. « Apprès quoy il a pris ledict Mʳᵉ Mathieu par la main, apprès l'ouverture faicte de la porte de ladicte esglize ; il l'a mené et conduict, apprès avoir faict aspersion d'eau béniste, au-devant le grand hostel, où tous deux prosternés à genoux ont faict les prières accoustumées, visitté le sainct sacrement et les fondz baptismaux, baisé les coings de l'hostel et ouvert le missel, chanté des himnes à la louange de Dieu et honneur de sainct Donnat, patron de ladicte esglize, saousné les cloches, et faict tous autres actes et cérémonies à ce requises et nécessaires. A laquelle mise en possession n'y a heu aulcune opposition ny empêchement, dont ledict Mʳᵉ Mathieu a requis acte au notaire³… »

Par acte du 13 octobre 1667, Mʳᵉ Mathieu abandonna à Jean Mathieu, marchand de Matour, son frère, tous ses immeubles sis à Auvereaux, paroisse dudit Matour, sauf un pré et la somme de 40 livres, à charge par lui de « nourrir et entretenir de vie et vestemens, avect et comme les siens propres, Gabrielle, fille donnée⁴ d'Anthoinette Janans, jus-

---

1. Rhône.
2. Archives de Saône-et-Loire, G. 76, f° 403 v°.
3. Minutes des Mᵉˢ Guillet, en l'étude de Mᵉ Tarlet, à Clermain (21 mai 1662).
4. Enfant naturel.

ques à ce qu'elle soit majeure ou en aage compétant pour gagner sa vie, et dans le temps de sa majoritté ou lorsqu'elle se marierat de luy payer ou constituer la somme de 200 livres [1] ».

Le 30 mars 1668 il résigna en faveur de Mre **François de Curières**, acolyte de Sainte-Eulalie au diocèse de Rodez, sous la condition toujours d'acquitter la pension due à Mre Pierre Dauphin. Il lui vendit, en même temps, pour le prix de 360 livres, « tous ses meubles et utancilles de mesnage », comprenant « un cabinet façon d'Allemagne, boys noyer, en menuzerie, fermant à clefz ; une table ronde et huict chèzes, boys noyer ; un champlict, boys chesne, avec son tourd de lict de Bergame, une couverte laisne, façon du pays, une coëtte et coussin de basle [2], un coussinet de plume ; deux chenetz de fertz ; un seau de boys ; un pot de fert, et son couvercle ; un bassin ; une cuiller de fert ; un petit chauderon ; deux coffres, l'un fermant à clefz et l'autre fort caducq ; un miroir, et deux poinssons [en] vuidange, comm' aussi la quantitté de vingt-un livres tant spirituelz que de classe » ; etc [3].

François de Curières appartenait à une famille noble du Midi dont les armes se blasonnaient ainsi : « écartelé, aux 1 et 4 d'azur à un chien d'argent, aux 2 et 3 de gueules à trois molettes d'éperon d'or [4] ». C'est évidemment son cachet qu'il a apposé dans le registre paroissial de 1671 [5] ; l'écu porte bien un chien dans le chef et trois molettes d'éperon (étoiles à six rais) mises en fasce dans la pointe.

---

1. Minutes des Mes Guillet (13 octobre 1667).
2. Balle.
3. Minutes des Mes Guillet (30 mars 1668).
4. *Dictionnaire héraldique*, p. Ch. Grandmaison, 1861, in-8°, col. 170.
5. Au dos du feuillet sur lequel est transcrit un acte de baptême du 30 décembre 1671. (Archives de Saint-Point, GG. 1).

Dans un acte de 1670[1] il s'intitule « prieur et curé de Saint-Point ».

Le 18 octobre 1677 **Jean Chauvet**, prêtre, prit possession de la cure ensuite de la résignation que lui en avait faite Mre de Curières et en vertu des lettres de provision que lui avait délivrées la cour de Rome le 7 mai précédent[2].

Pendant les longues absences de Mre de Curières, en 1674 et 1675, la desserte de la cure avait été faite par Mre Jacques Chauvet, aumônier du seigneur[3] et probablement frère de Jean, qui revint ensuite de temps en temps à Saint-Point et qui signa plusieurs actes des registres paroissiaux avec la qualité de curé de Servas en Bresse[4], puis de Notre-Dame de Cluny[5].

Pierre Dauphin, qui après sa résignation en faveur de Claude Perrachon en 1661, se retira à Mâcon où nous le trouvons en 1667[6], et fonda dans l'église de Clermain, le 16 août 1671, « chascun an douze messes heucaristialles à l'honneur de la glorieuse Vierge Marie, et à la fin d'icelles un *Salve Regina* », moyennant 6 livres de rente[7], revint souvent à Saint-Point, notamment en 1668, 1669, 1670 et 1675[8]. Il avait, d'ailleurs, en vertu de deux contrats, l'un du 20 novembre 1661 avec Mre Perrachon, l'autre du

---

1. Archives de Saint-Point, GG. 1 (5 avril 1670).
2. Minutes des Mes Guillet (18 octobre 1677).
3. Archives de Saône-et-Loire, G. 77, 3, f° 69.
4. Archives de Saint-Point, GG. 1 (6 février 1680).
5. Id., *ibid.* (31 janvier et 2 février 1684). — Il prit possession de cette dernière cure le 15 mars 1681. (Minutes des Mes Guillet).
6. Minutes de Me Achaintre, en l'étude de Me Gautheron (12 août 1667). Voir en la même étude, dans les minutes de Me Bouchard, une quittance et un quitus du recteur du collège des jésuites de Mâcon pour Me Dauphin (12 septembre 1648 et 23 juin 1651).
7. Archives de Saône-et-Loire, G. 354, 9.
8. Archives de Saint-Point, GG. 1, 10 décembre 1668, 16 juin 1669, 10 mars 1670 et 12 septembre 1675.

18 août 1662 avec Mre Mathieu, conservé le tiers des dîmes de la paroisse, plus les dîmes de chanvre et de vin et les dîmes novales, de préférence à la pension de 80 livres[1].

Il se donnait en 1662, le titre de « prieur » de Saint-Point, et Mre Mathieu s'en disait « recteur[2] ».

Peu de temps après son installation, Jean Chauvet eut des difficultés avec les gabeloux qui trouvèrent chez lui, au mois de juin 1679, du sel dont il ne put établir la provenance régulière, « disant être nouveau venu au pays et ne sçavoir la coustume ny l'uzage », mais promettant de faire à l'avenir « comme les autres ».

Or, le 22 février de l'année suivante (1680), le brigadier Poudrillat, de Mâcon, accompagné des gardes Matraire dit *La Fortune* et Guimenet dit *La Verdure*, se présenta de nouveau à la cure et invita Mre Chauvet « à produire sa feuille de gabelle, son sel et touttes ses sallures, lequel [répondit] : « J'ay sallé un petit lard. Il me reste environ demy « choppine sel, et pour de feuille, je n'en ayt point, « non plus que des billietz de regratz ». Sur quoi le brigadier le somma de « déclarer le lieu où il avoit pris le sel pour saller son lard et pour l'uzage de sa famille pendant l'année, lequel a dict avoir heu un demy quart de sel d'un nommé Jean Augoyat, habitant de la paroisse, et pour son ordinaire qu'il en avoit pris au regrat, dont il ne fict voir aucuns billetz ny feuille ». Mais « pour le convaincre de faulsonnage et de mauvais gabellement [le brigadier monta] ché ledict Augoyat, lequel après plusieurs enjonctions et demandes dit n'avoir jamais presté, vendu ny remis du sel en

---

1. Minutes des Mes Guillet (18 août 1662).
2. Id. (10 août 1662).

payement à personne, ce qui prouve une grande malversation envers ledict curé et de plus résidive ».

Ensuite de ce procès-verbal Mre Chauvet fut cité à comparaître par-devant le visiteur général des gabelles à Mâcon, qui l'interrogea le 18 mars et à qui il déclara[1] que l'année précédente (1679) il avait bien « tué un lard, et aussy la présente année, que pour saller le lard de l'année dernière il [avoit] prins le sel chés le nommé Tarlet, regratier[2] de Sainct-Poinct, et que pour le pourceau de la présente année il [l'avait] sallé d'un demy quart de sel que Jean Augoyat, son fermier[3], luy achepta dans le grenier de Mascon », et que si ledit Augoyat le niait, c'était « un méchant homme ». Augoyat, mandé à son tour (22 mars) par le visiteur général des gabelles, reconnut que, comme il venait de l'apprendre, son frère, en son absence et à son insu, avait en effet partagé avec le curé un quart de minot de sel rapporté le 22 novembre de Mâcon par lui déposant. Là-dessus le receveur au grenier à sel de Mâcon requit la condamnation de Mre Chauvet à 100 livres d'amende et aux dépens. Le procureur du Roi, plus modéré, conclut qu'on ne pouvait le considérer « comme un faussonnier qui auroit usé de sel de contrebande ou fait sa provision hors de son ressort », mais que « eu esgard à sa récidive et au mespris par luy faict de l'advis qui luy avoit esté donné par les gardes », il y avait lieu de lui infliger « une amande légère de 20 livres envers Sa Majesté ». Le 23 mars 1680 le visiteur général prononça une sentence aux termes de laquelle le curé dut payer 30 livres d'amende et 20 livres de dépens[4].

---

1. Interrogé sur son âge, il déclara avoir 30 ans.
2. Revendeur.
3. Fermier de ses dîmes.
4. Archives de Saône-et-Loire, C. 811, 1, 2 et 3.

En 1689 le seigneur nomma Jean Chauvet chapelain de sa chapelle de Sainte-Catherine[1].

Jean Chauvet devint lui-même, après Jacques Chauvet, curé de Notre-Dame de Cluny, probablement en 1703. D'après une note de son successeur à Saint-Point[2], il l'était encore en 1718.

Ce successeur fut **Louis Aldiguier**. Il apparaît dans les registres paroissiaux comme parrain et « escholier, de Séverac-le-Chasteau en Rouergue », le 19 mars 1692[3], puis comme vicaire, le 1er janvier 1702, et enfin comme curé, le 17 septembre 1703[4].

Il fit deux procès successifs aux habitants, un premier en 1714[5] au sujet du droit de coupe, un second en 1717[6] au sujet du droit de quarte, que lesdits habitants prétendaient « payer de gré à gré, à la manière accoutumée de temps immémorial, en faisant ledit sieur Aldiguier de même le service accoutumé ».

Il mourut le 7 décembre 1728, à l'âge de 74 ans, et fut inhumé dans l'église le lendemain[7].

Le 26 avril 1729 on trouve comme curé **Guillaume Fabre** qui signe aux registres pour la dernière fois et en qualité de « curé de Saint-Point et de Joncy » le 11 décembre 1734[8].

Le 17 décembre 1734 **Claude-Etienne Dupré**, prêtre du diocèse de Lyon, est mis en possession de la cure « par l'entrée en l'églize, prise et aspersion d'eau bénite, conduite au-devant du maître-autel, génuflexion, prières, baisement dudit autel,

---

1. Voir § VII.
2. A la fin du cahier de 1692. (Archives de Saint-Point, GG. 1).
3. Id., GG. 2.
4. Id., *ibid.*
5. Minutes des Mes Guillet, 22 février 1714.
6. Id., 5 décembre 1717.
7. Archives de Saint-Point, GG. 2.
8. Id., GG., 3.

ouverture du tabernacle, visitte du saint ciboire et des fonds baptismaux, entrée dans la chaire à prescher, conduite dans la maison curialle, retour dans ladite églize, attouchement de la porte d'icelle, sonnement de la cloche, chant du *Te Deum*, et par touttes les autres cérémonies en tel cas requises et accoutumées[1] ». Les 26 août et 18 septembre 1739 il signe aux registres « aumônier de l'hôtel-Dieu de Mâcon[2] ».

Le 24 septembre ou le 24 octobre 1739 apparaît **Joseph Boéty**[3], prêtre du diocèse de Nice, qui du 2 mars 1742 au 14 février 1743 signe « curé de Saint-Point et de Crêches », et du 19 février au 4 juillet 1743 « curé de Saint-Point » seulement[4]. Il était prêtre habitué de l'église Saint-Vincent de Mâcon lorsqu'il mourut « subitement », âgé d'environ 70 ans, le 27 janvier 1753; on l'inhuma « le lendemain, au préal, dans le caveau de la chapelle de la Visitation[5] ».

Le 19 juillet 1743 on trouve comme curé **Philibert-Louis Guilloux**, prêtre du diocèse d'Autun, mort le 18 mai 1753, à l'âge d'environ 39 ans, et inhumé le 19 « devant la chaire de l'église », puis le 12 octobre 1753, **Marcelin Guilloux**[6], précédemment vicaire à Villié[7], mort le 13 octobre 1782, à l'âge de 61 ans, et inhumé le 14[8].

---

1. Minutes de M⁰ Quiclet, en l'étude de M⁰ Gautheron, notaire à Mâcon, n° 5158 (17 décembre 1734).
2. Archives de Saint-Point, GG. 3.
3. Dans son acte de sépulture il est appelé « Boëty-Déron ».
4. Archives de Saint-Point, GG. 3.
5. Archives de Mâcon, GG. 90.
6. Archives de Saint-Point, GG. 3.
7. Rhône.
8. Archives de Saint Point, GG. 4. — Le 29 mai 1753, sépulture dans l'église d'Anne Barraud, femme de Claude Guilloux, de Tramayes, décédée la veille à l'âge d'environ 75 ans. (Id., GG. 3). — Le 23 octobre 1767, sépulture dans le cimetière de Claude Guilloux, praticien, décédé la veille à l'âge d'environ 88 ans. (Id., GG. 4).

Mre Marcelin Guilloux intenta en 1757 un procès aux habitants pour leur faire « payer à l'avenir en nature la dixme de tous les menus grains sans exception qui viendront dans la portion de dixme relàchée à ses prédécesseurs pour leur tenir lieu de portion congrue », dîme qui, au dire des paroissiens, « ne luy appartenoit pas, ou du moins qu'il n'étoit pas en droit de percevoir de la façon dont il entendoit l'exiger [1] ».

Vincent Genillon, né le 1er juin 1757 [2], bachelier de Sorbonne [3], fut nommé curé le 14 novembre 1782 [4].

Le 23 juillet 1787 il dut porter plainte contre une de ses paroissiennes, la nommée Françoise Tarlet, femme de Pierre Perrachon, qui l'avait insulté grossièrement : « Il n'ignore pas, dit-il, qu'un pasteur doit être pacifique vis-à-vis ses paroissiens, qu'il doit faire son possible pour les ramener à leur devoir par les voyes de douceur et des remontrances honnêtes, mais lorsqu'il s'en trouve d'un caractère assés méchant pour ne rien écouter, et qui vont jusques à se permettre de tenir publiquement des propos injurieux et outrageants contre leur curé, et même à lui faire des menaces les plus violentes, alors il doit recourir à l'authorité des magistrats pour en avoir une juste réparation et les contenir dans un devoir d'honnêteté.

« Par sentence du bailliage du 23 juin il est resté adjudicataire de certains immeubles vendus sur Jeanne Perreau, veuve de Pierre Tarlet, et Pierre

---

1. Minutes des Mes Guillet, 27 novembre 1757.
2. D'après le registre des traitements des ecclésiastiques du district de Mâcon du 18 septembre 1793 au 24 thermidor an II. (Archives de Saône-et-Loire, L).
3. Archives de Saint-Point, GG. 5 (2 janvier 1784).
4. *Almanach du pays et comté de Mâconnois, Dictionnaire historique et géographique*, 1786, in-8°, p. 118.

Tarlet, son fils, consorts. Françoise Tarlet[1], femme de Pierre Perrachon, qui est vrayment d'un caractère méchant, soit sous prétexte de droits légitimaires sur les immeubles vendus, soit parce que ces immeubles viennent de sa famille, l'a constamment troublé dans sa jouissance. De concert sans doute avec son mary, elle se livre journellement à des incursions sur ces immeubles.

« En conséquence le samedi 14 de ce mois, sur les 10 heures du matin, ils faisoient tenir à garde faitte [par] un enfant de sept à huit ans[2], des moutons et une chèvre dans une terre ensemencée en bled turquis, froment et chanvre, appellée *En Verdin*. Le curé s'y transporta avec son domestique pour les chasser. Françoise Tarlet parut comme une furieuse, armée d'un bâton duquel elle vouloit frapper ledit domestique qui fut obligé de fuir.

« A l'égard du supliant elle tint contre lui de ces propos injurieux et grossiers : « Il te convient bien, « crapeau, de faire chasser mon bétail de mes fonds. « Vas, tu n'es qu'un p.....ier ; va avec ta g...ne, que « tu promène les matins et les soirs. Tu n'as point « pu trouver de p...n à Saint-Point, tu es allé « chercher celle-là à Mâcon. Comment oses-tu dire « la messe ? Tu es indigne d'approcher de l'autel ».

« Il faut convenir que ces propos sont tout à la fois horribles et injurieux. D'ailleurs il faut remarquer qu'ils ont été tenus publiquement, en présence de moitié des habitants, que les cris de Françoise Tarlet avoient facilement assemblés. De tels propos feroient impression sur la pluspart des habitants et sur beaucoup d'autres personnes qui en ont connoissance, s'ils restoient impunis. Ils sont injurieux pour le supliant, mais ils sont encore contraires aux

---

1. Fille desdits Tarlet et Perreau, *alias* Perraud.
2. Fils desdits Perrachon et Tarlet.

bonnes mœurs et aux égards qui sont dus à un pasteur zélé. La société a intérêt qu'ils soient réprimés[1] ».

Avec l'autorisation du lieutenant criminel au bailliage et présidial de Mâcon une information fut ouverte, qui ne nous apprend pas grand'chose de nouveau. A ce que Genillon avait rapporté, un témoin ajouta que certain jour il avait vu « Pierre Perrachon aller sur la terre appelée *En Verdain*, une fourche à la main », qui lui dit : « J'attends le curé ; il a fait sortir hier soir mes moutons de ladite terre ; quand il viendra avec sa robbe noire, je le chasserai bien à mon tour ». Un autre déclara que le matin où le curé et son domestique étaient venus chasser les bêtes, ils essayèrent, mais en vain, de conduire ces dernières au château, probablement pour les mettre aux mains des officiers de justice du seigneur. Un troisième déposa que au cours de l'altercation l'accusée dit au plaignant qu'il « étoit un crapeau qui ne ressembloit pas plus à un prêtre qu'elle à un chanteur de messes, et que la mère du sieur curé étoit de la famille des Sarrazins». Un dernier enfin raconta qu'il entendit, après la scène, Perrachon disant : « Si je m'y étois trouvé, il ne les auroit pas fait sortir si aizément. J'aurois plustôt sauté sur le curé, et luy aurois arraché un morceau de sa soutane ».

Françoise Tarlet fut à son tour soumise à un interrogatoire[2]. Elle nia la plupart des faits et dires qui lui étaient imputés, et prétendit, pour sa justification, qu'elle n'avait eu à la main, le 14 juillet, qu'un « échalat », dont elle se servit « pour détourner ses moutons et sa chèvre ; qu'elle ne menaça nullement le

---

1. « La personne de laquelle la Perrachon a entendu parler est une couturière qui fait des lits à la mère du supliant ».
2. Elle déclara être « travailleuse de terre » et avoir environ 40 ans.

domestique ; que le sieur curé étant venu dans ladite terre, sortant de dire la messe, elle lui avoit dit qu'il avoit donc songé à cela en disant sa messe, qu'on disoit cependant qu'on ne devoit pas la dire en songeant à la malice ; qu'elle ne l'a point tutoyé ; qu'elle ne s'est servi d'aucune des expressions [rapportées] ny tenu lesdits propos ; qu'il est vray elle dit audit sieur curé que toute la jeunesse disoit que puisqu'il se promenoit depuis le soleil couché jusqu'à onze heures du soir et de grand matin dans les terres et bois avec une femme, qu'elle croit avoir qualifiée de *grande truelle*, on ne devoit pas craindre d'aller se confesser ; que le sieur curé ne la poursuit que pour lui faire manger le peu de bien qui lui reste, vu que lui aïant demandé plusieurs fois à acheter le peu de fonds qu'elle a encore, sur le refus qu'elle lui fit, il la menaça, lui disant qu'il le lui feroit bien manger ».

Nos renseignements sur cette affaire se bornent malheureusement là et nous ignorons la suite qu'elle a reçue[1].

Mais l'année suivante Mre Genillon eut au sujet de sacristains une bien autre histoire. Le dimanche 24 février 1788, à la sortie des vêpres de la paroisse, 39 habitants se réunirent à l'entrée de l'église pour traiter les affaires de la communauté et firent rédiger par Me Guillet, leur notaire, le procès-verbal suivant de leur délibération :

« Depuis un temps immémorial Pierre, fils de Jacques Delorme, habitant du bourg, tant par luy-même que par son père et son grand-père, ont exercé l'employ de manillier, c'est-à-dire de fossoyeur, sonneur de cloches et serviteur de l'église de Saint-Point, avec probité et tout honneur, du consentement et de l'approbation universelle de tous les habitants.

---

1. Archives de Saône-et-Loire, B. 1321, 62.

« Sans aucune raison ny droit, sans même avoir prévenu, suivant l'usage ordinaire, lesdits habitants, Benoît Daval, sabottier, s'avisa le 20 janvier dernier de s'emparer des clefs de l'église et à la fin de la messe célébrée ce jour-là d'annoncer par le tintement des cloches, qui fut fait par Claude Chassagne, qu'il fallait procéder à l'élection d'un nouveau manillier au lieu et place de Pierre Delorme qui en faisait les fonctions.

« Ce coup d'autorité et d'injustice tout à la fois surprit et indigna tellement lesdits habitants qu'ils se retirèrent sans vouloir rien délibérer, en disant hautement qu'ils étaient contents du service dudit Delorme et qu'ils entendaient tous qu'il continuât ses fonctions ordinaires, et protestaient de nullité sur tout ce qu'ils feraient de contraire à leurs intentions présentes ; que ledit Delorme n'était point payé par la fabrique, mais se contentait des rétributions volontaires que chacun desdits habitants voulait bien lui faire.

« Malgré leurs remontrances, ledit Benoît Daval, accompagné dudit Claude Chassagne, d'Antoine Chantin, l'un des fabriciens, Jean Bénat et Antoine Daval, se retirèrent à la cure, où, en présence de Mre Genillon, ils remirent les clefs de l'église à Jean Raffin, beau-frère dudit Claude Chassagne, qui depuis ce temps-là a rempli tant bien que mal, malgré tous les habitants, les fonctions de manillier qu'exerçait cy-devant ledit Pierre Delorme à la satisfaction universelle.

« En conséquence, pour éviter les troubles prêts à naître, ramener la paix dans la parroisse et rendre la justice à qui elle était due, les voix prises et reçues d'un chacun, sur la réquisition du sieur curé, ils révoquaient tous d'une voix unanime, à l'exception dudit curé et ses adhérants, dont sera cy-après parlé, ledit Jean Raffin, qu'ils regardaient comme un intrus dans ladite fonction de manillier, avec injonction qu'ils luy faisaient de rendre les clefs de l'église audit Pierre Delorme, qu'ils nommaient tous de nouveau d'un consentement et accord commun, pour remplir et continuer sous ses rétributions ordinaires ladite fonction de manillier, qu'il exerçait depuis si longtemps, tant par luy que par ses auteurs, à la satisfaction et approbation de toute la parroisse, lequel dit Pierre Delorme icy présent a accepté, de l'autorité de Jacques Delorme son père icy présent et cautionnant sondit fils, le susdit employ de manillier, avec promesse d'en remplir les devoirs avec décence, assiduité, honneur et respect envers qui ils sont dus, et en conséquence lesdits habitants ont tous déclaré qu'à deffaut par ledit Raffin de remettre audit Delorme dans le jour les clefs de ladite église, ils protestaient tous...

« Et à l'instant Mre Genillon, assisté d'Antoine Chantin, fabricien, de Claude Chassagne, de Philippe Ferré, de Claude-Amédée Crozet et de Benoit Daval, nous ont dit qu'ils protestent contre le présent acte de nomination que font les habitants susnommés comme détruisant l'acte valide de nomination qu'ils ont fait le 20 février dernier, et comme attentant aux droits de l'assemblée ordinaire qu'ils firent à ce sujet, et dans laquelle ils nommèrent la personne dudit Jean Raffin, pour les raisons suivantes, savoir que ledit curé y exposa qu'il avait été insulté plusieurs fois par Jacques Delorme en ces termes *qu'il se f.....t du curé comme du grand diable*, qu'en outre ledit sieur curé a été obligé de le chasser hors de son chœur étant si plein de vin qu'il ne pouvait se tenir, ce qui s'est passé aux vu et su de tout le monde, qu'en outre ledit Delorme est *cabaretier de son état et yvrogne de profession* ; que Pierre Delorme, son fils, a manqué essentiellement à un habitant notable par mille et mille injures très souvent répétées dans un cabaret ; qu'il y a un sonneur nommé depuis environ un mois par eux ayant droit, qu'il a été nommé à l'issue de la messe parroissiale, l'assemblée indiquée au son de la cloche par les susdits cinq susnommés, que cette élection a été faite par l'un des marguilliers, par le curé et plusieurs notables habitants, que les susnommés soutiennent que cette nomination est régulière ; en outre protestent les susdénommés contre la présente assemblée, qui n'est, selon eux, qu'une émeute, n'ayant point été indiquée au son de la cloche, ny préalablement publiée, que ledit sieur curé n'y a point été invité, non plus que lesdits protestants, contre tous lesquels dires, protestations et réquisitions, tous les autres habitants ont fait toutes protestations contraires [1]... »

Genillon prêta le serment constitutionnel le 19 décembre 1790, et le serment civique le 5 octobre 1792 [2].

Il habitait encore Saint-Point, le 4 février 1793, quand il acheta de Jean-François Tarlet, de Saint-Pierre-le-Vieux, un domaine sis audit Saint-Point, moyennant le prix de 16,600 livres [3].

Peu de temps après il fut nommé président de l'administration municipale du canton de Tramayes créée en vertu de la constitution de l'an III. Pendant qu'il résida dans ce bourg un prêtre assermenté M. Jean-Baptiste Tête, qui, après la Révolution, devint curé de Viré, aurait, suivant la tradition, tenté d'exercer les fonctions du culte à Saint-Point, tandis qu'un prêtre insermenté, M. Jean-Baptiste Fouilloux, qui, après la Révolution, devint curé de

---

1. Minutes des M⁰ˢ Guillet (24 février 1788).
2. Archives de Saint-Point, D. 1. Voir § X.
3. Archives de Saône-et-Loire, supplément à la série E, famille Genillon.

Saint-Pierre-le-Vieux, célébrait les offices en cachette chez un nommé Deschizeaux, du hameau de Joux [1].

Genillon, comme il arrive à beaucoup de fonctionnaires publics, se fit des ennemis. Il dut même recourir une fois, pour sa sécurité personnelle, à l'autorité de l'administration centrale qui prit, le 3 frimaire an V, l'arrêté suivant :

« Vu la lettre adressée le 30 vendémiaire dernier au commissaire près l'administration centrale du département de Saône-et-Loire par le commissaire près l'administration municipale du canton de Tramayes,

« L'administration centrale, considérant qu'il résulte de ladite lettre que le citoyen Genillon, président de l'administration municipale du canton de Tramayes, a été insulté et maltraité par des gens prévenus d'avoir volé des bois et dont il voulait réprimer les désordres, qu'il importe au maintien de la tranquillité publique dans ce canton et du respect dû aux magistrats du peuple de ne pas laisser le crime impuni,

« Ouï le commissaire du directoire exécutif,

« Arrête qu'à la diligence du commissaire du directoire exécutif près la municipalité de Tramayes les faits ci-dessus seront dénoncés à l'officier de police dudit canton [2] ».

Mais un autre arrêté de la même administration centrale, en date du 11 pluviôse an VI, le suspendit de ses fonctions. Il est intéressant à lire.

« L'administration centrale du département de Saône-et-Loire, considérant que dans le canton de Tramayes les lois n'y sont point exécutées, que cette

---

1. Notice manuscrite sur la paroisse de Saint-Point, par M. l'abbé Buttet, curé.
2. Arrêtés de l'administration centrale du département du 2 prairial an IV au 11 pluviôse an V. (Archives de Saône-et-Loire, L).

inexécution entretient les citoyens dans l'éloignement du gouvernement républicain, et que la faute doit en être attribuée au président de l'administration de ce canton,

« Considérant qu'il existe dans ledit canton beaucoup de militaires appartenant aux armées de la République, qu'ils y sont en sûreté et protégés, et que le président de l'administration municipale lui-même en loge chez lui au mépris des lois et arrêtés à ce sujet,

« Considérant que le président de l'administration municipale de ce canton, en exerçant avec régularité les fonctions de ministre du culte, nourrit dans cet arrondissement un esprit de fanatisme qui nuit aux progrès de la Révolution et agrandit les espérances des réfractaires,

« Que dans le même canton il est partout des lieux ouverts à l'exercice du culte catholique, sans que rien constate que les ministres qui y exercent se sont soumis aux lois,

« Considérant qu'au mépris de la loi du 25 germinal et de l'arrêté du département l'on y sonne constamment les cloches pour convoquer à des cérémonies religieuses ;

« Ouï le commissaire du directoire exécutif,

« Arrête :

« Conformément à l'article 194 de la Constitution le citoyen Genillon, président de l'administration municipale du canton de Tramayes, est suspendu de l'exercice de ses fonctions[1] ».

Et le 3 ventôse suivant (an VI) le directoire exécutif prononça la destitution de l'administrateur « resté en fonctions après l'exécution de la loi du 19 fructidor », qui protégeait et logeait même des

---

[1]. Arrêtés de l'administration centrale du département du 21 frimaire an VI au 24 pluviôse an VII. (Archives de Saône-et-Loire, L).

« réquisitionnaires » insoumis et qui, comme ministre du culte, entretenait « un esprit de fanatisme nuisible à la liberté et au caractère du vrai républicain [1] ».

Dans l'intervalle Genillon s'était livré en grand à la spéculation sur les biens nationaux.

Il avait acheté successivement : la cure de Saint-Point, moyennant 3,926 fr. (14 fructidor an IV) [2] ; le tiers revenant à la Nation des château et domaine de Marbé près Mâcon saisis sur l'émigré Aymard de Montval, moyennant 14,377 fr. 6 s. 8 d. (2e jour complémentaire an IV) [3] ; avec le citoyen Antoine Michel, de Mâcon, la cure de Chevagny-les-Chevrières, moyennant 1,440 fr. (21 ventôse an V) [4] ; avec les citoyens Benoît Guillard, Lièvre, négociant à Cluny, et Delorme, propriétaire audit Cluny, le 18e lot des biens provenant des émigrés de Mac-Mahon et situés à Issy-l'Evêque, moyennant 200,200 fr. (21 ventôse an VI) [5].

Il s'était fait admettre aussi avec le citoyen Antoine Michel, à acquérir, le 24 brumaire an V, la cure de Saint-Léger-sous-la-Bussière, moyennant 3,107 fr. [6], et le 26 frimaire an V, un bâtiment ayant servi de grange et une terre appelée *La Verchère aux Prêtres*, situés à Tramayes et provenant de la cure dudit lieu, moyennant 694 fr. [7]

---

1. Délibérations de l'administration centrale du département du 16 ventôse au 24 fructidor an VI. (Archives de Saône-et-Loire, L).
2. Ventes de biens nationaux, registre 8, acte 4. (Archives de Saône-et-Loire, Q). — Voir plus loin.
3. Id., reg. 10, acte 43. (Id., *ibid.*)
4. Id., reg. 24, acte 40. (Id., *ibid.*)
5. Id., reg. 32, acte 49. (Id., *ibid.*)
6. Arrêtés de l'administration centrale relatifs aux soumissions d'acquérir les biens nationaux du district de Mâcon du 5 brumaire au 14 frimaire an V. (Archives de Saône-et-Loire, L).
7. Id., du 14 frimaire au 23 ventôse an V. (Id., *ibid.*) — Leur soumission du 28 floréal an IV pour l'acquisition des dépendances de la cure de Matour ne paraît pas avoir été admise.

« Le 2 floréal an VI (21 avril 1798), l'abbaye de Cluny, renfermée dans une enceinte particulière et comprenant, outre l'église et les cloîtres, le palais abbatial, la place actuelle du marché, l'emplacement actuel du dépôt d'étalons, les jardins, fut adjugée au citoyen Batonnard, marchand à Mâcon, moyennant le prix de 2 millions 14,000 francs.

« En l'an VIII (1800), l'adjudicataire et ses associés, Vachier et Genillon, cherchèrent naturellement à tirer parti de leur acquisition.

« Ils commencèrent par enlever les décorations et ornements intérieurs de l'église, les grilles, les boiseries, les magnifiques stalles [1], etc. Les adjudicataires avaient conservé cependant, suivant l'expression d'un document contemporain, « un beau « matériel dont ils pouvaient faire argent ».

« Le maire de Cluny, assimilant ces enlèvements à une destruction de monuments frappée par la loi pénale, adressa plusieurs lettres au préfet du département. Ce magistrat les transmit au ministre de l'intérieur qui, le 7 frimaire an IX (28 novembre 1800), répondit au préfet par la lettre suivante :

« J'ai reçu, Citoyen, avec votre lettre, celles qui
« vous ont été adressées par le maire de Cluny,
« relativement à la destruction de quelques monu-
« ments qui existent dans l'église de la ci-devant
« abbaye de cette commune.

« Il me semble que vous auriez pu prendre, contre
« les délits que vous dénoncez, les mesures répres-
« sives qui étaient à votre disposition.

« Au reste, je vous autorise à suspendre toute
« démolition jusqu'à nouvel ordre. Vous voudrez

(Arrêtés de l'administration centrale relatifs aux biens nationaux du district de Mâcon du 15 fructidor an IV au 15 brumaire an VI, séance du 23 brumaire an V. Id., *ibid*.)

1. « Ces stalles sont aujourd'hui dans les chapelles du grand séminaire de Lyon et du séminaire d'Alix (Beaujolais) ».

« bien donner connaissance de cette décision aux
« acquéreurs de cette église. Je vous salue. Chaptal ».

« Cette décision fut transmise par le préfet, le 19 du
même mois (10 décembre 1800), au maire de Cluny,
qui la notifia, le 22, aux acquéreurs, et invita, le 24,
le préfet à venir visiter l'édifice.

« Le 14 prairial an IX (3 juin 1801), le ministre de
l'intérieur renouvela l'ordre de suspension, et le 21 du
même mois, le préfet prit un arrêté en conséquence.

« Les adjudicataires demandèrent alors que « pour
« garantie du recouvrement de leurs droits, il fût dit
« que, par procès-verbal réglé contradictoirement
« avec eux, il serait procédé à la reconnaissance de
« l'état où se trouvait l'édifice ».

« Le préfet accueillit la demande des adjudicataires
par arrêté du 11 messidor an IX (30 juin 1801).

« Cet arrêté, reçu le 19, fut notifié le 22 messidor
aux adjudicataires par le maire de Cluny, qui, le 4
thermidor (23 juillet 1801), nomma le citoyen Robert
Desplaces à l'effet de procéder à l'état descriptif
ordonné par l'arrêté préfectoral.

« L'expert procéda à l'opération qui lui avait été
confiée. Il indiqua en détail les réparations urgentes
à faire à l'édifice, — elles n'avaient pour objet que les
toitures ; — il les estima à la somme de 27,961 francs[1].

« Les adjudicataires « étaient disposés à faire
« bonne composition » ; la comparaison des valeurs
échangées, quelques semaines plus tard, avec la
ville, le démontre.

« La municipalité sollicita de nouveau le gouvernement qui « seul pouvait pourvoir à cette dépense ».

« Il faudrait, disait-elle, que le gouvernement
« revînt sur cette vente et indemnisât les acquéreurs,
« s'il y a lieu ».

---

[1] « *État descriptif* de la situation actuelle de l'église de
la ci-devant abbaye de Cluny, par les maire et adjoints de
cette commune, sur l'indication d'artistes experts ».

« Cette nouvelle prière ne reçut pas meilleur accueil que [plusieurs] précédentes. D'autres préoccupations assiégeaient alors le gouvernement.

« La liberté de disposition fut rendue aux adjudicataires. Ceux-ci, voulant, dans l'intérêt de leur spéculation, établir des communications entre l'abbaye et la ville, « attirer le commerce dans l'en-« ceinte de l'abbaye », ouvrirent, dans les derniers jours de l'an IX, une rue partant, au midi, du centre de la ville, de la Grand'Rue, se prolongeant sous la voûte occidentale du cloître, et aboutissant, au nord, à une porte particulière de l'abbaye, à la *porte des Prés*. Cette rue, tombant perpendiculairement sur le vaisseau de l'église qui s'étendait du soir au matin, coupa cette église en deux parties à peu près égales, l'une au soir, l'autre au matin.

« La ville chercha à sauver ce qu'elle put. Elle possédait dans sa banlieue, au midi du pont de l'Etang, des prairies communales ; elle les céda, ainsi que ses halles, aux adjudicataires, par actes sous seings privés du 2 vendémiaire an X (24 septembre 1801). Les prairies cédées avaient une étendue de 430 coupées (16 hectares 2 ares) qui, suivant expertise, furent estimées 25,800 francs (60 fr. la coupée). L'emplacement des halles fut estimé 5,000 francs. La ville reçut en contre-échange, par le même acte, toute la partie orientale des cloîtres, les deux ailes, le jardin, l'emplacement actuel du dépôt d'étalons, etc. Ces objets furent estimés par les mêmes experts 138,000 francs. L'échange fut fait de but à but, c'est-à-dire sans retour à la charge de la ville. Les adjudicataires espéraient, avec raison, que, par suite de cet acte, ils tireraient meilleur parti du reste de leur acquisition.

« C'est à cet échange que l'on doit la conservation de l'ensemble des cloîtres, du jardin, de la chapelle des Bourbons, aujourd'hui classée comme monument historique, de l'ancienne sacristie, d'une partie des clochers, etc.[1] »

A la suite de tout cela Genillon fut mis en plus d'une alarme ainsi qu'en fait foi le *Manuscrit de ma Mère* dont nous avons la bonne fortune[2] de pouvoir publier deux pages inédites.

Elles sont datées respectivement du 7 et du 8 juillet 1801. Mme de Lamartine écrit :

« J'ai eu le desservant d'ici, qui est venu avec un air de mystère : il m'a montré un papier par lequel le maire de Chalon mande qu'il est venu à sa connaissance que telles et telles personnes qu'il nomme devaient s'assembler aujourd'hui à Saint-Point, pour aller, dans la nuit, assassiner et voler un curé qui demeure dans un vieux château avec une gouvernante. Il a été reconnu, d'après la désignation de l'homme, que c'est à M. Genillon, ci-devant curé d'ici, acquéreur de biens nationaux, qui fait démolir l'abbaye de Cluny, qu'on en veut. On s'est trompé sur le château, qui est apparemment celui-ci, mais il n'y demeure point : il loge dans une maison qui est fort près ; il y est actuellement. L'erreur eut été fâcheuse pour moi, mais Dieu nous a préservés. Les gendarmes ont veillé toute la nuit autour du château et de la maison, sans que j'en susse rien ; ils doivent encore veiller la nuit prochaine, c'est celle désignée pour l'assassinat. Il faut espérer qu'elle se passera aussi paisiblement que l'autre. Je voudrais fort que l'on arrêtât les coupables : je dois bien des grâces à Dieu de sa protection. J'espère aussi que ses alarmes feront rentrer notre ci-devant curé dans la bonne voie. Mon Dieu, ayez pitié de lui ! »

---

1. *Destruction de l'église de l'abbaye de Cluny et ses causes*, p. Th. Chavot, dans les *Annales de l'Académie de Mâcon*, 1re série, t. VIII (1869), p. 288, et dans l'*Annuaire de Saône-et-Loire pour 1878*, p. 43.

2. Grâce à une obligeante communication que Mme J. de Parseval a bien voulu nous faire par l'intermédiaire de M. A. Duréault, président de l'Académie de Mâcon.

Et le lendemain : « Le soir, il vint trois gendarmes qui veillèrent toute la nuit avec Gilet, notre domestique ; il n'arriva rien d'extraordinaire, mais nous dormîmes mal. Le lendemain les deux chefs des gendarmes et M. Genillon vinrent nous voir : les gendarmes nous recommandèrent de n'ouvrir à personne sans les plus grandes précautions, parce qu'il y a beaucoup de voleurs. J'espère en la protection de Dieu : cependant, il faut être prudent ».

La situation de Genillon à Saint-Point devint finalement si difficile[1] qu'on l'envoya à Chapaize le 25 germinal an XI (15 avril 1803)[2]. Oubliant là les soucis de l'administration il s'adonna à la bibliophilie, et la bibliothèque de Mâcon conserve un exemplaire de l'ex-libris qu'il fit imprimer à cette époque :

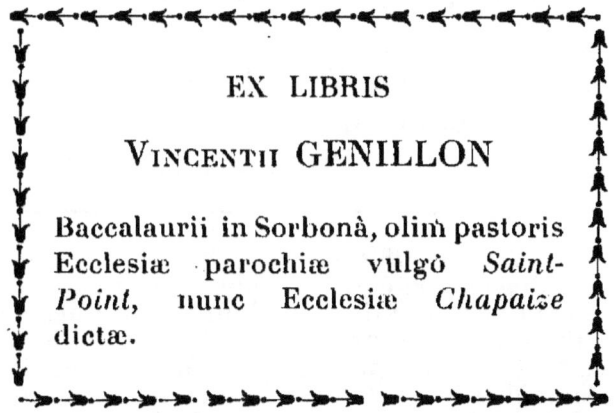

EX LIBRIS

Vincentii GENILLON

Baccalaurii in Sorbonà, olim pastoris Ecclesiæ parochiæ vulgò *Saint-Point*, nunc Ecclesiæ *Chapaize* dictæ.

---

1. Cependant le préfet écrivait le 4 ventôse an XI à l'évêque : « M. Genillon demande à demeurer à Saint-Point qu'il dessert depuis plusieurs années, où il est aimé et désiré de la très grande majorité des habitants. Son déplacement a été une petite affaire où on a voulu lui faire pièce. La vérité est qu'il n'y a pas un reproche fondé à lui faire. Il est propriétaire de la cure, il a d'autres propriétés dans la commune et loin d'y être à charge il y fait du bien. Vous jugerez dans votre sagesse s'il ne serait pas juste et utile de l'y nommer à la place de M. Mollard, qui a, m'assure-t-on, accepté une desserte dans le diocèse de Lyon ». (Registre de correspondance relative aux cultes du 21 frimaire an XI au 24 juillet 1807. Archives de Saône-et-Loire, V).
2. Registre contenant les brevets de traitement des succursalistes du département. (Archives de Saône-et-Loire, V).

De la cure de Chapaize il passa ensuite à celle de Jalogny, puis se retira les dernières années de sa vie à Saint-Point, où il mourut le 14 mai 1848, à l'âge de 91 ans[1], léguant une somme de 600 francs à la fabrique de l'église dudit Saint-Point et une somme de 800 francs à l'hospice de Cluny[2].

Genillon eut pour successeur à Saint-Point en 1803 M. **Joseph Molard**, né le 16 décembre 1752, vicaire de Notre-Dame de Cluny avant la Révolution, qui prêta d'abord serment et, ensuite de sa rétractation, se vit condamner à la déportation par un arrêté de l'administration centrale du département en date du 21 pluviôse an VI[3].

Depuis M. Molard, les curés de Saint-Point ont été MM. : **Jean-Etienne Le Breton** (1811-1816) ; **Jean-Baptiste Mathieu** (1816-1837) ; **Pierre Bouton**[4] (1837-1848) ; **Jean-Pierre Dury** (1848-1882) ; **Jules Lacôte** (1882-1890) ; **Antoine-Marie Buttet**.

Nous avons retrouvé quelques noms de vicaires : Etienne Aguillon, 1579[5] ; Florent Reymond, 1594[6] et 1612[7] ; G. Couillot, 1613 ; François Bossu, 1629 ;

---

1. « Ce jourd'hui 16 mai 1848, Vincent Genillon, ancien prêtre du diocèse, âgé de 91 ans, décédé d'avant-hier à midi, dans la paroisse de Saint-Point, muni des sacrements, a été inhumé avec les prières et selon le rit de l'Eglise, en présence de toute la paroisse, de MM. Rocault, curé de Notre-Dame de Cluny, Lapraye, curé de Clermain, Guilloux, curé de Sainte-Cécile, Balvay, curé de Germolles, et Desbas, curé de Bourgvilain... » (*Registres paroissiaux de Saint-Point*).
2. Archives de Saône-et-Loire, V.
3. Renseignement dû à Mgr Rameau.
4. Au sujet de ce curé nous avons extrait quelques notes du manuscrit de M. l'abbé Buttet, curé de Saint-Point : « 1848 : 26 mars, brigandage de la cure par le maire et son beau-père ; 13 avril, départ forcé du curé après les scandales de l'adjoint dans l'église ; 3 août, son retour, protégé par une compagnie de grenadiers, par ordre de M. le Préfet ; 6 août, sa démission publique en célébration ».
5. Archives de Saône-et-Loire, B. 1327, f° 291 v°.
6. Indication due à Mgr Rameau.
7. Archives de Saint-Point, GG. 1.

Rolland, 1632 ; Thomas Jollis, 1633 ; J. Dulac, 1668 et 1669 ; B. Marion, 1672 ; Floris Chaudy, 1677[1] ; Louis Aldiguier, 1702 ; Gilbert Arcelin, 1726 ; Joseph Verdier[2], 1727 ; J.-G.-D. Laprade, 1727 ; Voguet[3], 1728[4] ; Perrousset, 1752 ; B. Aucourt, 1753[5] ; Dufour, 1782[6].

Quelques noms de clercs : en 1680 et 1681, Claude Bernachon ; en 1682, Pierre Berté, « de la paroisse de Milly »[7] ; en 1695, Jean Martin ; en 1700, 1713 et 1715[8], Antoine Barnier, « de la paroisse de La Panouse, près de Séverac-le-Château en Rouergue » ; en 1705, Jean Barrat[9].

L'ancien **presbytère** de Saint-Point était en mauvais état dès le commencement du XVIIIe siècle, ainsi qu'il a été constaté au cours de visites qui en furent faites les 15 juin 1704 et 1er décembre 1728, puis les 16 août 1743 et 5 décembre 1782[10]. Aussi en 1783 les habitants se décidèrent-ils à le faire reconstruire. Ils s'imposèrent, à cet effet, d'une somme de 4,617 livres 12 sous, que l'intendant de la province ordonna de répartir, savoir le tiers sur tous les habitants au marc la livre de la taille royale, et les deux autres tiers sur les propriétaires des fonds de la paroisse chacun à proportion. La cote de M. de Castellane s'éleva à 636 livres et celle de son fermier à 215 livres, au total 851 livres, c'est-à-dire plus du 1/6 du montant du rôle entier. Ils protestèrent ; le seigneur déclara notamment « qu'il n'entendoit rien payer,

---

1. Indications tirées du registre GG. 1.
2. Est dit tantôt « vicaire », tantôt « aumônier du château ».
3. Signe « vicaire en chef ».
4. Indications tirées du registre GG. 2.
5. Id. du reg. GG. 3.
6. Id. du reg. GG. 5.
7. Id. du reg. GG. 1.
8. Clerc « tonsuré » aux deux dernières dates.
9. Indication tirée du registre GG. 2.
10. Minutes des Mes Guillet (1er décembre 1728 et dates suivantes).

sous prétexte qu'il étoit seul décimateur, chargé du clocher, du chœur et des ornements de l'église », et il observa « qu'il ne possédoit pas le 1/25 des propriétés de la paroisse, ce qui devoit faire réduire sa cotte à 184 livres »[1]. Les habitants se réunirent pour en délibérer, reconnurent qu'effectivement M. de Castellane « étoit surchargé », et fixèrent sa part contributive à 436 livres, — ce qu'il accepta[2]. L'adjudication de la reconstruction du presbytère eut lieu le 18 décembre 1783[3], et Mre Genillon en posa la première pierre le 19 mai, veille de l'Ascension 1784[4].

Mais ce n'est pas le presbytère actuel, qui date de 1841, et pour la construction duquel la commune dépensa une somme de 4,730 fr.[5]

Les **revenus** de la cure étaient évalués à environ 300 livres en 1666[6].

Ces revenus consistaient principalement dans un tiers[7] des *dîmes* de la paroisse, dont les deux

---

1. « Sa requête qui n'est que l'ouvrage de son agent, écrivait, le 15 décembre 1784, le subdélégué de Mâcon, ne doit pas être consultée pour établir l'égalité, car en la suivant, on commettroit une injustice plus grande qu'en laissant subsister sa cotte. En effet il prétend ne posséder qu'un 25ᵉ des propriétés de la paroisse, et il ne voudroit payer avec son fermier qu'un 25ᵉ de l'imposition. Mais ce n'est pas sur les montagnes dont le sol est très-aride que sont assis les héritages du seigneur, c'est dans la colline et de la meilleure nature. Le seigneur possède le 6ᵉ environ des biens non pas en étendue mais en valeur; c'est donc le 6ᵉ de l'imposition qu'il doit payer dans les deux tiers du rolle à la charge des propriétés ». (Archives de Saône-et-Loire, C. 318, 74).
2. Id., C. 318, 72-75.
3. Id., *ibid.*
4. Archives de Saint-Point, GG. 5.
5. Archives de Saône-et-Loire, O, Saint-Point. — Lamartine offrit 1,000 fr. à la commune pour l'acquisition du terrain nécessaire. (Archives de Saint-Point, D. 3, délibérations des 2 août 1837 et 30 avril 1838)
6. Archives de la Côte-d'Or, C. 2889, p. 799.
7. Exactement un tiers et un demi-quart, d'après l'inventaire des titres et papiers de la cure fait en 1790 (Archives de Saône-et-Loire, G. 404, 41). Le curé de Bourgvilain en avait également une petite portion » (Id., G. 334, 44).

autres tiers appartenaient, nous l'avons dit, au seigneur de Saint-Point et au chapitre de Saint-Vincent de Mâcon[1]. La part du curé, qui lui avait été cédée par le seigneur à titre de portion congrue, se percevait à raison du 1/11 des produits dîmables (grains, chanvre, vin, agneaux et nourrins). En 1662, Mre Blaise Mathieu l'acensa, sauf les dîmes de chanvre et de vin et les dîmes novales[2], mais non les novalaises, moyennant 18 ânées 1/2 de blé, dont 9 1/2 de froment, 5 de seigle, 2 d'avoine, 1 de fèves, 1 d'orge et 100 fagots de paille, la première année, 17 ânées de blé et 50 fagots de paille, les autres années[3]. En 1665 le même curé l'abandonna à Jean Mathieu, son frère, marchand à Matour, sauf les prémices, les novales et la dîme du vin qu'il se réservait, à charge « de le nourrir avec luy, de luy achepter chascun an six chemises, six collets, six mouchoirs et quatre paires de bas de toile, un habit de la valleur de 30 livres », ou à défaut lui payer pareille somme, de lui donner à titre d'entrage « une souttane de la valleur de 20 livres », d'acquitter ses décimes[4], et de remettre annuellement à Mre Dauphin le tiers « des blés et légumes » levés[5]. En 1694 Mre Jean Chauvet l'amodia, moins la dîme des agneaux[6] et celle des menus grains, moyennant 17 ânées 1/2 de froment, 4 mesures d'avoine et 10 ânées de seigle y

---

1. On aura une idée de l'importance de chaque part de ces dîmes quand on saura que de ce chef, au rôle supplémentaire des ci-devant privilégiés dressé le 26 juin 1790, furent respectivement cotés, savoir le seigneur à 41 livres, le curé à 15 livres 10 sous, et le chapitre à 12 sous seulement. Cette dîme du chapitre de Saint-Vincent était sur le hameau de Gorze ; en 1790 Jean Bleton l'avait à ferme moyennant 27 livres par an. (Archives de Saint-Point, D. 1).
2. Réservées avec un tiers du produit des autres dîmes, à Mre Dauphin, curé résignateur en 1661.
3. Minutes des Mes Guillet (10 juillet 1662).
4. Droit dû par le clergé.
5. Minutes des Mes Guillet (18 août 1665).
6. La dîme des agneaux était évaluée à 12 livres par an en 1790. (Archives de Saint-Point, D. 1).

compris 20 mesures d'orge, à raison l'ânée de 16 mesures[1]. Elle était affermée, avec le droit de coupe, pour 410 livres et 3 paires de poulets, en 1701[2]. Enfin Etienne Bruys, négociant et fermier du château, l'avait prise à bail, le 3 juin 1783, par acte reçu Dufour, notaire à Clermain, à l'exclusion de la dîme des agneaux et nourrins des deux hameaux de la dîmerie du curé, valant 10 à 12 livres[3], moyennant par an 800 livres, 100 fagots de paille valant 15 livres, une demi-ânée de blé noir valant 7 livres et une demi-ânée d'avoine valant également 7 livres[4].

Le droit de *coupe* ou *coupe de feu* ou *mesure par feu*, avait été réglé par des traités intervenus les 25 avril et 30 mai 1520[5] entre le curé et les habitants. Ce droit était « quêtable » ; il produisait en 1790, 150 livres environ, payables en seigle. Un nouveau traité, passé en 1742, restreignit l'importance de ce droit, « sans diminuer les obligations de MM. les curés, qui sont de faire une procession tous les dimanches de l'année, de dire la Passion avant la messe depuis l'Invention de la Sainte Croix jusqu'à l'Exaltation, et une messe tous les lundis de l'année, et la réduction du casuel à moitié »[6].

A ces revenus les curés ajoutaient l'amodiation de quelques terres, le montant des rentes attachées à la desserte de la chapelle du seigneur dite *de Sainte-Catherine*, et le produit des nombreuses fondations dont les fidèles avaient doté leur église[7].

Les principales **charges** du clergé sous l'ancien régime étaient les droits synodaux, le droit de procuration, les décimes et les vingtièmes.

---

1. Minutes des Mes Guillet (23 mai 1694).
2. Id. (2 juin 1701).
3. En 1790 elle avait produit 6 agneaux, vendus 12 livres à la foire de Tramayes. (Archives de Saint-Point, D. 1, f° 45 v°).
4. Archives de Saint-Point, *ibid.*
5. Minutes des Mes Guillet (2 juin 1701).
6. Archives de Saône-et-Loire, G. 404, 41.
7. Voir § VII.

Mre Moisson reconnut le 25 août 1612 devoir à l'évêque de Mâcon la rente annuelle et perpétuelle de 3 livres, 15 sous, 4 deniers, « à cause des droictz sinodaulx et cathédraticques », et 40 sous « à cause du droict de procuration, lorsque le seigneur évesque faict sa visitation au lieu de Sainct-Poinct ». Cette reconnaissance fut renouvelée par Mre Dauphin le 12 janvier 1652, par Mre Perrachon le 12 novembre 1661, et par Mre Mathieu le 8 mai 1662[1].

Le curé déclara, conformément à la loi, le 1er décembre 1790, ses revenus et ses charges. Les premiers s'élevaient à 1,077 livres, 12 sous, dont 800 livres pour l'amodiation de la dîme, 41 livres pour les « autres charges du bail et objets réservés », 36 livres pour le produit d'un pré d'environ 1 coupée, d'une vigne d'environ 2 coupées et de 2 terres d'environ 5 coupées, et 150 livres en seigle pour le « droit de mesure par feu, tenant lieu de casuel ». Les secondes étaient évaluées à 53 livres, 10 sous, 4 deniers pour les décimes, à 52 sous pour les vingtièmes[2], à 39 messes et plusieurs autres offices pour les fondations, et à la Passion pour le droit de mesure par feu.

Au vu de cette déclaration, les administrateurs du directoire du district de Mâcon arrêtèrent que, la population de la paroisse excédant 1,000 âmes, le traitement du curé serait, suivant les décrets, de 1,500 livres[3]. Ce traitement fut, naturellement, supprimé pendant la Terreur et transformé en un secours annuel de 800 livres[4].

---

1. Archives de Saône-et-Loire, G. 72, f° 404.
2. Archives de Saint-Point, D. 1, f° 53.
3. Arrêté du 17 mai 1791, ratifié le 18 par les administrateurs du directoire du département. (Registre des délibérations du directoire du district de Mâcon relatives au clergé du 5 mai au 1er juin 1791. Archives de Saône-et-Loire, L).
4. Registre des arrêtés du directoire du district de Mâcon relatifs au clergé et aux biens nationaux du 25 thermidor an II au 25 thermidor an III. (Id., *ibid.*)

Le 5 avril 1791 la Nation avait déjà mis aux enchères une parcelle de terre de la cure, située sur Gorze, contenant 5 coupées et estimée 517 livres ; elle avait été adjugée pour 225 livres à Jean Dailly et François Lapalus [1]. Le 14 fructidor an IV elle vendit à M. Genillon, au prix d'estimation : le bâtiment de la cure « contenant une chambre à cheminée, cabinet derrière, chambre à cheminée et autre cabinet dessus, sale, cuisine derrière, petite chambre à côté, grenier sur le tout, le tout de la largeur de 26 pieds sur 45 de façade, terrasse à l'orient, jardin au midy, cour à l'occident, grange et écurie au nord de laditte cour, de la largeur de 18 pieds sur 25, petite cour et fournier, le tout contenant en bâtiments et appartenances 1 coupée 1/4 et en jardin et terrasse 2 coupées 1/2 », estimé pour les bâtiments 3,420 livres, et pour les fonds 220 livres ; une vigne au bas de ladite terrasse, *En Champ Buzon*, contenant 2 coupées, estimée 132 livres ; un pré *En Chanfou*[2], contenant 3/4 de coupée, estimé 88 livres ; une terre *En Blassigny*[3], contenant 2 coupées, estimée 66 livres. L'administration avait inutilement fait valoir que les bâtiments de la cure n'étaient pas aliénables, que la commune contenait une population de 980 âmes, qu'une école primaire y était nécessaire, qu'elle avait besoin de cette maison « pour servir de dépôt aux registres ». M. Genillon en devint acquéreur au prix total de 3,926 livres [4].

---

1. Registre 78 des ventes de biens nationaux, acte 197 (n° 1194 du répertoire général des actes de vente). Archives de Saône-et-Loire, Q.
2. En Champ-Fou. Voir § II.
3. En Blesseny. Id.
4. Registre 8 des ventes de biens nationaux, acte 4 (n° 12661 du répertoire général des actes de vente). Dossiers d'estimation et soumission d'acquérir les biens nationaux d'origine ecclésiastique (Archives de Saône-et-Loire, Q).

IX

La Famille Dauphin.

Les Dauphin sont une vieille famille bourgeoise de Mâcon[1] dont un membre, **Antoine Dauphin**, était notaire et échevin de cette ville en 1467, et un autre, **Nicolas Dauphin**, procureur du Roi en l'élection vers 1483[2].

Ils étaient possessionnés à Saint-Point dès le XVIe siècle[3] et c'est peut-être à Antoine Dauphin que se rapporte le fait suivant signalé par le citoyen Puthod[4] :

« Un notaire de Mâcon, retiré en son domaine de Saint-Point, ordonna par son testament, du 7 juin 1522, cinquante messes à l'église Pierre (*sic*) de Mâcon, si malgré la peste qui affligeait cette ville, on trouvait moyen d'y envoyer par exprès la rétribution de ces cinquante messes ».

Nicolas Dauphin fut père d'un **Hugues Dauphin**, père d'un second **Nicolas Dauphin**, procureur du Roi en l'élection de Mâcon, — depuis 1483 jusque

---

1. Nous n'avons pas l'intention de faire ici la biographie des membres de cette importante famille. Nous nous contenterons d'en indiquer les chefs, et de rapporter ce qu'il y a de commun dans leur histoire et dans celle de Saint-Point.
2. Arcelin, ouvr. cité, art. *Dauphin*.
3. Il y a encore aujourd'hui à Saint-Point un *Bois Dauphin*.
4. *Géographie de nos villages*, art. *Saint-Point*.

1789 cette charge se transmit dans la famille par voie d'hérédité, — que nous trouvons en 1600 « négociateur et entremetteur des biens de la seigneurie »[1] de Saint-Point. De son mariage avec Françoise Bernard de Marbé (1595) il eut plusieurs fils, notamment Jacques Dauphin et Pierre Dauphin.

Pierre Dauphin fut curé de Saint-Point de 1629 à 1661[2]. Il avait un « grangier » dans ce village en 1667[3].

Jacques Dauphin, procureur en l'élection, épousa en 1626 Marguerite Descrivieux de Charbonnières[4]. Avec son frère, Pierre, il reçut, le 4 décembre 1647[5], de Claude de Rochefort d'Ally, seigneur de Saint-Point, tous ses biens d'Hurigny en paiement d'une dette de 12,140 livres, 2 sous, 6 deniers[6].

Claude Dauphin, fils de Jacques, procureur en l'élection, époux de Claudine-Marie Chesnard de Mercey (1661)[7], tuteur de son frère, Nicolas Dauphin, lequel était propriétaire à Saint-Point d'un « mollin à bled et baptoir » (1662)[8], eut, entre autres enfants, un fils nommé Philibert, qui fut

---

1. Voir § V. — Valentin Siraudin, qui était à la même date « fermier et admodiateur de la seigneurie » avait épousé une Barbe Dauphin (*Inventaire sommaire des Archives de Mâcon antérieures à 1790*, p. L. Michon, 1878, in-4°, GG. 46).
2. Voir § VIII.
3. Minutes de M° Achaintre en l'étude de M° Gautheron, notaire à Mâcon (12 août 1667).
4. Le 23 novembre. Archives de Mâcon, GG. 41.
5. Par-devant M° Morel, notaire royal à Saint-Jean-de-Losne.
6. Minutes de M° Bouchard conservées en l'étude de M° Gautheron, notaire à Mâcon, n° 4809 (9 janvier 1649). — Les armes des Dauphin (de gueules au dauphin d'argent) avec une brisure de cadet, car le dauphin est en pointe et un chevron d'argent l'accompagne en chef, se voient encore au-dessus d'une porte à Hurigny.
7. Le 3 février. Archives de Mâcon, GG. 44.
8. Minutes de M° Achaintre (13 mars 1662).

inhumé, le 12 septembre 1675, au-devant de la chapelle du Rosaire, dans l'église de Saint-Point[1].

La famille Dauphin était riche, — d'une richesse qu'elle avait un peu tirée des seigneurs en régissant leurs biens et administrant leurs affaires. Elle s'alliait presque toujours, on l'a vu, à la petite noblesse du pays, et peu à peu ses propriétés de Saint-Point s'étaient arrondies. Ainsi, en 1685, tandis que le seigneur possédait au bourg « deux domaines affermés 800 livres » et à Chagny « un domaine amodié 240 livres », M. Dauphin[2], procureur en l'élection, avait au bourg « un moulin arrenté 60 livres », à Chagny « un domaine amodié 120 livres », au Mont « un domaine qui [pouvait] valoir 300 livres », et Mlle Dauphin[3], de son côté, au bourg « un domaine d'environ 15 ânées de blé et 40 chars de foin », à Bourgogne « deux domaines qui [pouvaient] valoir 400 livres de rente », à La Roche « un domaine de 250 livres de rente »[4].

Donc, 1,040 livres de revenus d'une part et plus de 1,130 de l'autre. On comprend que dans ces conditions le seigneur ait pris ombrage du bourgeois. Il y eut même de ce sentiment très-humain de tels accès qu'un beau jour cela tourna à la violence. En effet, au mois de février 1682, le lieutenant criminel

---

1. « Le jeudy 12ᵉ septembre 1675 a esté inhumé en l'église de Sainct-Poinct, au-devant la chappelle du Rosaire, Philibert Daulphin, fils de Mᵉ Claude Daulphin, procureur du Roy en l'eslection de Mascon, et de damoiselle Marie Chesnard, par moy Pierre Daulphin, prestre, son grand-oncle, faisant lors les fonctions curialles de laditte parroisse en l'absence du sieur curé d'icelle, en présence dudit sieur Claude Daulphin père, et de sieurs Jaques Daulphin, religieux profès de l'ordre de Sainct-Jean-de-Hiérusalem, et de Mᵉ François Daulphin, advocat, oncles dudit Philibert, qui se sont soubsignés avec moy... » (Archives de Saint-Point, GG. 1).
2. Claude, fils de Claude.
3. Claudine-Marie Chesnard de Mercey.
4. Archives de Saône-et-Loire, C. 562, 3.

aux bailliage et présidial de Mâcon reçut la plainte suivante :

« Supplient humblement damoiselle Marie Chesnard, vefve de M⁰ Claude Daulphin, procureur du Roy en l'eslection de ce pays, et Mᵉ François Daulphin, advocat auxdits sièges, et vous exposent que le sieur de La Bussière fils, lieutenant d'une compagnie au régiment [du] Dauphin, faisant une recreue de soldats dans la parroisse de La Bussière et aux environs, se seroit advisé de retirer les grangers et cultivateurs des suppliants de leur service pour les conduire à l'armée, lesquels ayants esté advertis par le bruit commun du dessein que l'on avoit sur leurs personnes, et mesmes par les menaces des domestiques tant de la maison de La Bussière que de celle de Saint-Point, se seroient despuis un mois en çà toujours tenus resserrés et à couvert jusques au 26ᵉ février de la présente année que ledit sieur de La Bussière, suivant les ressentimens de la dame de La Bussière, sa mère, qui entre aussy dans ceux de la dame de Saint-Point, sa tante, et du sieur abbé de Saint-Point, son oncle maternel[1], avec lesquels les suppliants ont différends procez tant en la justice de Saint-Point qu'en la cour de parlement de Paris, et ensuitte des menaces faittes par ladite dame de La Bussière, sœur dudit sieur abbé, belle-sœur de ladite dame de Saint-Point et tante de Mʳˢ ses fils, et par conséquent bien avant dans leurs intérêts, s'est advisé, pour venger leur querelle, de venir enlever Claude Raffin, fils de Rémond Raffin, granger du Mont, d'entre les bras de sa femme, qui a esté obligée de le suivre, et ce après s'estre faict passage dans la cour dudit domeine du Mont, par l'effraction du grand portail dudit domeine, et

---

1. Voir § V.

en montant par-dessus les murailles de closture d'iceluy, où ils ont rompus à coups d'une grande quantité de pierres les tuiles d'une galerie estant en iceluy, et ce assisté d'environ 17 ou 18 soldats armés d'espées et de bastons à feu [1], qui composent sa recreue, de trois cavaliers inconnus aux suppliants, luy quatriesme, et encor d'un nommé Petitjean, laquais domestique de la dame de Saint-Point, qui leur servit de guide et d'indiquateur pour la connoissance dudit Claude Raffin, et sur ce que Rémond Raffin, son père, s'opposoit et par ses remonstrances et par l'interposition de sa personne à l'enlèvement de son fils, il receut dudit sieur de La Bussière plusieurs coups du talon de son fusil sur l'espaule droite, et ensuitte de son exemple plusieurs autres coups des soldats qui l'escortoient, mesmes le petit Antoine Raffin, aagé d'environ 12 ans, n'ayant pas voulu conduire quatre d'entr'eux en un autre domeine des suppliants pour y faire pareil enlèvement de la personne de Claude Devifs dit *Fargeron*, il receut aussy plusieurs coups de plat d'espée du sergent, du tambour et de deux autres soldats dudit sieur lieutenant, après quoy les autres s'estant rués sur la basse-cour dudit domeine y enlevèrent la pluspart des poules et effarouchèrent tellement le reste qu'on ne les a pas encor veu du despuis. Et de là ledit sieur de La Bussière et sa recreue ayants emmenés Claude Raffin, lesdits sergent, tambour et deux soldats cy-dessus, se transportèrent au domeine du Vernachon [2] pour y faire recherche de la personne dudit Devifs dit *Fargeron*, qu'ils y trouvèrent pareillement, le sollicitèrent de les suivre, et, sur son refus, après s'estre faict promettre qu'il yroit parler

---

1. Fusils.
2. Aujourd'hui *Bernachon*.

à eux au chasteau de La Bussière, ou à Madame de Saint-Point, ils furent contraints de le laisser, n'ayants peu le traisner avec eux par sa résistance ; en sorte qu'à présent, pour se tirer de leurs mains et pour éviter un sort pareil à celuy de Claude Raffin, il a esté obligé de se mettre en fuitte et abandonner sa femme, accouchée despuis huict jours seulement tout au plus, à la garde de deux petits enfans, dont le plus aagé n'a pas encor atteint l'aage de 10 ans, et encor le bestail et troupeau despendant dudit domeine, de manière que ledit domeine du Vernachon est à présent abandonné et despourveu de la personne qui seule est capable d'y veiller, et celuy du Mont de la personne la plus robuste et plus nécessaire pour la culture d'iceluy. Non contents de quoy lesdits sergent et tambour et autres deux soldats susdits, continuant leurs premières démarches, entrèrent aussy violemment dans la cour du domeine du bourg, où ils battirent du tambour et firent un espèce de cry et de publication, comme s'ils avoient assignés les valets et granger de la suppliante à se rendre pareillement auprès du sieur de La Bussière, prétendants qu'ils estoient enroollés comme les premiers, où ayant faict rencontre du sieur chevalier Daulphin, ils se retirèrent aussitost, dans la crainte de se voir repoussés en cas de pareilles violences aux premières cy-dessus. Ce qui est l'effect manifeste des menaces de ladite dame de La Bussière, faictes le 23e de novembre dernier, mesme jour auquel le sieur abbé de Saint-Point, assisté du nommé La Rivière, laquais de la dame de Saint-Point, sa sœur, avoit enlevé de force et violence le bestail du deffunct Me Claude Daulphin[1], ainsy

---

1. Inhumé en l'église Saint-Pierre de Mâcon, à l'âge d'environ 53 ans, le 24 décembre 1681 (Archives de Mâcon, GG. 55).

qu'il paroist par les actes du procez qui a esté intenté à ce subjet par ledit deffunct, laquelle dame de La Bussière, irritée du refus et de la résistance qu'on avoit apporté à relascher à sondit frère ledit bestail, vint à la porte du domeine du Mont, entre trois et quatre heures après midy, demander le suppliant, et en son absence s'addressant à Claudine Jusseaume, sa servante, luy dit, avec charge expresse et réitérée de le rapporter fidellement à son maistre, que vrayment les Dauphins estoient de grands seigneurs pour ne pas vouloir faire des courvées, qu'on les leur feroit bien faire, qu'il viendroit une troupe de valets qui romproient bras et jambes à leurs grangers, et qu'après cette première troupe il en viendroit une seconde, en sorte que les Dauphins ne trouveront plus de grangers et seront obligés comme des paysans tels qu'ils estoient, à son dire, de labourer leurs terres par leurs mains ; laquelle menace fut suivie d'une première violence faicte desjà par ledit sieur de La Bussière assisté de Mrs de Saint-Point, ses cousins germains, et de deux des laquais de Saint-Point, envers des filles des grangers de la suppliante qui, lavants la lescive 2 ou 3 jours après la feste des Roys dernière de la présente année, auprès d'une fontaine voisine du domeine du bourg de Saint-Point, en furent chassées par le nommé Lalleman, laquais de Saint-Point, qui leur donna plusieurs coups de pied et de main, présence de ses maistres, sur quoy enchérissant ledit sieur de La Bussière renversa dans la boue une pleine corbeille de linges fins, dont il y eut mesme quelques serviettes fines de perdues. De toutes lesquelles menaces et violences qui ont suivi, les suppliants n'avoient encor donné aucunes plaintes en justice, pensant que l'animosité desdites dames pourroit se calmer ; mais comme les suppliants connoissent que la vengeance desdites dames ne faict que s'augmenter par leur patience et que l'intention de leurs parties secretes n'est manifestement autre que de réduire les domeines des suppliants en friche et sans culture, et par là indirectement les renger à la nécessité de faire des courvées à leur discrétion, tant de leurs bestiaux que de leurs grangers, au sujet de quoy, sur le refus qui leur en est faict chaque jour, ils ne cessent de les menacer et intimider, et pour raison de quoy ils sont actuellement en procez en la justice de Saint-Point avec la dame du lieu et à la Cour avec l'abbé de Saint-Point, les suppliants, qui ont un notable intérêt d'empescher de pareilles violences, et qui connoissent par là que leurs vies et celles de leurs grangers ne sont point en seureté, recourent à vous, Monsieur, à ce qu'il vous plaise leur donner acte de la présente plainte et, en conséquence, leur permettre de faire informer du contenu en icelle, circonstances et deppendances, se déclarants parties civiles, comme encor faire visitter les blessés, si aucuns sont, et reconnoître les dégâts et détériorations par le premier notaire sur les lieux et les blessés par le juré des rapports, pour après prendre telles conclusions que de droit, requérants la jonction de Monsieur le Procureur du Roy. Et ferez bien ».

Le 27 février 1682 le lieutenant criminel acquiesca à la demande des plaignants. Mais, faute de documents, nous ne savons quelle suite eut cette affaire[1].

Etienne Dauphin, fils de Claude, procureur en l'élection, épousa en 1710[2] Marguerite Dumont, dont il eut pour fils un autre Claude. Il signa comme témoin, le 25 février 1735, un acte par lequel Marianne Dauphin, veuve d'Emmanuel Viard,

---

1. Archives de Saône-et-Loire, B. 1284, 118.
2. Le 9 septembre. Archives de Mâcon, GG. 67.

procureur du Roi aux bailliage et présidial de Mâcon, afferma à Philippe Descombes, de Saint-Point, trois domaines, « l'un appelé *Le Mont*, l'autre *Bernachon*, et le troisième *Grison* », un moulin « appelé *Le Moulin Reboud* », avec « la maison du Mont », moyennant par an 600 livres d'argent et 15 livres de « fillet d'œuvre »[1].

Ce **Claude Dauphin**, procureur en l'élection, épousa en 1755 Jeanne-Marie-Claudine Desvignes de Davayé[2], dont il eut un fils, Jean-Baptiste-Marie Dauphin, et quatre filles, Marie-Claudine, mariée à Nicolas Chapuis, une autre Marie-Claudine, mariée à Vivant-Étienne Groselier, Marie-Pierrette-Suzanne, mariée à Claude-Philibert Bernard de La Vernette, et Marie-Suzanne-Salomé, mariée à N. Uchard des Gadrossons[3].

Il fit aménager son domaine du bourg pour le rendre plus habitable. La tour, des fenêtres et des portes du bâtiment, remontent au XVe et au XVIe siècle, mais, dans une grande et belle chambre ont voit une cheminée en pierre, de style Louis XV, ornée de cartouches ovales aux armes parlantes des Dauphin (un dauphin) et des Desvignes (un cep de vigne).

En 1784 les propriétés de sa veuve étaient affermées 2,400 livres[4].

Jean-Baptiste-Marie Dauphin fut porté le 1er décembre 1792 sur les listes d'émigrés de la République. Mais il réclama contre cette inscription

---

1. Minutes de Me Quiclet, en l'étude de Me Gautheron, notaire à Mâcon, n° 4021.
2. Le 21 avril. Archives de Mâcon, GG. 76.
3. Archives de Saône-et-Loire. Registre des déclarations des particuliers du district de Mâcon qui ont des biens et des droits indivis avec les émigrés, 24 messidor an III. — Nicolas Chapuis était à ce moment-là président du directoire du district.
4. Archives de Saône-et-Loire, C. 318, 74.

et obtint, le 14 prairial an V (2 juin 1797), l'arrêté de radiation suivant :

« Le Directoire exécutif,

« Vu la réclamation de Jean-Baptiste Dauphin, natif de Mâcon ;

« Vu l'extrait des registres d'ordre de l'enregistrement des pétitions du ci-devant district de Lyon, duquel il résulte que ledit Dauphin a demandé le 27 germinal an III la radiation de son nom de la liste des émigrés arrêtée par le district de Mâcon ;

« Vu le certificat à lui accordé le 4 frimaire an IV par la municipalité de Lyon, constantant sa résidence dans ladite commune depuis le 1er octobre 1791 jusqu'audit 4 frimaire[1] ;

« Vu les mandats d'arrêt lancés contre ledit Dauphin par le juge de paix de la section de la Halle-au-Bled les 15 ventôse an IV et 18 prairial suivant ;

« Vu l'acte d'écrou de ce citoyen dans la maison d'arrêt dite *du Plessis*[2] à Paris en date du 18 prairial ;

« Vu l'arrêté de l'administration centrale du département de Saône-et-Loire du 28 ventôse an V qui raye provisoirement de la liste des émigrés le nom de Jean-Baptiste Dauphin ;

« Arrête :

« Le nom de Jean-Baptiste Dauphin sera définitivement rayé de toutes les listes d'émigrés... Le

---

1. En 1793, pendant le siège, il y avait servi comme grenadier dans le bataillon de Place-Neuve ; depuis, il y vivait en rentier dans un appartement qui lui était sous-loué par le citoyen Boyer, rue Lanterne, n° 42 (Registre des arrêtés de l'administration centrale du département relatifs aux biens des émigrés du district de Mâcon du 8 brumaire an IV au 1er nivôse an VI. Séances du 14 brumaire et du 28 ventôse an V. Archives de Saône-et-Loire, L.)

2. Ou *de la Force*. Il s'était rendu à Paris avec un passeport de la commune de Lyon en date du 26 frimaire an IV (Id., *ibid.*)

séquestre apposé sur ses biens meubles et immeubles sera levé avec restitution des fruits... Dans le cas où tout ou partie de ses biens auroit été vendu, le montant lui en sera remis...[1] »

Les immeubles laissés par Claude Dauphin à sa veuve et à ses enfants étaient « un domaine et vignoble[2] situés à Hurigny, Chazoux et lieux circonvoisins », une maison et deux domaines situés à Saint-Point et Bourgvilain, et « une maison située à Mâcon, rue de la République »[3].

La maison et les domaines de Saint-Point furent affermés par la Nation aux citoyens Villerot et Morel, de Mâcon, en l'an III[4], et au citoyen Antoine Delorme, de Saint-Point, en l'an IV[5].

Les citoyens Villerot et Morel eurent des difficultés avec « les cultivateurs qui résidaient dans lesdites propriétés ». Ceux-ci « refusaient de vuider lesdits bâtiments et menaçaient même les adjudicataires ». « Une pareille conduite est tout-à-fait répréhensible, écrivaient le 22 frimaire an III (12 décembre 1794) les administrateurs du district de Mâcon aux officiers municipaux de Saint-Point. Vous êtes sur les lieux ; vous connaissez les cultivateurs, ils sont sous votre surveillance ; c'est à votre zèle pour le bien de la chose publique que nous recommandons la jouissance des adjudicataires.

---

1. Transcription faite le 6 messidor an V dans le registre des arrêtés de l'administration centrale du département du 24 germinal an V au 27 vendémiaire an VI (Archives de Saône-et-Loire, L).

2. Environ 291 coupées, d'après un document du 7 fructidor an II (Id., Q. Liasses des ventes de fruits d'immeubles d'émigrés, dossier Dauphin).

3. Registre des déclarations des particuliers du district de Mâcon qui ont des biens et des droits indivis avec les émigrés, 24 messidor an III (Id., L).

4. Registre de correspondance du directoire du district de Mâcon avec les municipalités du 13 nivôse an II au 13 vendémiaire an III, lettre du 22 frimaire an III (Id., *ibid*).

5. Archives de Saône-et-Loire, supplément à la série E, famille Siraud.

Ayez soin de faire mettre à la raison les citoyen Lacondemine et veuve Descombes qui sont ceux contre lesquels on nous porte des plaintes. Toute négligence dans vos fonctions entraînerait votre responsabilité »[1].

Quant aux meubles, ils furent vendus le 24 prairial an II (12 juin 1794)[2].

Jean-Baptiste-Marie Dauphin prêta serment de fidélité à la constitution de l'an VIII le 3 frimaire an IX (24 novembre 1800)[3] et reçut des lettres de noblesse de Louis XVIII en 1814[4]. Avec lui disparut le nom d'une famille qui depuis des siècles appartenait à l'histoire de Mâcon et à celle de Saint-Point.

---

1. Voir ci-contre, note 4.
2. Il y avait notamment « une cheminée en pierres de taille, avec son assortissement et la foyace (*alias* foyère), lesdites pierres polies venant de la carrière de Tramayes et prêtes à poser, délivrés à Vincent Genillon, curé, moyennant 35 livres », plusieurs plaques ou *bretagnes* en fonte, etc. (Liasses des séquestres, inventaires et ventes de meubles d'émigrés, dossier Dauphin. Archives de Saône-et-Loire, Q). — Une pièce de ce dossier (procès-verbal d'apposition de scellés du 5 nivôse an II) donne à penser que lors de l'émeute de 1789 les girouettes des domaines Dauphin à Saint-Point ont été abattues et quelques meubles brisés.
3. Registre spécial. Archives de Saône-et-Loire, Q.
4. Arcelin, ouvr. et art. cités.

X

La Révolution.

Les débuts de la Révolution à Saint-Point sont marqués par le sac du château (30 juillet 1789)[1].

L'année 1790 fut plus calme. Elle s'ouvrit par la cérémonie de la prestation du serment civique qui se fit à l'église le 24 mars. Le maire, Jacques Delorme, prononça la formule, et les habitants, y compris le curé Genillon, le procureur Dailly[2], et M. Dauphin, levèrent la main en disant *Je le jure,* puis signèrent au registre de la municipalité[3].

Vint ensuite la fête de la fédération de la province. Sur l'invitation que les officiers et soldats de la garde nationale de Dijon adressèrent à la municipalité, celle-ci décida, le 2 mai, de leur envoyer des délégués chargés de « jurer qu'ils étaient tous prêts à défendre la constitution à laquelle ils devaient leur liberté, à assurer l'exécution des décrets de l'auguste assemblée nationale, à prêter le secours de leurs forces contre les ennemis de la Révolution et à se rallier aux noms sacrés de Liberté et de Patrie. Nous nous regarderions tous, ajoutaient-ils, comme bien heureux de pouvoir jouir de la présence de nos amis et de nos frères, et de pouvoir leur

---

1. Voir § VI.
2. Il écrit habituellement son nom *Dalley*.
3. Archives de Saint-Point, D. 1.

témoigner l'enthousiasme que met déjà par avance dans nos cœurs ce pacte solennel de fédération »[1].

Puis la réunion à Mâcon, le 29 juin, des délégués, à raison de 6 par 100, des gardes nationales du district appelés à désigner les députés, à raison de 2 par 100, qui devaient assister à la fédération générale de Paris. Ces délégués étaient au nombre de 14[2] pour Saint-Point : Antoine Delorme, Benoît Burtin, Claude Chantin, Joseph Tarlet, Benoît Gachot, Pierre Larochette, Jean Charvet, Joseph Charvet, Philippe Ferret, Benoît Luquet, Philibert Tarlet, Vincent Passot, Claude-Amédée Crozet et Benoît Chaintreuil[3].

Pendant que le canon tonnait au Champ-de-Mars, le « jour mémorable » du 14 juillet, les habitants de Saint-Point, réunis à l'église, « après avoir imploré le secours du ciel par une messe célébrée à 11 heures 1/2, prêtèrent à la face des autels, avec la plus grande joie et à l'heure précise de midi, le serment d'être fidèles à la Nation, à la Loi et au Roi ». Après quoi ils « rendirent grâces à Dieu par un *Te Deum* chanté solennellement, et la milice nationale fit une salve »[4].

Les sentiments d'ardente et sincère fraternité qui animaient tous les citoyens au début de la Révolution, firent souvent place, par la suite, à la haine et à la jalousie.

---

1. Archives de Saint-Point, D. 1.
2. La garde nationale n'était pas encore organisée dans la commune, mais on prit pour base le chiffre de 205 citoyens « propres à porter les armes pour la défense de la patrie ».
3. Archives de Saint-Point, D. 1. — Les frais de la fête de la fédération s'élevèrent pour le district de Mâcon à 6,057 livres, sur lesquelles la part incombant à Saint-Point fut de 36 livres. (Registre des délibérations du district de Mâcon relatives à la répartition des impôts du 1ᵉʳ mai 1791 au 4 brumaire an II. Séance du 3 mai 1791. Archives de Saône-et-Loire, L).
4. Archives de Saint-Point, D. 1.

La lutte ne tarda pas à surgir à Saint-Point, comme dans beaucoup d'autres communes, entre le maire et le procureur. Le premier était Jacques Delorme, le second, Jean Dailly.

Les hostilités s'ouvrirent le 10 octobre 1790. Ce jour-là, en effet, le procureur fit procéder par les officiers municipaux et les notables habitants à la révision du rôle de la contribution patriotique, et l'assemblée proclama que la déclaration du maire « était notoirement infidèle », attendu qu'il avait par ses deux domaines, toutes charges déduites, 424 livres de revenu. En conséquence, on le taxa à 106 livres, y compris les 30 livres auxquelles il s'était précédemment coté [1].

Le maire s'était bien gardé, malgré trois convocations successives, de se rendre à cette réunion. Il n'alla pas non plus à la séance du 30 mai 1791 où devait se faire la répartition des rôles supplétifs de l'impôt de 1790. Après deux heures d'attente, on l'envoya chercher; il vint et, d'après le procès-verbal, accabla d' « injures » et d' « invectives » les officiers municipaux [2]. Mais, le procureur ayant porté plainte aux administrateurs du district de Mâcon, la municipalité prit une délibération par laquelle elle le qualifiait de « brouillon », demandait que pour l'avoir accusée de « manquer à la loi, à la justice et au vœu de la commune », il fût « obligé de lui faire des excuses publiques », affirmait que « partout où M. le curé avait été présent aux délibérations, il avait rendu service par ses conseils, et avait pris bien souvent la peine d'écrire lesdites délibérations, et que c'était faux qu'il l'eût frappé et même qu'il lui eût dit aucune parole injurieuse », priait enfin lesdits administrateurs « de lui écrire

---

1. Archives de Saint-Point, D. 1.
2. Id., *ibid*.

une lettre de correction pour leur en avoir imposé et pour avoir insulté la municipalité, si mieux ils n'aimaient le destituer comme s'opposant toujours au bien général de la commune »[1].

Au mois de juillet, nouvelle plainte adressée par le procureur au district, aux fins d'obtenir : réparation de « plusieurs chemins finéraux » devenus impraticables ; réforme des « abus qui se glissent dans l'amodiation des bancs de l'église » ; « communication du registre des délibérations de la municipalité et des décrets de l'assemblée nationale que depuis environ un mois on n'a ni publiés, ni affichés » ; défense aux officiers municipaux « de tenir leurs séances à la cure[2] et d'en interdire l'entrée au procureur »[3].

Lassés de cet état de choses, les citoyens actifs de la commune, réunis le 13 novembre 1791, pour le renouvellement des municipalités, remplacèrent Jacques Delorme par Jean Lacondemine et Jean Dailly par Benoît Bleton. L'ancien maire, « fâché de n'avoir pas été continué », abandonna aussitôt sa place au bureau et se retira[4].

Au renouvellement de l'année suivante, le 2 décembre 1792, le maire élu, Jean Deschizeaux, ayant opté pour le commandement de la garde nationale, reçut le 9, un successeur en la personne de Jean Dumont, et Claude Chagny fut nommé procureur. Mais peu de jours après, ce dernier était remplacé par Jean Dailly, qui reprenait avec joie ses anciennes fonctions.

---

1. Archives de Saint-Point, D. 1.
2. La municipalité tenait ses séances ordinaires en son greffe, à la cure, mais les réunions publiques se faisaient à l'église qui en l'an II devint le « temple de la Raison ».
3. Registre des délibérations du directoire du district de Mâcon, séance du 12 juillet 1791. (Archives de Saône-et-Loire, L).
4. Archives de Saint-Point, D. 1.

Il avait d'ailleurs continué, l'année précédente, à jouer son rôle d'agitateur et notamment, le 4 novembre, « à l'issue de la messe paroissiale, toute la commune sortant en foule, il s'était écrié imprudemment : « Citoyens, ne payez pas les impo-
« sitions ! Nous sommes trompés ! Notre curé n'est
« imposé à la contribution mobilière qu'à la somme
« de 5 livres ; j'ai vu les rôles à Mâcon. Ainsi ne
« payez pas, et si vous payez, demandez des quit-
« tances motivées ». La municipalité protesta le 6 novembre contre ces propos qui avaient provoqué « des rumeurs parmi les citoyens » et qui étaient à la fois « dangereux », puisqu'ils arrêtaient la perception de l'impôt », « injurieux », puisque « les officiers municipaux avaient réparti ledit impôt en leur âme et conscience », et « faux », puisque « l'imposition mobilière du curé était de 122 livres, 13 sous, 9 deniers, et ses sous additionnels, de 5 livres, 2 sous »[1].

A peine renommé, Dailly dénonça l'ancienne municipalité, et il obtint le 20 décembre 1792, un arrêté du directoire du département qui, « par des considérations toutes puisées dans l'amour de la tranquillité publique et dans la loi », autorisait la municipalité nouvelle « à exercer toutes contraintes nécessaires et permises contre les anciens officiers municipaux et secrétaire-greffier[2] pour faire faire par eux rière le greffe de la municipalité le dépôt des loix, registres et autres pièces dépendantes de l'administration municipale, comme encore à les poursuivre par-devant le tribunal compétent pour forcer ces anciens fonctionnaires à rendre compte de leur gestion »[3]. Quelques jours avant (13 dé-

---
1. Archives de Saint-Point, D. 1.
2. Pierre Delorme.
3. Un jugement du tribunal de Mâcon, du 10 avril 1793, les y condamna. Voir Archives de Saône-et-Loire, supplément à la série E, famille Siraud.

cembre), le directoire du district de Mâcon avait inutilement « invité les uns et les autres à se rapprocher et à s'unir par les liens de la fraternité qui devait consolider leur prospérité »[1].

Au cours de l'année 1793 des troubles graves furent occasionnés par les levées en masse de la Convention.

Il y avait bien eu, depuis que la patrie était en danger, quelques enrôlements volontaires, 1 en 1791, celui de Jean Philibert (21 août), et 15 en 1792, ceux de Claude Siraud, François Paisseaud, Mathieu Toutant, Louis Chassagne, François Charvet, Claude-Amédée Crozet, Claude Toutant, Jean Bleton, Claude Bourgeois, Jean Deschizeaux, Jean Tarlet, Claude Labrosse, Claude Tribollet, Joseph Charvet et Benoît Tarlet (21 septembre)[2].

Mais, en exécution d'un décret du 24 février 1793, la municipalité dut désigner un nouveau contingent de 16 hommes « en état de porter les armes pour la défense de la République ». Des assemblées eurent lieu à cet effet les 25 mars, 14 avril et 12 mai.

A la séance du 14 avril Claude Fouilloux et Thomas Dussauge firent déjà du bruit; une bagarre eut lieu ; le procureur Dailly reçut des coups de pied et faillit avoir son écharpe déchirée.

Dans une réunion préparatoire à celle du 12 mai, tenue la veille de ce jour, des rumeurs s'élevèrent au sujet du mode de scrutin adopté pour le tirage au sort des réquisitionnaires, et plusieurs citoyens firent constater, séance tenante, par le procureur que des billets étaient « fraudés ». Il en résulta un tumulte, au cours duquel on entendit Claude Fouilloux déclarer « qu'il ne reconnaissait aucunement

---

1. Registre des arrêtés du directoire du département sur requêtes des municipalités du 15 mars 1792 au 11 janvier 1793. (Archives de Saône-et-Loire, L).
2. Archives de Saint-Point, D. 1.

les officiers municipaux de la commune et qu'il se f...ait autant du département que du district ».

La nuit du 12 au 13, Claude Fouilloux, à la tête d'un attroupement, se présenta vers minuit 1/2 au greffe de la municipalité pour « trancher la tête du greffier[1] et le faire composer une partie des pièces du greffe. Le greffier ne voulant pas leurs y donner, Claude Fouilloux le terrassa et le traita indignement ». Il se rendit ensuite chez le maire, et de là, à 2 heures du matin, chez le procureur, où « ils forcèrent sa femme à leur donner du feu, et firent la perquisition dans les bâtiments avec des fourches de fer et des masses de bois, en disant que s'ils le trouvaient ils voulaient l'émembrer en dix pièces ». Puis il conduisit sa bande chez l'officier municipal Antoine Bénat. Mais, de même que le maire et le procureur, ce dernier avait été averti du danger et était sorti le soir de sa maison.

A 5 heures du matin, le 13, la municipalité était en séance et prenait des mesures pour faire rechercher 5 des hommes désignés par le sort qui n'avaient rien eu de plus pressé que de quitter aussitôt la commune, lorsque Claude Fouilloux[2], avec François Dussauge[3], Thomas Dussauge, son fils, François Fouilloux et une quarantaine d'autres individus, pénétrèrent dans la salle « en forme d'assassins », proférant des « menaces, sottises et paroles injurieuses », enjoignant aux officiers municipaux de leur remettre les minutes des procès-verbaux des différents tirages et toutes les pièces relatives au « recrutement ».

Le procureur Dailly refusa de se rendre à cette sommation ; le maire Jean Dumont et un officier municipal, Emilian Guyard, appuyèrent sa résistance, tandis que tous les autres s'esquivaient. Et

---

1. Aimé Albert.
2. De Bourgogne.
3. De La Chanalle.

jusqu'à 10 heures du soir les trois courageux citoyens tinrent tête aux émeutiers, qui ne cessèrent de les « disputer », ainsi que « le greffier et sa femme ». A 10 heures le procureur, qui n'avait pas mangé depuis la veille à 7 heures, et le greffier, qui avait besoin de repos, car il avait peu dormi la nuit précédente, invitèrent inutilement la bande à se retirer. Thomas Dussauge ne cessait de répéter au greffier qu'il « ne faisait que d'écrire des coquineries » et que son greffe « était la maison du diable ». Enfin, vers minuit Claude Fouilloux et François Dussauge parvinrent à s'emparer, non sans violences, des documents qu'ils voulaient qu'on leur livrât, et à 1 heure les prisonniers recouvrèrent leur liberté.

Mais les troubles continuèrent.

Le 4 juin notamment, à la nuit tombante, Claude Fouilloux à la tête d'une bande, fit de nouveau irruption chez le greffier qui, ensuite de cela, déclara qu'il se trouvait « dans la crainte d'être assassiné chez lui » et que « les papiers et registres de la municipalité n'étaient nullement en sûreté » à son domicile.

Le 5, il se rendit avec quatre autres individus chez la veuve Poulet. Après avoir brisé une porte d'écurie, ils arrachèrent du lit son fils qui était malade, et le maltraitèrent, en disant qu'ils voulaient qu'il partît à la frontière et que le chirurgien du district qui l'avait réformé était un trompeur. Ils l'entraînèrent, et, à la nuit, voyant qu'il ne pouvait plus marcher, ils l'abandonnèrent.

Le même jour, Mathieu Toutant, revenant de Tramayes, où il avait entendu la messe, fut attaqué par Fouilloux et ses compagnons, qui le frappèrent et le conduisirent à la gendarmerie, où on refusa, d'ailleurs, de l'arrêter, attendu qu'il s'était présenté deux fois au district et que deux fois on l'avait ajourné.

Le même jour encore, à 5 heures du soir, la bande entra chez Jean Tarlet, qui avait été, lui aussi, déclaré impropre au service. Claude Fouilloux et Jean Delorme s'en saisirent et l'emmenèrent au château. Lorsqu'au bout de deux heures on le relâcha, il constata la disparition de son portefeuille, dans lequel il y avait la somme de 36 livres[1].

Tant d'excès ne pouvaient demeurer impunis. Le 6 juin, à la requête et diligence du procureur de la commune, la municipalité se déclarant « incapable de faire le contingent par les cabales que Claude Fouilloux menait jour et nuit », décida de le faire arrêter et de le dénoncer aux autorités comme « perturbateur du repos public, accapareur de grains et marchand d'assignats ». En suite de quoi le directoire du département délibéra qu'il serait « conduit par-devant le juge de paix du canton de Tramayes pour y être interrogé et poursuivi par voie de police correctionnelle » (8 juin 1793)[2].

Le 21 brumaire an II (11 novembre 1793) le procureur Dailly, en exécution de l'arrêté du directoire invitant « les communes qui, par des causes qui tiennent à des maximes rejetées depuis quelque temps, s'étaient attribué la qualification de quelque saint, à changer de nom », proposa au conseil général de la commune, qui l'adopta unanimement, de remplacer le nom de *Saint-Point* par celui de *Mont-Brillant*. « Ce nom, disait-il, convient à la position de la commune, qui se trouve environnée de montagnes très-élevées, et rappellera à jamais à nos descendants le souvenir de cette Montagne si redoutable aux despotes »[3].

---

1. Archives de Saint-Point, D. 1.
2. Registre des délibérations du directoire du département relatives au district de Mâcon du 30 mai 1792 au 9 brumaire an III. (Archives de Saône-et-Loire, L).
3. Archives de Saint-Point, D. 1.

Puis il requit successivement la municipalité de renverser « toutes les croix de la commune » (3 frimaire an II, 23 novembre 1793), d'envoyer à Mâcon l'argenterie et les cuivres de l'église qui allait devenir le temple de la Raison (11 frimaire, 1er décembre), d'abattre « les fleurs de lis et tout ce qui nuisait à la République » (30 frimaire, 20 décembre), de faire observer le repos des décadis (10 thermidor, 28 juillet 1794), d'inviter les habitants à former un comité de surveillance de la commnne (10 fructidor, 27 août 1794), à fêter « l'anniversaire de la juste punition du dernier roi des Français » (2 pluviôse an III, 21 janvier 1795), etc.

Le 15 frimaire an II (5 décembre 1793) on descendit trois cloches, la quatrième « réservée, à la forme de la loi »; la plus grosse pesait 390 livres, la moyenne 204 livres, la plus petite 168 livres. On inventoria, en outre : une clochette, 11 onces; le galon d'or d'une chape, 11 onces 1/2; un calice, 15 onces 1/2; un ciboire, 11 onces 1/2; un soleil, 14 onces 1/2; un petit ciboire, 11 onces 1/4; quatre chandeliers et deux croix en cuivre, 22 livres; un bénitier, 8 livres; une lampe, 1 livre 1/4; une bassine, 3 livres 1/2; un encensoir, 1 livre 1/2 ; une petite assiette d'argent, 3 onces; quatorze chandeliers, 30 livres[1].

---

1. Archives de Saint-Point, D. 1. — « Les citoyens maire et officiers municipaux de la commune de Monbrilland, ci-devant Saint-Point, m'ont remis pour faire hommage à la Convention nationale un ostensoir, un calice et sa patène, un ciboire et un porte-Dieu en argent pesant 5 marcs, 7 onces, provenant de leur église. Fait en Commission, à Mâcon, le 16 frimaire an II. Le représentant du peuple : Javogues ». — « Nous soussigné, commissaire nommé par le directoire du district, reconnaissons que Jean Dumont, maire, et Claude Juillard, officier municipal de la commune de Monbrilland, ci-devant Saint-Point, ont déposé au district 3 cloches pesant ensemble 785 livres, en cuivre 87 livres, en vieux fers 35 livres. A Mâcon, le 17 frimaire. an II ». — Voir Archives de Saint-Point, D. 1. Délibération du 16 fructidor an II.

Le 7 nivôse an II (27 décembre 1793) la Société populaire entre en scène[1], et quelques jours après (9 nivôse) nous voyons le conseil général de la commune envoyer François Dussauge et Pierre Larochette à Tramayes pour y concourir à la formation du Comité de surveillance du canton[2].

Un des premiers actes de ce Comité fut de faire arrêter le maire Jean Dumont. La délibération suivante, prise le 21 pluviôse an II (9 février 1794) par le directoire du district de Mâcon, nous renseigne assez exactement sur ce qui se passa :

« Vu la pétition de Jean Dumont, maire de la commune de Montbrillant, détenu en la maison d'arrêt du district de Mâcon, ensuite d'un mandat d'arrêt du Comité de surveillance du canton de Tramayes du 14 de ce mois ;

« Vu pareillement la dénonciation faite tant contre ledit Jean Dumont que contre Jean Dailly, citoyen et agent national[3] audit lieu de Montbrillant, en date du 13 du même mois, ensemble le procès-verbal d'arrestation de Dumont et de perquisition de Dailly ;

« Le Directoire du district, considérant que la poursuite des délits[4] dont est prévenu le maire de Montbrillant, appartient en premier lieu aux municipalités ou comités de surveillance du lieu faisant fonction d'officiers de police ;

---

1. En l'an II elle se réunissait tous les décadis à midi au temple de la Raison, pour y entendre la lecture des lois de la Convention, des arrêtés du Comité de salut public, et de ceux du département et du district (Archives de Saint-Point, D. 1. Délibération du 10 thermidor an II).
2. Archives de Saint-Point, D. 1.
3. Voir plus loin.
4. Le 30 pluviôse an II l'agent national près le district de Mâcon déclare que Dumont a été arrêté « sur des troubles survenus à Saint-Point ». (Registre des comptes rendus par l'agent national près le district de Mâcon aux Comités de salut public et de sûreté générale de la Convention du 10 nivôse an II au 20 floréal an III. Archives de Saône-et-Loire, L).

« Arrête que Jean Dumont, maire de Montbrillant, sera conduit sous bonne et sûre escorte par-devant la municipalité ou le comité de surveillance du lieu;

« Que les pièces relatives à cette affaire seront remises au commandant de la force publique, pour les déposer à l'une ou à l'autre de ces autorités, afin qu'elle exécute les obligations qui lui sont prescrites par le décret du 11 nivôse dernier;

« A l'effet de quoy le gardien de la maison d'arrêt du district de Mâcon sera tenu de les remettre, moyennant décharge, au commandant de la force publique, qui lui-même retirera aussi décharge de l'individu et des pièces... [1] »

Les officiers municipaux ayant eu communication de cet arrêté, délibérèrent aussitôt (23 pluviôse) que la dénonciation dirigée contre Dumont et Dailly par Claude Chassagne, Pierre Delorme et Benoît Paisseaud, était « de toute fausseté » et ne pouvait être que « l'effet d'une veangeance » de leur part, « attendu que les prévenus ne s'étaient jamais écarté des bornes de la loi ». Ils demandèrent en même temps leur mise en liberté [2].

Le 26 ventôse suivant (16 mars 1794), à l'instigation de François Delorme, président de la Société populaire, les habitants, réunis au temple de la Raison, résolurent, avant de convertir le « procureur » en « agent », suivant le décret du 14 frimaire [3], de l' « épurer », c'est à dire de le « conserver ou remplacer ».

Ils votèrent par fèves blanches (pour) et noires (contre). Le nombre de celles-ci s'étant trouvé « de

---

1. Registre des délibérations du directoire du district de Mâcon du 11 frimaire au 27 germinal an II. (Archives de Saône-et-Loire, L).
2. Archives de Saint-Point, D. 1.
3. Dailly avait signé au registre de la municipalité pour la dernière fois en qualité de *procureur* le 20 nivôse et pour la première fois en qualité d'*agent* le 21.

deux tiers supérieur » à celui des premières, Jean Deschizeaux, notable, fut prié d'accepter provisoirement les fonctions d'agent de la commune[1].

Mais les administrateurs du district de Mâcon, attendu que d'après leurs renseignements, « cette destitution était l'effet de la haine de quelques particuliers », prirent le 2 germinal suivant (22 mars 1794) un arrêté qui le « réintégrait à sa place »[2].

Dans l'intervalle il avait été porté, avec le maire Dumont, sur la liste des émigrés, ainsi que nous l'apprend la délibération suivante du directoire du district, du 19 messidor an II (7 juillet 1794) :

« Vu la pétition de Jean Dumont, maire, tendant à ce que son nom soit rayé dessus la liste des émigrés ;

« Les administrateurs du district, considérant que si ledit Dumont, maire, ainsi que Jean Dailly, agent national de la commune de Montbrilland, ont été mis sur la liste des émigrés, ce n'est sans doute que d'après le procès-verbal qui a été rédigé par le Comité de surveillance du canton de Tramayes, et que d'après les termes précis de la loi sur le gouvernement révolutionnaire, il n'appartient qu'à la Convention, au Comité de salut public et aux représentants du peuple de prononcer sur de pareils faits, estiment en conséquence qu'il n'échet de délibérer »[3].

La question des subsistances, comme celle des levées, provoqua des troubles à Saint-Point pendant la Révolution.

L'approvisionnement des villes du district, Mâcon, Cluny, Tournus, et celui des armées de la République, nécessitèrent de fréquentes réquisitions d'animaux, de grains, de fourrages, auxquelles la

---

1. Archives de Saint-Point, D. 1.
2. Id., *ibid.*
3. Registre des délibérations du directoire du district de Mâcon du 18 pluviôse an II au 9 vendémiaire an III. (Archives de Saône-et-Loire, L).

commune cherchait à échapper de toutes manières. Il ne fallut rien moins que des lettres comme celle que le directoire du district adressa le 8 pluviôse an II (27 janvier 1794) à la municipalité, pour vaincre la résistance des habitants :

« L'administration voit avec surprise que vous ne vous exécutez pas pour la réquisition de 126 quintaux tant blé froment qu'orge à laquelle vous avez été compris par arrêté du 12 nivôse dernier. Si vous ne faites cette livraison à Mâcon sous quatre jours à dater de la réception de la présente, nous vous donnons avis que nous enverrons la force armée pour vous y contraindre »[1].

Ou encore celle-ci, du 20 ventôse an III (10 mars 1795) :

« C'est en vain que vous prétendriez vous soustraire aux réquisitions qui ont été assises sur votre commune et qui consistent en légumes secs, fourrages et avoine. Ces réquisitions subsistent toujours. En conséquence je vous invite et requiers sous votre responsabilité de faire faire de suite le versement de ces denrées dans les magasins militaires »[2].

Ou enfin, cet arrêté du 4 nivôse an III (24 décembre 1794) :

« Le Directoire du district, considérant qu'il est juste que toutes les communes du canton de Tramayes contribuent, chacune en proportion des grains qu'elle a récoltés, à la subsistance de la gendarmerie dudit Tramayes, qu'en conséquence celle de Montbrillant peut fournir 6 quintaux de

---

1. Registre de correspondance du directoire du district de Mâcon avec les municipalités du 13 nivôse an II au 13 vendémiaire an IV. (Archives de Saône-et-Loire, L).

2. Registre de correspondance du directoire du district de Mâcon du 16 ventôse an III au 6 pluviôse an IV. (Archives de Saône-et-Loire, L).

grains, dont les deux tiers en froment et l'autre en seigle ;

« Arrête que la municipalité de Tramayes demeure autorisée de faire fournir par réquisition sur la commune ci-dessus désignée son contingent, et qu'à défaut les maire et agent national de ladite commune seront emprisonnés conformément à l'arrêté du représentant Boisset »[1].

Quant au transport de ces denrées, voici les instructions que le directoire du district donnait au procureur Dailly, le 11 frimaire an II (1er décembre 1793) :

« Tu requerras, sitôt la présente reçue, tous les citoyens du canton de Tramayes qui ont des voitures, à l'effet de conduire de suite tous les foins, pailles et avoines qui sont en réquisition, dans les greniers de Mâcon à ce destinés, à peine d'être punis suivant les lois »[2].

Les perquisitions faites par les commissaires de la municipalité au domicile des cultivateurs qui n'avaient pas donné la déclaration prescrite ou qui l'avaient inexactement fournie[3] provoquaient bien des animosités. Ainsi, le 28 nivôse an II (17 janvier 1794), à six heures du soir, le maire et l'agent « sortaient de la chambre commune » et passaient devant chez Pierre Delorme, percepteur et cabaretier, chez qui il y avait justement des « ivrognes ». Sans provocation aucune, ledit Delorme et sa mère, Marie Larochette, les prirent à partie, les traitant de *gueux*, leur disant « avec un air en

---

1. Registre des délibérations du directoire du district de Mâcon du 21 vendémiaire au 27 germinal an III. (Archives de Saône-et-Loire, L).
2. Registre de correspondance du directoire du district de Mâcon du 11 frimaire an II au 22 brumaire an III. (Id., *ibid.*)
3. Les denrées dissimulées, quand les commissaires les découvraient, étaient confisquées et distribuées aux pauvres de la commune. Voir Archives de Saint-Point, D. 1, délibérations du 29 septembre 1793 et du 10 ventôse an II.

colère, que c'était eux qui faisaient conduire les grains à Mâcon, que sans eux les blés ne sortiraient pas de la paroisse », et proférant « mille autres injures »[1].

La question des salpêtres, après celle des subsistances, donna lieu à quelques difficultés.

La fabrication de la poudre nécessaire aux armées de la République avait pris, grâce aux décrets de la Convention, une activité extraordinaire. Un atelier avait été établi à Tramayes, dont le chef réquisitionnait dans tout le canton les terres, le bois, la cendre et les tonneaux[2]. Au mois de messidor an II (juin-juillet 1794) Jean Chevrot, meunier à La Roche, que la municipalité avait chargé de procéder au recensement des cendres dans son hameau, refusait de remplir cette mission et s'opposait même aux fouilles qu'on voulait faire dans ses propriétés. En même temps, Jean Tarlet, tisserand au bourg, qui avait été sommé de fournir ses bras pour travailler les terres, et qui s'était rendu à l'ordre, abandonnait son travail au bout de quelques jours. La municipalité, s'érigeant en tribunal extraordinaire, le 2 thermidor (20 juillet), décerna mandat d'arrêt contre eux et les condamna, le premier à 10 jours d'emprisonnement[3] et le second à 4 jours de la même peine[4]. Ils furent conduits à la maison d'arrêt de Tramayes par les soins du terrible Dailly, qui remplissait avec rigueur et conscience ses devoirs de fonctionnaire politique et d'agent révolutionnaire.

---

1. Archives de Saint-Point, D. 1.
2. On « lessivait » les terres avec les cendres. Quant au bois il servait à « cuire et dégraisser les eaux salpêtrées ».
3. La municipalité dut de nouveau, le 16 thermidor (3 août 1794), lui infliger 4 jours d'emprisonnement pour avoir refusé de charger au temple de la Raison de Bourgvilain des briques qu'il y avait à conduire ensuite au temple de la Raison de Brandon où devait être établi un atelier de salpêtre (Archives de Saint-Point, D. 1).
4. Id., *ibid*.

Le 9 thermidor (27 juillet), le chef d'atelier fit « démolir le colombier du citoyen Castellane, situé dans son jardin, pour prendre les terres salpêtrées qui s'y trouvaient dans les murs »[1].

Le même jour, à la Convention, le modérantisme triomphait du jacobinisme. La Montagne « si redoutable aux despotes » s'effondrait. Le règne de Robespierre était fini, celui de Dailly allait passer.

Le 2 germinal an III (22 mars 1795), en exécution d'un arrêté du représentant du peuple en mission dans le département de Saône-et-Loire, il est remplacé comme agent national par Jean Lacondemine, et Philippe Ferret succède en qualité de maire à Jean Dumont[2].

Le 5 prairial (24 mai), *Mont-Brillant* redevient *Saint-Point*[3].

Le 11 messidor (29 juin 1795), la municipalité, « attendu que la commune se prépare à rétablir le culte catholique », invite Dailly à « rapporter l'inventaire ou décharge de tous les effets qui étaient dans l'église » et à faire savoir « où ont passé toutes les ci-devant croix que l'on devait renfermer dans le temple suivant l'arrêté du département »[4]. Une délibération de la même date enregistre la demande formulée par 48 citoyens, agent et maire en tête, « tous propriétaires et formant la majeure partie des citoyens de la commune », de « leur ci-devant église, dont ils étaient en possession avant le premier jour de l'an II, pour l'exercice de leur culte, en exécution de la loi du 11 prairial an III »[5].

Le 23 messidor (11 juillet 1795), « le citoyen Genillon, ci-devant ministre de la commune », est rappelé, et devant lui, mais en l'absence de Dailly,

---

1. Archives de Saint-Point, D. 1.
2. Id., *ibid.*
3. Id., *ibid.*
4. Id., *ibid.*
5. Id., *ibid.*

qui, bien que convoqué ne se présente pas, on ouvre la sacristie où on trouve « un carton, six souchets[1], deux étouffoirs, quatre chandeliers verts, une clochette, deux lanternes, un tour de dentelle surmonté d'une frange, le cierge pascal, deux petits cierges blancs et un petit vase de faïence ». Genillon offre de prêter « un tableau en cadre doré, représentant l'offrande d'Abel au Seigneur, et six chandeliers de bois doré, pour servir à l'embellissement de l'autel », et il déclare « qu'il se propose d'exercer dans l'étendue de la commune le ministère d'un culte connu sous la dénomination de *culte catholique* ». La même déclaration est faite quelques jours après (15 thermidor, 2 août) par un autre prêtre, François Grandjean[2], natif de Mâcon. Enfin, le 30 brumaire an IV (21 novembre 1795), Genillon prête le serment suivant : « Je reconnais que l'universalité des citoyens français est le souverain, et je promets soumission et obéissance aux lois de la République »[3].

Dans l'intervalle (10 brumaire an IV, 1er novembre 1795), Pierre Delorme est devenu agent municipal, c'est le titre donné au premier magistrat de la commune par la constitution de l'an III, et Philippe Ferret, de maire, est descendu au rang d'adjoint. La municipalité nouvelle, désireuse de n'être pas en retard, ou plutôt en avance, sur la municipalité défunte, confirme le jour même de son installation, avec 64 autres citoyens, le choix fait par les habitants de « leur église et de leur cimetière y joint pour l'exercice de leur culte »[4].

On peut dire que ces faits marquent la fin de la Révolution à Saint-Point.

---

1. Cierges postiches en bois ou en métal.
2. Il signe *Granjean*.
3. Archives de Saint-Point, D. 1.
4. Id., *ibid*.

XI

Administration. — Impôts. — Enseignement. — Population. — Agriculture. — Commerce. — Industrie. — Usages. — Patois.

L'**administration** de la paroisse était, avant la Révolution, des plus rudimentaires. Lorsque les habitants avaient à délibérer sur quelque affaire ils s'assemblaient au son de la cloche, à l'issue de la messe ou des vêpres du dimanche, généralement « au-devant de la croix de pierre qui est au milieu du cimetière » ou, en cas de mauvais temps, « au fond de la nef et à l'entrée de la grande porte de l'église », ils discutaient, votaient, faisaient constater par un notaire qu'ils formaient « la plus grande et saine partie de la communauté » et prendre acte de leurs décisions [1]. Nous avons pu retrouver ainsi dans les minutes [2] des Mes Guillet, de Bourgvilain, les procès-verbaux relatifs : à la construction du pont « à faire au bourg pour passer la rivière et aller de là à l'église et ailleurs, dans le même endroit où il

---

1. C'est tout simplement le *referendum*, que tant de personnes considèrent comme une nouveauté et même comme une nouveauté dangereuse. Les communes rurales se sont presque toutes administrées de cette façon jusqu'à la loi du 22 décembre 1789 qui a créé les municipalités.
2. Conservées aujourd'hui par Me Tarlet, à Clermain.

y en avoit anciennement un, pour quoy a été imposé sur les habitans la somme de 40 livres » (10 septembre 1752) ; — à la procuration donnée par lesdits habitants à leurs « impositeurs et collecteurs en exercice » pour poursuivre le recouvrement de la cote de taille de Jacques Delorme, Jean et Claude Thomas, frères, fermiers de la seigneurie (12 mars 1775) ; — à la nomination de Pierre Delorme aux fonctions de « manillier, c'est-à-dire fossoyeur, sonneur de cloches et serviteur de l'église » (24 février 1788) ; — etc.

La délibération suivante, à raison de l'admission des femmes aux débats[1], offre un intérêt tout particulier :

« Sous prétexte de l'approbation des habitants et de leurs femmes, la nommée Marie Deschizeaux, âgée d'environ 30 ans, femme d'Amédée Crozet, riche habitant du bourg de Saint-Point, [est] en la ville de Mâcon depuis environ quatre mois et demy afin d'apprendre chez un chirurgien l'art d'accoucher les femmes, pour, son cours étant fini, revenir audit Saint-Point, afin d'assister en qualité de sage-femme, à l'exclusion de toutes autres, les femmes enceintes, moyennant les rétributions et privilèges attachés à cet état.

« De tout temps les femmes dudit Saint-Point se sont assisté mutuellement dans leurs enfantements, sans qu'il en soit résulté aucun dangereux inconvénient, et elles peuvent encore sans danger se rendre réciproquement le même service, et par conséquent se passer d'une sage-femme en titre, qui pourrait troubler le repos des familles par la répugnance que l'on auroit soit de ses services forcés, soit en faisant valoir tous ses droits et mésusant de ses privilèges.

« Cependant si Messieurs des Etats du Mâconnais

---

1. Les droits des femmes ! Encore une nouveauté (?)

le décident autrement[1], les habitants et leurs femmes délibèrent qu'il faut présenter requête [pour être] autorisés à s'assembler un jour de dimanche et fête, pour le choix à faire d'un sujet qui puisse convenir aux femmes desdits habitants, vu que ladite Marie Deschizeaux, femme Croset (*sic*), qu'on leurs destine, ne leurs convient nullement par plusieurs motifs et raisons inutiles à déduire, mais très-bonnes, très-légitimes et très-bien fondées ».

Malgré les vœux des habitants, un an après, — la délibération est du 10 avril 1785, — le curé enregistrait sur le cahier paroissial la prestation de serment de Marie Deschizeaux (30 avril 1786)[2].

Les habitants de Saint-Point n'avaient pas autrefois de biens communaux[3]. Le seigneur « asserviza et amaza » à ceux du hameau de La Roche, en 1667, « certaines broussailles estans et deppendans de l'antienneté du chastel et seigneurie de Sainct-Poinct, appellés *Les Brosses de La Roche*, de contenue environ 20 ou 21 asnées de semence sy elles estoyent en terres harables », moyennant 160 livres d'entrage, sous le cens annuel et perpétuel de 16 gelines, plus à charge d'en payer les dîmes à raison de 10 la 11e gerbe et les lods à raison de 15 sous par livre[4].

La loi du 22 décembre 1789 créa les administrations municipales. Depuis cette époque Saint-Point a eu pour maires : Jacques Delorme (mars 1790) ;

---

1. Par une délibération du 7 janvier 1782 les Etats du Mâconnais avaient décidé la création à Mâcon d'un « cours gratuit d'étude dans l'art des accouchements et suites en faveur des gens de la campagne » (Archives de Saône-et-Loire, C. 497).

2. Archives de Saint-Point, GG. 5.

3. Archives de Saône-et-Loire, C. 562, 3. — Minutes des Mes Guillet (8 juillet 1691).

4. Minutes des Mes Guillet (17 mai 1667).

Jean Lacondemine (novembre 1791) ; Jean Deschizeaux (décembre 1792) ; Jean Dumont (décembre 1792) ; Philippe Ferret (mars 1795) ; Pierre Delorme (novembre 1795) ; Jean Fouilloux (mai 1797) ; Jean Deschizeaux (avril 1800)[1] ; Pierre Delorme (mai 1815) ; Jean Deschizeaux (août 1815) ; Louis Chassagne (novembre 1831) ; François Fouilloux (décembre 1851) ; Jean-Baptiste Burtin (août 1858) ; Joseph Chassagne (août 1865) ; Philibert Chantin (septembre 1870) ; Antoine Delorme (février 1874) ; Mathieu Barrat (janvier 1875) ; Philibert Chantin (janvier 1878) ; Blaise Thévenet (novembre 1886) ; Antoine Bleton (mai 1892).

La mairie actuelle, comprenant école double, a été construite en 1891 et a coûté, suivant procès-verbal d'adjudication, 30,388 fr. 90 c.[2]

L'assiette et la levée des **impôts** étaient assurées, ainsi que la gestion des deniers patrimoniaux, par deux « asséeurs » et deux « collecteurs » ou « impositeurs » que les habitants nommaient tous les ans.

En 1685, le rôle de l'imposition jetée sur la paroisse s'élevait à 1,110 livres. Il y avait alors 148 imposables. Les plus fortes cotes étaient 72, 56, 38, 37, 32 et 27 livres, les médiocres 4 et 3 livres, les moindres 10 sous. Il n'y avait que deux grangers de Mlle Dauphin qui payaient la taille ; les autres grangers n'en payaient pas[3].

En 1785, c'est-à-dire un siècle plus tard, le rôle des seuls *impôts directs* s'élevait au total de 4,666 livres, 16 sous, dont le détail suit :

---

1. Le passage suivant du *Manuscrit de ma Mère* (éd. citée, p. 172), est donc inexact : « Alphonse a pu venir nous voir [à Mâcon] de Milly et de Saint-Point, où son père l'a laissé pour sauver nos propriétés et administrer *les deux villages dont il avait été nommé maire*. Il s'en est bien tiré... » (7 avril 1814).
2. Archives de Saône-et-Loire, O, Saint-Point.
3. Id., C. 562, 3.

1. Premier département.........	344 l.	
2. Taille.....................	1,073	
3. Capitation................	186	
4. Vingtième des revenus........	1,646	16 s.
5. Taillon et étapes.............	228	
6. Garnison...................	310	
7. Subsistance et exemption......	207	
8. Don gratuit................	127	
9. Octroi.....................	115	
10. Arrêts du Conseil de 1643, 1771 et 1778.................	86	
11. Arrêt du Conseil de 1772......	344	
Total..............	4,666 l.	16 s.

Dans ce total, réduit de 440 livres à raison des dégâts causés par les orages et la grêle de l'été de 1784, n'étaient compris ni les frais d'assiette et de collecte, ni une somme de 30 sous due au sieur Martine, chirurgien, pour visite des garçons lors du tirage au sort de la milice, ni une somme de 7 livres « pour le cierge paschal de la communauté »[1], ni les cotes des trois privilégiés, M. de Castellane, les héritiers de M. Dauphin, et M. Genillon, curé, qui étaient imposés à un rôle spécial dit « du vingtième des revenus », droit que, d'ailleurs, les communes payaient aussi[2]. Ce droit avait été pour le seigneur de 310 livres, 10 sous, 9 deniers en 1757[3].

Les impôts directs payés par la commune à cent ans d'intervalle, en 1885, étaient les suivants :

---

1. Archives de Saône-et-Loire, C. 587, *passim*, et 839, 44.— Le « luminaire » et l'« entretien du presbytère » sont indiqués comme constituant les charges ordinaires de la communauté en 1666 (Archives de la Côte-d'Or, C. 2889, p. 799).
2. Voir ci-dessus.
3. Archives de Saône-et-Loire, C. 572.

1. Contribution foncière¹, personnelle-mobilière, portes et fenêtres.	10,678	29
2. Patentes..........................	194	60
3. Voitures, chevaux, mules et mulets	47	50
4. Vérification des poids et mesures.	50	47
5. Taxe des biens de mainmorte.....	2	09
Total................	10,972	95

Il ne faudrait pas, de ces chiffres, inférer que les charges ont été en 1885 plus du double de celles de 1785. C'est le contraire qui est la vérité, car d'abord, la valeur de l'argent a beaucoup diminué depuis un siècle, et ensuite, au total de 1785 il faut ajouter les droits élevés perçus par les seigneurs et le clergé².

Les *impôts indirects* ont en partie remplacé les *aides* d'autrefois.

En 1668, les hameaux payaient par abonnement aux sous-fermiers des aides, qui étaient Jean Dumolin, procureur d'office de la seigneurie, et François Jeandet, laboureur, pour « les droictz deubz par les habittans sur les marchandises vandues [par eux] dans l'estandue du Masconnoys », 105 livres 15 sous, non compris le sou par livre, savoir La Roche 13 livres, Joux 16 livres 10 sous, Blanchizet 8 livres, Bourgogne 23 livres, La Chanalle 9 livres 5 sous, Gorze 8 livres 10 sous, Le Prost 13 livres, Le Mont 4 livres 10 sous, Chagny 10 livres³.

En 1757 la totalité de la paroisse ne payait plus que 57 livres d'aides⁴.

---

1. La contribution foncière avait été de : 6,853 livres, 19 sous, 8 deniers en 1791 ; 6,963 l., 1 s., 5 d. en 1792 ; 7,681 l., 0 s., 6 d. en 1793. (Registre des délibérations du district de Mâcon relatives à la répartition des impôts du 6 mai 1791 au 4 brumaire an II. Archives de Saône-et-Loire, L).
2. Voir §§ IV et VIII.
3. Minutes des M⁰ˢ Guillet (26 janvier 1668).
4. Archives de Saône-et-Loire, C. 572.

En 1790, le « rôle de la jauge, jeté sur tous ceux qui recueillent du vin dans l'étendue de la paroisse », s'élevait à la somme de 8 livres[1].

Dans sa séance du 22 janvier 1793, le directoire du district de Mâcon s'occupa du remplacement des droits supprimés en 1790 et qui portaient sur le sel, les huiles et savons, les fers, les cuirs. Le produit de ces droits fut évalué pour Saint-Point comme suit : sel, 646 livres, 10 sous, 2 deniers ; huiles et savons, 3 l., 17 s., 3 d., ; fers, 51 l., 19 s., 11 d. ; cuirs, 130 l., 4 s., 0 d. Le total du remplacement fut fixé à 832 l., 11 s., 4 d.[2]

Tous ces impôts pesaient lourdement sur les habitants, que nous entendons dire en 1666 : « Les tailles et les aydes troublent entièrement le petit négoce qu'ils peuvent faire de leur bestail ». Et le document que nous citons ajoute : « Se pleignent de l'excez des tailles et des persécutions des aydes »[3].

Les corvées sur les routes, nos prestations d'aujourd'hui, ne se faisaient pas non plus sans provoquer des résistances de la part des habitants et du seigneur. Aussi les Etats du Mâconnais durent-ils prendre à ce sujet, le 23 avril 1770, une décision catégorique :

« Le commissaire des chemins a dit que pendant le séjour qu'il avoit été obligé de faire à Cluny pour les affaires du pays il avoit mandé différents collecteurs des communautés voisines pour s'assurer de la sincérité des déclarations qu'ils sont obligés de faire des forces de leurs communautés à raison des corvées sur les chemins, que le collecteur de la communauté de Saint-Point n'avoit pas obéi à ses ordres, mais qu'il lui avoit été remis une lettre de

---

1. Archives de Saint-Point, D. 1, f° 47.
2. Registre des délibérations du district de Mâcon relatives à la répartition des impôts du 6 mai 1791 au 4 brumaire an II. (Archives de Saône-et-Loire, L).
3. Archives de la Côte-d'Or, C. 2874.

la part de M. de Saint-Point qui depuis longtemps sous différents prétextes retarde le service dû par ses habitants... Sur quoy il a été arrêté que le commissaire des chemins donnera au collecteur de ladite communauté des billets d'ordre, lesquels seront publiés, affin que tous les habitants corvéables dudit lieu ayent à se rendre au jour indiqué et sur la partye de la route de Sainte-Cécile qui leur sera désignée. Et attendu que les Etats ont jusqu'à présent épuisé toutes les voyes de douceur et de conciliation avec M. de Saint-Point, faute par lesdits habitants d'obéir aux ordres des Etats, quatre des principaux habitants de ladite communauté deffaillants seront emprisonnés dans les prisons de cette ville pour y demeurer jusqu'à ce qu'autrement soit ordonné...[1] »

Le compte de la commune s'élevait en 1811 à 490 fr. 87 c. de recettes et 434 fr. 22 c. de dépenses ; quatre-vingts ans après, en 1890, il avait passé à 6,781 fr. 67 c. de recettes et 4,933 fr. 67 de dépenses[2].

De l'**enseignement** avant la Révolution, nous ne savons qu'une chose, c'est qu'en 1782 il y avait à Saint-Point un « écolâtre » nommé Pierre Challier, dont la femme, Louise Bernard, élevait en même temps des nourrissons[3].

Le 12 floréal an II (1er mai 1794), le citoyen Gabriel-Aimé-Claude Reignier, demeurant à Tramayes, demanda et obtint, conformément à la loi du 29 frimaire an II, la place d'instituteur[4].

Le 10 frimaire an III (30 novembre 1794), le citoyen Gaillard, de Pierreclos, brigua la succession du citoyen Reignier, mais la municipalité ne l'agréa pas[5].

---

1. Archives de Saône-et-Loire, C. 493, f° 43
2. Id., O.
3. Archives de Saint-Point, GG. 5, 10 février et 1er avril 1782.
4. Id., D. 1.
5. Id., *ibid.*

En l'an X (1801) la commune n'avait plus de maître d'école ; le maire écrivait à cette date qu'il en faudrait bien un « pour montrer à lire à la jeunesse »[1].

Un sieur Joseph Philippe, originaire du Dauphiné, y exerça entre 1809 et 1813[2]. Puis successivement : Pierre Michelet, de Saint-Point (décembre 1822) ; Jean Bouchacourt, de Sainte-Cécile (février 1837); Pierre Deshairs, de Mâcon (novembre 1838) ; Pierre Roux, de Saint-Pierre-le-Vieux (juin 1841) ; Jean-Marie Duthel, de Saint-Jacques-des-Arrêts (mars 1850); Pierre Roux, de Saint-Pierre-le-Vieux (octobre 1852) ; Benoît Lhenry, de Joncy (février 1858) ; Dominique Lagneau, de Lucenay-l'Evêque (octobre 1860); Pierre Point, de Bourgvilain (avril 1863) ; Michel Garnier, de Davayé (décembre 1870) ; Claude Ducœur, de Malay (avril 1877) ; Jean Trémeau, de Saint-Boil (octobre 1881); Antoine Manon, de Saint-Maurice-des-Champs (octobre 1885).

A côté de l'école congréganiste libre, fondée en 1861[3] par les sœurs du Saint-Sacrement d'Autun, il y a une école laïque de filles qui n'a encore été dirigée que par deux titulaires, Mme Trémeau, née Delamarre, d'Autun (novembre 1881), et Mme Manon, née Chardot, de Pouilly-sur-Saône[4] (octobre 1885)[5].

---

1. Archives de Saône-et-Loire, T. Etat des maisons d'instruction qui existent dans la commune de Saint-Point au 10 frimaire an X.

2 D'après un questionnaire sur l'enseignement primaire dans le département, rempli par les instituteurs au mois de novembre 1877. (Archives de l'inspection académique).

3. Avant cette date Mme de Lamartine faisait instruire les jeunes filles au château. Une demoiselle Marie Litaud notamment y enseigna pendant plusieurs années.

4. Côte-d'Or.

5. M. Crozet, commis principal de l'inspection académique, dont la famille a longtemps habité Saint-Point, a bien voulu tirer pour nous des archives de ses bureaux les renseignements concernant les noms, prénoms, lieux d'origine et dates d'entrée en fonctions des instituteurs et institutrices.

Le plus ancien recensement de la **population** de Saint-Point nous est parvenu sous forme de « cerche des feux », ou état nominatif des chefs de ménage. Le mardi 29 décembre 1478, Benoît Riboud, Guillaume Siraud et Jean Charnay, de Saint-Point, se présentèrent à Cluny devant l'officier du Roi chargé de répartir sur toute la province « les deniers de maçonnerie du chastel de Dijon », et jurèrent sur les évangiles que les habitants de la paroisse étaient les suivants : Jehan Blessier. — Anthoine Favrey. — Pierre Girart. — La vesve de Jehan Joyet. *Mendicat*[1]. — La vesve de Nicolet. — Perrenet Guiot de Joux. — Jehan Golain. — Perreaul Faillant. — Anthoine Bequat. — Guillaume Coursin. — Jehan Cabot. — Jehan Darpey. — Anthoine Filloux. — Anthoine de Lachappelle, *grangier du seigneur*. — Jehan de Laforez. — Benoît Riboud. — Anthoine Riboud. — Jehan Barraud. — Philibert Truchet. — Perrenet Jehan Monnier. — Huguenin Tous Temps. — Pierre Cusin. — Gonneaul Grant Jehan. — Pierre Galier. — Pierre Mortier, *franc-archier*. — Jehan Barat. — Guillaume du Mont. — Claude du Mont. — Guillaume Siraud. — Loys de Pirigny. — Jehan Lebaud. — Jehan Charnay. — Pierre de Montangeran. — Benoît de Vernay. — Michault Luquet. — Jehan Sordat. — Pierre Mespillat. — Pierre Jobert[2].

En tout, 38 feux. Soixante-cinq ans après, en 1543, le nombre en avait plus que doublé ; on en trouvait 82[3].

Sur les 38 noms de chefs de ménage de 1478 on en peut à peine retrouver aujourd'hui 9 dans la commune, savoir Faillant, Filloux (Fouilloux), Riboud (Reboux), Tous Temps (Toutant), Barat

---

1. Indigente.
2. Archives de la Côte-d'Or, B. 11592, f° 77 v°.
3. Id., B. 11593.

(Barrat), du Mont (Dumont), Siraud, de Montangeran (Montangerand), Luquet.

Il y avait à Saint-Point 123 chefs de ménage en 1666[1], 148 imposables en 1685[2], 220 en 1785[3], 1,008 habitants en 1793[4], 1,073 en l'an X[5], 1,080 en 1836, 982 en 1866, 664 en 1896[6].

Voici le tableau du mouvement de la population par périodes décennales depuis un siècle[7] :

	Naissances.	Mariages.	Décès.
1792-1802	396	90	264
1802-1812	309	81	298
1813-1822	418	102	451
1823-1832	481	99	383
1833-1842	360	87	379
1843-1852	408	110	370
1853-1862	322	86	347
1863-1872	228	87	256
1873-1882	186	90	220
1883-1892	140	76	145
Totaux	3,248	908	3,113

La natalité n'offre à Saint-Point rien de particulier.

Les enfants naturels ou « enfants de fortune » y ont été assez rares. En 1704 exceptionnellement il y en eut 4, dont deux jumeaux[8]. Christophe de

---

1. Archives de la Côte-d'Or, C. 2889, p. 799.
2. Archives de Saône-et-Loire, C. 562, 3.
3. Id., C. 839,44.
4. Id., L. Registres du district de Mâcon. Tableau dressé au mois de février 1793 pour la levée de 1,284 hommes.
5. Id., T. Etat des maisons d'instruction qui existent dans la commune de Saint-Point.
6. Id., M. Dénombrements de la population.
7. Id., M.
8. Archives de Saint-Point, GG. 2 (16 mars, 23 juin, 10 et 11 septembre 1704).

Rochefort d'Ally a donné à cet égard au XVII° siècle un exemple fâcheux[1] que suivit ensuite un domestique du château[2].

Nous n'avons connaissance que d'un enfant abandonné, « exposé au chemin publiq » en 1699[3].

Il y a eu un cas extraordinaire de fécondité. Un nommé Antoine Fouilloux dit *Carabin*, aubergiste et forgeron, né à Saint-Point en 1819, a donné à sa femme, Marie Chaintreuil, ménagère, née à Gibles en 1842, quatre garçons, Joseph, Antoine, François et Claude, nés le 31 décembre à 4 h., 4 h. 10, 4 h. 1/4 et 4 h. 1/2 de l'après-midi, morts tous au bout d'une heure. Les actes de naissance déclarent ces enfants *jumeaux*, et on sait que le mot vient du latin *gemellus* qui veut dire *double*; d'après les actes de décès ils étaient « sans profession » (!) et sans doute « célibataires »[4].

La mortalité a été assez grande pendant l'automne de la triste année 1709. Ainsi en août, septembre et octobre 1708, il y a eu respectivement 1, 5 et 2 décès; pendant les mois correspondants de 1709 on en compte 14, 10 et 11. Deux enterrements le 2 août et trois le 31[5].

En 1859, le flux de sang a fait beaucoup de victimes. Tandis qu'en 1857, 1858, 1860 et 1861 il y a eu respectivement 32, 31, 30 et 31 décès, on en compte en 1859 jusqu'à 58, dont 33 d'enfants de moins de 5 ans et la plupart même de moins de 2 ans[6].

---

1. Voir § V.
2. Archives de Saint-Point, GG. 4 (11 août 1771).
3. Id., GG. 2 (15 novembre et 16 décembre 1699).
4. Les parents avaient eu avant cela six autres enfants, une fille en 1862, une en 1864, un garçon en 1866, une fille en 1869, une en 1872, un garçon en 1874. Ils n'en ont plus eu après. (Archives de Saint-Point, E).
5. Archives de Saint-Point, GG. 2.
6. Id., E.

Si les morts subites de jeunes gens de 15 à 30 ans sont assez fréquentes au milieu du XVIIIe siècle [1], nous avons, en revanche, relevé les noms de plusieurs centenaires : Jacques Juillard, du bourg, âgé d'environ 100 ans, inhumé le 26 juillet 1705; Antoinette Fouilloux, du Prost, veuve de Jean Dubois, âgée d'environ 100 ans, inhumée le 1er février 1706; Claudine Fouilloux, du bourg, mère de Pierre Tarlet, âgée d'environ 100 ans, inhumée le 27 décembre 1708 ; Antoine Tarlet, du bourg, âgé d'environ 100 ans, inhumé le 1er mai 1709; Marie Guérin, du bourg, fille, âgée d'environ 100 ans, inhumée le 7 mai 1731 ; Marie Janan, de Chagny, femme de Pierre Faillant, âgée de plus de 100 ans, inhumée le 3 avril 1740 [2].

Les jeunes gens de la classe 1791 étaient au nombre de 7 [3]. En 1734 il y avait dans la paroisse 27 garçons de 16 à 40 ans, ayant au moins cinq pieds de taille, robustes et en état de servir. Appelés, cette même année, à tirer au sort pour le départ de deux miliciens, ils se présentèrent le 28 janvier devant le procureur du Roi en l'élection de Mâcon. Autant de billets pliés qu'il y avait de conscrits furent mis dans un chapeau ; celui qui portait le mot *milicien* échut successivement à Antoine Dumont et à Benoît Chevalier [4]. Ils furent aussitôt déclarés « au service de Sa Majesté » et durent se tenir aux ordres du Roi « à peine d'être traités comme déserteurs et d'avoir la tête cassée ». La durée du service était de cinq ans [5].

Au mois de février 1793 on leva dans le district de Mâcon 1,284 hommes « pour marcher aux frontières »; Saint-Point en envoya 16 et la commune

---

1. Archives de Saint-Point, GG. 3 et 4.
2. Id., GG. 2 et 3.
3. Archives de Saône-et-Loire, R.
4. Tous les deux savaient signer.
5. Archives de Saône-et-Loire, C. 698, 101 et 102.

en avait déjà fourni précédemment 10 aux armées de la République[1]. La même année, en floréal, prairial et messidor, il en partit encore 29 pour Niort en exécution de la loi du 23 août 1793[2].

Parmi les soldats de l'ancien régime morts sous les drapeaux, signalons Joseph Fouilloux dit *Sans-Regret*, « soldat au bataillon de Merlet de la compagnie de Maillan », décédé à l'hôpital militaire de Landau le 3 décembre 1757[3], et Claude Bernachon dit *Sans-Chagrin*, « soldat de la compagnie de Vaugrenand au régiment de Bourgogne », décédé à l'hôpital d'Agde le 28 mars 1761[4].

Les victimes de 1870-71 sont au nombre de 16 : Pierre Badet, enfant assisté, garde mobile, décédé à Vesoul le 17 janvier 1871 ; Antoine Bénat, de La Chanalle, soldat au 13e régiment de marche, décédé à Paris le 21 octobre 1870 ; Jean-Marie Bénat, du même hameau, garde national mobilisé, décédé à Mâcon le 4 décembre 1870 ; François Berthelon, de Bourgogne, disparu ; François Bridet, du même hameau, décédé à Paris pendant le siège ; Georges Chantin, de Joux, garde mobile, décédé à Gray le 15 janvier 1871 ; Jean Deschizeaux, du même hameau, décédé à Metz pendant le siège ; Claude Desmurgers, de Gorze, décédé à l'armée de la Loire ; François Dussauge, du Prost, disparu ; Jean Dussauge, de Joux, disparu ; Benoît Guyard, de Bourgogne, disparu ; Jean Laborier, de Chagny, disparu ; Louis Mouton, enfant assisté, tué sous les murs de Dijon ; Alexis Sené, enfant assisté, soldat au 9e régiment d'artillerie, décédé à Paris le 21 janvier 1871 ; Claude Tarlet, du bourg, garde mobile, décédé à Paris le

---

1. Archives de Saône-et-Loire, L. Registres du district de Mâcon.
2. Id., *ibid.* Répertoire des noms des jeunes gens de première réquisition partis pour Niort au nombre de 27 détachements.
3. Archives de Saint-Point, GG. 3 (25 février 1758).
4. Id., GG. 4 (après le 25 décembre 1761).

12 décembre 1870 ; Simon Toutant, du Prost, garde mobile, décédé à Mâcon le 21 janvier 1871.

L'agriculture est florissante à Saint-Point. Le sol est d'ailleurs exceptionnellement fertile dans les formations que nous avons décrites[1] : tout y est pâturages, vignes et jardins. Dans les terrains granitiques, de maigres seigles, puis la forêt, la bruyère, le genêt et l'ajonc.

La vigne, qui était cultivée au Xe et au XIe siècle[2], avait complètement disparu en 1666. « Dans ladicte paroisse, nous apprend un document de cette année-là, il n'y reste plus que des brossailles, [les bois] d'haute futaye qui appartiennent au seigneur ayant esté dégradez. Il y croist dans quelques fondz quelque froment et dans le surplus du saigle. Il n'y a point de vignes. Il ne s'y amasse de fourrage que pour l'entretien du bestail arrable. L'arpent de terre dans les meilleurs fondz peut valoir 56 livres et dans les autres à peine valent-elles les cultiver ; ne se sèment que de 3 à 4 ans. La soiture ou place à un chart de foing dans les meilleurs fondz vaut 50 livres et dans les autres 30 livres. Les trois quartz des habitans ne recueillent pas de bled pour leur subsistance, ne vivant que du jour à la journée, et le surplus vit tout doucement »[3].

Un autre document dit, vingt ans plus tard (1685) : « Il y a 25 charrues, et l'on laboure à 4 et à 2 bœufs. La semence est moitié seigle, moitié froment. La coupée de terre[4] peut valoir 10 livres, 5 livres, 1 livre ; les prés peuvent valoir 50 à 60 livres la place au char de foin. Le blé rend au grain 3 et 4 »[5].

1. Voir § I.
2. Voir §§ III et V.
3. Archives de la Côte-d'Or, C. 2889, p. 799.
4. D'après une déclaration de la municipalité de Saint-Point, du 24 octobre 1790, la coupée, qui était celle de Mâcon, était composée de 66 toises 2/3, la toise de 7 pieds 1/2 (Archives de Saint-Point, D. 1).
5. Archives de Saône-et-Loire, C. 562, 3.

Des lettres de Louis XIV, en date du 20 juin 1709, ordonnèrent de procéder cette année-là à une enquête sur la quantité de grains existant dans le royaume. Les habitants de Saint-Point se présentèrent à cet effet devant le lieutenant du seigneur au nombre de 39 seulement [1] : 33 déclarèrent avoir des grains, 1 des grains et de la « fougère moullue » ; 5 dirent ne rien avoir et parmi eux 2 avouèrent ne vivre que de pain de fougère [2].

En 1790, d'après une déclaration de la municipalité, en date du 15 décembre, on recueillit dans l'étendue de la paroisse, 300 ânées [3] de froment, 300 de seigle, 40 de fèves, 12 d'orge, 220 d'avoine, 100 de blé noir, et 20 tonneaux de vin. Ces grains, dit le même document, n'étaient pas suffisants « pour faire vivre la totalité de la paroisse ; il n'y a que quelques fermiers qui vendent quelques ânées de blé, et la moitié de la paroisse est obligée d'en acheter » [4].

Entre autres années mauvaises pour l'agriculture il y a lieu de signaler 1659, 1760, 1763, 1765, 1784 et 1793.

En 1659 les gelées du printemps, la sécheresse de l'été et la grêle du 17 août firent perdre la moitié des grains et les deux tiers des foins [5].

« Le 25ᵉ jour du mois d'avril 1760, sur les six heures du soir, il est tombé une grêle si abondante

---

1. Il y avait peu d'empressement. Un nota dit : « Suivant les advis secrets que l'on nous a donné, le nommé Jean Martin, laboureur de Blanchizay, qui n'a faict aucune desclaration au présent registre, a bleds et farines chez luy. Guillet » (Archives de Saône-et-Loire, B. 1297, 57).
2. Sur 39 comparants, 6 seulement ont signé, le curé, l'huissier, un fermier, un laboureur et deux autres habitants ; un laboureur n'a pas signé ; tous les autres ont déclaré ne le savoir.
3. L'ânée de 21 coupes, la coupe de 21 livres.
4. Archives de Saint-Point, D. 1.
5. Archives de Saône-et-Loire, C. 784, 1.

que toute la paroisse a été ravagée. [Guilloux, curé] »[1].

« Le 26ᵉ jour de juin 1763 à quatre heures et demy du matin, un jour de dimanche, il est tombé une si grande quantité d'eau et de grêles que fonds et fruits ont été ruinés, les arbres tordus et arrachés, et la pauvre paroisse de Saint-Point réduite à la faim et à la dernière nécessité. [Guilloux, curé] »[2].

« Les nuits du 20 au 21, du 25 au 26 de juin 1765, il est tombé une si grande quantité d'eau que fonds et fruits ont été emmenés. Enfin le 13ᵉ juillet une grêle épouvantable a ravagé la pauvre paroisse de Saint-Point. *Sit nomen Domini benedictum.* [Guilloux, curé] »[3].

Dans l'été de 1784 il y eut aussi des orages et de la grêle, qui détruisirent les deux tiers de la récolte[4].

En 1793, sécheresse et grêle[5].

Enfin la nielle, d'après le dénombrement de 1682[6], *gâtait souvent les blés,* qui n'avaient *qu'une poussière noire au lieu de grain.*

Le **commerce** et l'**industrie** ont toujours été à peu près insignifiants. « Il n'y a aucun commerce », dit le document de 1666 que nous avons déjà cité[7]. Il y avait à la fin du XVIIIᵉ siècle plusieurs « tissiers de toile » et un huilier[8].

Deux moulins (l'un au bourg, l'autre à La Roche) subsistent encore. Mais ils sont peu actifs. Déjà en 1666 on constatait que la rivière était « à sec plus des deux tiers de l'année »[9].

---

1. Archives de Saint-Point, GG. 4.
2. Id.
3. Id.
4. Archives de Saône-et-Loire, C. 511, f° 12 v° et C. 587, 25.
5. Archives de Saint-Point, D. 1 (15 octobre 1793).
6. Voir § IV.
7. Archives de la Côte-d'Or, C. 2889.
8. Archives de Saint-Point, GG. 5.
9. Archives de la Côte-d'Or, C. 2889.

La municipalité avait créé, le 3 octobre 1793, un marché par semaine (le mercredi) et six foires par an (12 janvier, 4 avril, 13 mai, 16 juin, 13 août, 1er décembre) dont il n'est rien resté [1].

Les **usages** d'autrefois relatifs aux *fiançailles* et aux *noces* dans les campagnes du Mâconnais ont été décrits par M. Grosset dans son *Guillaume de Saint-Point* [2]. Rien n'en a survécu.

Nous avons analysé quelques contrats de mariage des seigneurs. Il est intéressant de voir ce que contenaient ceux des vilains.

Le 2 mai 1571, par-devant Me Jean Pichot, notaire royal à Saint-Point, et en présence de plusieurs témoins, notamment de Mre Vincent de La Forêt, curé de Tramayes, et de Mre Jean Prestal, prêtre, de Saint-Vidal [3]; Louis Pascaut, marchand à Cluny, et Mathie Delorme, de Saint-Point, promettaient « se prandre à vray mary et femme ». Et pour que ce « mariage plus joyeusement sorte à effect », les parents de la future lui constituaient une dot de 60 livres tournois, « une robbe de drap noir, bonne et honneste, une coultre, ung coussin et quatre linceulx, le tout bon et suffisant » ; Claude Delorme, son frère, y ajoutait la somme de 20 livres, et Claudine Arcelin lui abandonnait, en outre, la jouissance pendant quatre ans du « dessous et dessus » d'une maison de la rue de la Barre à Mâcon. Le futur recevait de Mre Benoît Busseret, prêtre, son oncle, 10 écus d'or et la jouissance pendant six ans d'une terre de six coupées auprès de Mâcon. Il s'engageait en même temps à « enjoueller son espouse jusques à vingt livres » [4].

Le 29 janvier 1578, Nicolas Janan et Michelette Faillant, tous deux de Saint-Point, contractaient

---

1. Archives de Saint-Point, D. 1.
2. T. III, p. 31 et suiv.
3. Haute-Loire.
4. Archives de Saône-et-Loire, B. 1324, f° 153.

mariage par-devant le même notaire. La future recevait en dot un pré et une terre à Saint-Point, « le pré contenant la place à trois charres de foing et la terre, la semence d'ung panaulx bled ou environ », plus « 13 escus 1/3, une robbe de drap de colleur de pert ou gris, bonne et honneste, 7 quarterons froment, une asnée vin, ce pour aydes de nopces, ou pour ung petit pourceau 40 solz, plus une vache du pris de 2 escus, 2 brebis, leurs suivantz, et 2 linceulx ». Le futur, lui, se voyait abandonner par ses père et mère le tiers de tous leurs biens [1].

Le 19 avril 1580, toujours devant le même notaire, Claude Couchet et Benoîte Dumont, de Saint-Point, signaient pareil contrat. Les frères de la future, Jean et Philibert Dumont, lui donnaient en dot « la somme de 33 escus 1/3, 6 quarterons bled froment, une asnée vin cléret, le tout bon, pur et net, une robbe montrable de drap de pert ou noir, bonne et honneste, 3 linceux, 4 brebis et leurs suivans, et, pour toutes autres aydes de nopces, un escu ». Les parents du futur, de leur côté, lui abandonnaient tous leurs biens [2].

Nous n'avons que quelques mots à dire du type des *habitations* rurales de Saint-Point [3].

La maison se compose généralement d'un rez-de-chaussée et d'un étage.

Au rez-de-chaussée il n'y a d'habitude que la cave.

A l'étage, auquel on accède par un escalier extérieur et qui est précédé fréquemment d'une galerie, se trouvent la cuisine et la chambre.

On monte au grenier par une échelle qui est soit sur la galerie soit dans la cuisine.

Le grenier est bas et écrasé par le toit très-plat.

---

1. Archives de Saône-et-Loire, B. 1327, f° 448.
2. Id., *ibid.*, f° 422 v°.
3. Voir la planche.

Type d'habitation rurale (maison Siraud).

Les fenêtres sont petites et peu nombreuses.

Attenant à la maison est bâtie l'écurie, avec fenil au-dessus et grange à côté.

Les *prénoms* donnés aux enfants n'ont rien de très-particulier.

Beaucoup de filles, comme dans les autres parties du Mâconnais, étaient appelées autrefois : Pierrette, Michelette, Vincelette.

Nous n'avons rencontré que deux ou trois « Donats ». Le nom du saint patron de la paroisse n'était donc pas très en faveur.

Au commencement du XVIIe siècle on trouve aussi des « Catherins ».

Claude-Gabriel-Amédée de Rochefort d'Ally et Anne-Félicité Allemand de Montmartin, seigneur et dame de Saint-Point, mirent leurs prénoms à la mode au XVIIIe siècle.

Le **patois** de Saint-Point est, à quelques variantes près, celui de toute « la Montagne »[1]. Voici la version « saint-poignarde »[2] d'un conte populaire répandu un peu partout en France[3].

Y avo inne[4] và in pôlé que n'avo ran qu'inne ôle, ran qu'inne chiape, ran qu'inne oreye, mais al éto malin quement tô.

Vela qu'in dzo, a trovi inne hôme que li dsi quement çan : ô moéti de pôlé, te vou-ti alla porté inne bôsse à inne hôme ?

Il y avait une fois un poulet qui n'avait rien qu'une aile, rien qu'une patte, rien qu'une oreille, mais il était malin comme tout.

Voilà qu'un jour, il trouva un homme qui lui dit comme ça : ô moitié de poulet, veux-tu aller porter une bourse à un homme ?

---

1. On désigne ainsi la partie haute du Mâconnais.
2. Etablie par M. P. Siraud.
3. Voir notamment *La Moitié de Coq*, conte troyen, publié par M. L. Morin dans la *Revue des Traditions populaires*, 1891, in-8°, p. 481.
4. Prononcez *ain-ne*.

La moéti de pòlé dsi : dze vou bin.

A parti tô su ; al alli bian loin sans trové neguin ; pi a brati d'in chian quoi y avo inne etsele que li dsi : quoi que te va, moéti de pòlé ? — Dze va porté inne bôsse à inne hôme. — Te vou-ti que dz'ale d'ave tâ ? — Vin se te vou.

Quan i feron bian loin, l'etsele dsi : ô moéti de pòlé, que dze sé-t-érenée, dze ne pou pieu alla. La moéti de pòlé dsi : mets te su mon c..., dze te portré bin.

Vela qu'in petion mé loin, a trovi inne revire que li dsi : quoi que te va, moéti de pòlé ? — Dze va porté inne bôsse à inne hôme. — Te vou-ti que dz'ale d'ave tâ ? — Ah ! dze vou bin.

Quan i feron bian loin, bian loin, la revire dsi : héla, que dze sé beutene, y m'a tô niallé les tsambes de martsi. La moéti de pòlé qu'allo toudze tô guilleret li dsi : mets te encô su mon c..., dze te portré bin.

La moéti de pòlé martso toudze, a ne tro ran de la tsambe.

In petion mé loin, a trovi in renà que li demandi ari quoi qu'al allo, a pi que vouli encô allé d'ave lu.

Mais quan i fu bian loin, le renà ne pouvo pieu guegni. La moéti de pòlé dsi : mets te su mon c..., dze te portré bin encô d'ave la revire et l'etsele.

I parteron teu t'ensin, a pi de loin i viron arbayer la moéson quoi tsomo l'hòme que

La moitié de poulet dit : je veux bien.

Il partit tout seul ; il alla bien loin sans trouver personne ; puis il tourna d'un côté où il y avait une échelle qui lui dit : où vas-tu moitié de poulet ? — Je vais porter une bourse à un homme. — Veux-tu que j'aille avec toi ? — Viens si tu veux.

Quand ils furent bien loin, l'échelle dit : ô moitié de poulet, que je suis éreintée, je ne peux plus aller. La moitié de poulet dit : mets toi sur mon c..., je te porterai bien.

Voilà qu'un peu plus loin, il trouva une rivière qui lui dit : où vas-tu, moitié de poulet ? — Je vais porter une bourse à un homme. — Veux-tu que j'aille avec toi ? — Ah ! je veux bien.

Quand ils furent bien loin, bien loin, la rivière dit : hélas, que je suis fatiguée, cela m'a abîmé les jambes de marcher. La moitié de poulet qui allait toujours tout guilleret lui dit : mets toi encore sur mon c..., je te porterai bien.

La moitié de poulet marchait toujours, il ne tirait rien de la jambe.

Un petit peu plus loin, il trouva un renard qui lui demanda aussi où il allait, et puis qui voulut encore aller avec lui.

Mais quand on fut bien loin, le renard ne pouvait plus bouger. La moitié de poulet dit : mets toi sur mon c..., je te porterai bien encore avec la rivière et l'échelle.

Ils partirent tous ensemble, et puis de loin ils virent apparaitre la maison où restait devo recevà la bòsse. La moéti de pòlé li donni, mais l'hòme que ne valo pas grand tsouze pri la moéti de pòlé pe la beque et le carayi dan in puits.

La moéti de pòlé se miti à tscuffer : etsele, etsele, sors de mon c... L'etsele veni se mitre conte le meur du puits, a pi la moéti de pòlé sorti sans se nayer.

Vela que l'hòme attrapi encò la moéti de pòlé ; a le fi passa pe le feuron du fòr quoi nos avos fait fornayer du trequis, et qu'éto bian tsò.

Quan la moéti de pòlé senti qui li grechio les picumes, a dsi bian four : revire, revire, sòrs de mon c... La revire sorti, le fuye fut tuyé tò d'in cò ; la moéti de pòlé n'ut ran qu'inne arpion in petion grechi.

Mais l'hòme guéto toudze. Quan a vi que la moéti de pòlé n'éto pas petefené, a le laissi tò su sò la tsappe ; mais quan i fut le sà, que le solé éto bian tracondi, a le preni pe sa chiape et pi a le porti dans le polailli quoi y avo tò pien de grous pòlés. Ces grous pòlés tsessiron teu su la moéti de pòlé à grands còs de beque.

La moéti de pòlé dsi : renà, renà, sòrs de mon c... Le renà sorti et mandzi teu les pòlés.

La moéti de pòlé pri la bòsse. A se sauvi avui.

A pi le conte est u tsavon.

l'homme qui devait recevoir la bourse. La moitié de poulet lui donna, mais l'homme qui ne valait pas grand'chose prit la moitié de poulet par le bec et le jeta dans un puits.

La moitié de poulet se mit à crier : échelle, échelle, sors de mon c... L'échelle vint se mettre contre le mur du puits, et puis la moitié de poulet sortit sans se noyer.

Voilà que l'homme attrapa encore la moitié de poulet ; il le fit passer par le trou du four où on avait fait sécher du turquie, et qui était bien chaud.

Quand la moitié de poulet sentit que ça lui grillait les plumes, il dit bien fort : rivière, rivière, sors de mon c... La rivière sortit, le feu fut éteint tout d'un coup ; la moitié de poulet n'eut rien qu'un ergot un petit peu grillé.

Mais l'homme regardait toujours. Lorsqu'il vit que la moitié de poulet n'était pas mort, il le laissa tout seul sous le hangar ; mais quand ce fut le soir, que le soleil était bien passé, il le prit par sa patte et puis il le porta dans le poulailler où il y avait tout plein de gros poulets. Ces gros poulets tombèrent tous sur la moitié de poulet à grands coups de bec.

La moitié de poulet dit : renard, renard, sors de mon c... Le renard sortit et mangea tous les poulets.

La moitié de poulet prit la bourse. Il se sauva avec.

Et puis le conte est au bout.

Enfin, pour terminer, citons quelques devinettes courantes du pays.

Qu'est tô rayé, que n'a pas eu in cô de tsérue?
Y est le côvé.
Qu'est tô rapatassi, que n'a pas eu in cô d'agueuye?
Y est le temps.

Que boé son sang et que mandze ses boyaux?
Y est in crusu.

Que tend la langue pendant que son maître goûte?
Y est in cutiau.
Qu'uvre la gueule pendant que son maître dreme?
Y est in sabot.
Que monte bin, mais que ne pou pas descendre?
Y est l'uye que la polaille va faire u greni.
Que tsante en descendant, que pieure en montant?
Y est le siau d'èye que nos tire d'in puits.
Qu'est toudze à còvé et qu'est toudze moilli?
Y est la langue.
Qué que fait tò le tòr de la moéson et que s'arrête dan in coin?
Y est le ramé.
Qué que passe p'inne tarre et que ne pou pas passer p'in bou?
Y est inne hesse.
Qué que passe p'in bou et que ne pou pas passer p'inne tarre?
Y est le fuye.

Qui est tout rayé, qui n'a pas eu un coup de charrue?
C'est le couvert (le toit).
Qui est tout racommodé, qui n'a pas eu un coup d'aiguille?
C'est le temps (le ciel quand il est nuageux).

Qui boit son sang et qui mange ses boyaux?
C'est un creuse-yeux (une lampe).

Qui tend la langue pendant que son maître mange?
C'est un couteau.
Qui ouvre la gueule pendant que son maître dort?
C'est un sabot.
Qui monte bien, mais qui ne peut pas descendre?
C'est l'œuf que la poule va faire au grenier.
Qui chante en descendant, qui pleure en montant?
C'est le seau d'eau que l'on tire d'un puits.
Qui est toujours à couvert et qui est toujours mouillé?
C'est la langue.
Qu'est-ce qui fait le tour de la maison et qui s'arrête dans un coin?
C'est le balai.
Qu'est-ce qui passe par une terre et qui ne peut pas passer par un bois?
C'est la herse.
Qu'est-ce qui passe par un bois et qui ne peut pas passer par une terre?
C'est le feu.

TABLE DES GRAVURES

1. Lamartine (médaillon).................................. 3
2. Vue générale de Saint-Point........................ 9
3. Signature de Guillaume de Saint-Point............ 64
4. Signature de Claire de Saint-Point................. 70
5. Armes des Saint-Point................................ 72
6. Armes des Rochefort d'Ally......................... 80
7. Signature de Cl. de Rochefort d'Ally de Saint-Point. 83
8. Armes des Testu de Balincourt..................... 98
9. Armes des Castellane................................. 100
10. Signature de E.-Fr.-H. de Castellane............... 102
11. Armes des Lamartine................................. 105
12. Armes des Glans de Cessiat........................ 105
13. Signature d'A. de Lamartine........................ 106
14. Armes des Montherot................................ 107
15. Le Château vers 1820 (façade est)................. 110
16. Le Château vers 1840 (façade est)................. 123
17. Le Château (façade ouest).......................... 129
18. Chambre à coucher de Lamartine.................. 135
19. Cabinet de travail de Lamartine.................... 139
20. Plan de l'Eglise....................................... 147
21. Modillon de l'abside.................................. 149
22. Eglise et Tombeau des Lamartine.................. 150
23. Dispositions intérieures du caveau des seigneurs... 160
24. Dispositions intérieures du tombeau des Lamartine. 162
25. Ex-libris du curé Genillon........................... 190
26. Type d'habitation rurale (maison Siraud).......... 247

TABLE DES MATIÈRES

Envoi...	5
Additions et Corrections...........................	6
I. Description générale de la Commune.............	7
II. Noms du Bourg, des Hameaux, Ecarts, Lieuxdits et Cours d'eau..	13
III. Les Origines. Droits et Biens de l'Abbaye de Cluny.	25
IV. La Seigneurie.................................	37
V. Les Seigneurs..................................	56
VI. Le Château....................................	109
VII. L'Eglise.....................................	145
VIII. Les Curés...................................	165
IX. La Famille Dauphin............................	198
X. La Révolution..................................	210
XI. Administration. — Impôts. — Enseignement. — Population. — Agriculture. — Commerce. — Industrie. — Usages. — Patois.........................	228
Table des Gravures................................	253
Table des Matières................................	255

www.ingramcontent.com/pod-product-compliance
Lightning Source LLC
Chambersburg PA
CBHW070656170426
43200CB00010B/2259